北京教育科学研究院学术著作出版资助基金项目

中学教师的情绪工作：
从认知到实践

李海燕　著

知识产权出版社

全国百佳图书出版单位

图书在版编目（CIP）数据

中学教师的情绪工作：从认知到实践/李海燕著. —北京：知识产权出版社，2019.9
ISBN 978-7-5130-6368-5

Ⅰ.①中…　Ⅱ.①李…　Ⅲ.①中学教师—教师心理学　Ⅳ.①G443

中国版本图书馆 CIP 数据核字（2019）第 144037 号

责任编辑：高　超　　　　　　责任校对：王　岩
封面设计：臧　磊　　　　　　责任印制：孙婷婷

中学教师的情绪工作：从认知到实践

李海燕　著

出版发行：知识产权出版社 有限责任公司	网　　址：http://www.ipph.cn
社　　址：北京市海淀区气象路 50 号院	邮　　编：100081
责编电话：010-82000860 转 8383	责编邮箱：morninghere@126.com
发行电话：010-82000860 转 8101/8102	发行传真：010-82000893/82005070/82000270
印　　刷：北京虎彩文化传播有限公司	经　　销：各大网上书店、新华书店及相关专业书店
开　　本：720mm×1000mm　1/16	印　　张：13.5
版　　次：2019 年 9 月第 1 版	印　　次：2019 年 9 月第 1 次印刷
字　　数：230 千字	定　　价：58.00 元

ISBN 978-7-5130-6368-5

序 言
PREFACE

　　百年大计，教育为本；教育大计，教师为本。造就具有高尚的职业理想、先进的教育观念、合理的知识结构、高超的教学能力和良好的教学行为的高素质、专业化、创新型教师队伍，是落实立德树人根本任务、培养德智体美劳全面发展的社会主义建设者和接班人的重要保证。

　　加强对教师心理的研究，不仅是我国培养高素质、专业化、创新型教师队伍的重大需求，也是学术界关注的研究热点。从20世纪80年代至90年代初的教师心理特征构建，再到20世纪90年代中后期的教师成长机制的探讨，30多年来，关于教师和教学的研究，大都沿袭了认知取向，其研究对象也主要集中在认知领域，如教师的知识、信念、技能或者反思，而教师的感受和情绪则很少涉及。教学不仅是一项认知活动，也是一种强烈的情绪事务，与认知一样，情绪也普遍存在于教育教学活动中，影响着学生的健康成长。

　　随着社会的发展和进步，公众对教师的期望越来越高，教师的职业角色向广度和深度延伸，教师的工作不仅仅是简单的体力或者脑力工作，也需要教师大量的情感投入和情绪工作。教师的情绪工作是指在工作中对自己的情绪进行管理和调节，表达出学校教育教学需要的特定情绪的过程。教师的职业特点决定了其高情绪工作的特征和重要性，在学校组织中，教师采用恰当的情绪工作策略，既能促进学生的健康成长，同时也对自己的身心健康有益。

特别是社会竞争的加剧，造成了人们心理压力过重，在这样的社会大环境下，学生的心理健康状况堪忧，更加需要教师本着以人为本、以学生发展为主的原则，有效控制自己的情绪，尊重学生，构建民主、平等的师生关系，缩短师生之间的心理距离，促进学生的心理健康。

教师的心理健康不仅影响着自身的幸福，而且影响着学生的心理健康。本书探讨了学校组织中教师的情绪工作问题，这是一个新颖的视角。主要介绍中学教师情绪工作的认知与实践，描述教师情绪基本理论、职业与情绪工作、情绪工作与自主神经系统，从三个实证研究分析了教师情绪工作的心理历程、通过实验分析不同情境下教师情绪工作的动力性，从情绪工作动力性的角度探讨了不同情境下教师情绪工作的适当性。最后从学校教师教育教学工作实践入手，探索教师情绪工作辅导的路径及方法，并为学校中教师情绪工作的心理调节和健康培训提供理论支持和实践指导，提升教师的职业认同感和幸福感，促进教师的心理健康。

《中学教师的情绪工作：从认知到实践》既有基础实验研究，又有落地的学校实践指导，是对中学教师情绪工作的全面剖析。本书的理论研究与实践探索丰富了教师情绪及情绪工作的内容，为教师培训提供了一定的理论支持和实践案例；突破了以往教师情绪工作研究静态分析的局限性，通过对不同情境下情绪工作策略的适用性分析，加深了情绪工作内部作用机制的探讨，为教师心理健康和学校组织绩效的提升提供了一定的实践指导。

胡卫平

现代教学技术教育部重点实验室

2019 年 1 月 30 日

前 言
FOREWORD

　　人为什么会有情绪？表达出的情绪都是真实的吗？电视电影中演员的情感表达是演出来的吗？为什么喜剧演员会得抑郁症呢？在学校，教师的情绪表达是真实的自己还是假装地表达情绪呢？随着社会的发展和进步，公众对教师的期望越来越高，教师的职业角色向广度和深度延伸，教师的工作不仅仅是简单的体力或者脑力工作，也需要大量的情感投入和情绪工作来满足学校组织的需求。

　　情绪工作是指在工作中对自己的情绪进行管理和调节，表达出组织需要的特定情绪的过程。教师的职业特点决定了其高情绪工作的特征，在学校组织中，教师采用恰当的情绪工作策略，既能提高教学成绩，同时也对自己的身心健康有益。本书首先介绍情绪基本理论，描述职业与情绪工作、情绪工作与自主神经系统；接着用三个实证研究分析了教师情绪工作的心理历程，从情绪工作动力性的角度探讨了不同情境下教师情绪工作的适当性；最后从学校教师情绪工作实践探索的角度，对教师专业发展提出培训方案和典型案例。本书丰富了教师情绪及情绪工作的内容，突破了以往教师情绪工作研究静态分析的局限性，为教师心理健康和学校组织绩效的改善提供一定的实践指导。

　　本书是在我的博士论文"教师情绪工作的职业特征及动力性作用机制的

实验研究"的基础上改写而成，也是近几年学校教学工作的探索和实践积累。感谢我的导师申继亮教授，从选题、构思、收集数据到写作都离不开申老师的悉心指导；感谢我的硕士导师胡卫平教授一直以来对我的信任和支持，他在百忙中指导本书修改，并为本书写序。本书的出版得到北京教科院基教所张熙所长的指导与支持，感谢一直并肩作战的高中室殷桂金、崔玉婷老师的支持以及基教所可爱的同事们。最后，对为本书提供基金支持的"北京教育科学研究院学术著作出版资助基金项目"深表谢意，同时感谢出版社的高超编辑为书稿的校对和出版付出了辛勤的努力。

鉴于作者的理论视野和实践经验有限，本书存在若干不足之处，恳请大家不吝赐教。

李海燕

2019 年 1 月

目 录/CONTENTS

绪　　论

从先秦的"天地君亲师"到现当代的"教师是太阳底下最光辉的职业"，教师都被赋予崇高的地位。《中国教育改革和发展纲要》中指出，"振兴民族的希望在教育，振兴教育的希望在教师。建设一支具有良好的政治业务素质，结构合理，相对稳定的教师队伍，是教育发展的根本大计"。我们要继续发扬中华民族尊师重教的优良传统，不断提高教师的政治地位、社会地位和生活待遇，把广大教师的积极性、主动性、创造性更好地发挥出来，让教师成为全社会最受人尊敬、最值得羡慕的职业。教师是对学生施加教育影响的主体，肩负着实施素质教育的重任，能否贯彻国家的教育方针，面向全体学生，培养每位学生健全的个性，取决于学校教育阶段的每一位教师。教师的素质与工作积极性直接关系到学校能否为现代化建设事业培养合格的人才。

人为什么会有情绪？表达出的情绪都是真实的吗？电视电影中的演员情感表达是演出来的吗？为什么喜剧演员会得抑郁症呢？在学校，教师的情绪表达是真实的自己还是假装地表达情绪呢？情绪是人类"灵魂"最重要的组成部分。如果没有了情绪，人类恐怕就成为高级机器人。随着心理科学对人类内心世界的探索和深入，越来越多的研究者开始注意到情绪对个体生活和工作的重要性。情绪的力量是强大的，正面情绪能为我们带来正能量，能给我们清醒的认识，帮助我们了解和分享别人的看法和感受；而负面情绪阻碍认知，使我们在工作学习中受挫，情绪低落，自尊降低，影响工作效率，甚至出现应激状态，产生严重后果。

2008 年 10 月 4 日，山西朔州 23 岁的教师被学生李某捅死在教室；2013 年 9 月 14 日，江西抚州的一个学校，学生上课玩手机被老师发现了，老师批评教育，学生拿起水果刀刺向老师，导致老师死亡；2017 年 11 月 12 日，湖南益阳一名 16 岁学生因与老师发生争执，持弹簧跳刀将班主任刺死……师生冲突屡见报端，学生和老师两个角色，本应该是互相尊重，互相帮助，互相体谅，互相依存，却出现矛盾激化导致严重后果。随着社会的发展和进步，公众对教师的期望越来越高，要求也越来越严，教师的职业角色向广度和深度延深，呈现多元化，多层次的趋势。教师的工作不仅是简单的体力或者脑力劳动，还需要教师大量的情感投入。新时代背景下，教师职业越来越倾向于一种专业性程度很高的服务性工作。在学校教育组织中，教师如何管理和表达自己的情绪，如何在不同的情境下适当表达情绪是本书关心的核心问题。

一、新时代背景下教师的情绪工作：教师心理研究的新视角

党的十九大报告中指出："中国特色社会主义进入了新时代"，随着社会的发展和进步，公众对教师的期望越来越高，要求也愈来愈严，教师的职业角色向广度和深度延伸，呈现多元化、多层次的趋势。教师的工作不仅仅是简单的体力或者脑力劳动，需要教师大量的情感投入，在与学生互动过程中需要处理大量的情感问题。

人是有着丰富感情生活的高级生命形式，情绪、情感是人精神生活的核心部分。现代心理学研究表明，情绪、情感在人的心理生活中起着关键作用，它支配和组织着个体的思想和行为。知识型员工的工作建立在知识和技术的基础上，主要依赖自己的大脑，而工作过程是复杂的大脑思维过程，不受时间和空间的限制，知识的传播、内化和再生产都是通过人脑进行的，就不可避免产生情绪对大脑的影响，同时，情绪也会对创新能力和工作效率产生很大的影响。情绪时刻伴随我们的生活，是一种支配外在行为的内心倾向。情绪不仅被认为是影响个体身心健康的心理因素，而且是影响个体工作绩效的重要变量。因此，当今社会各行各业都需要从业者管理自己的情绪，并根据行业的要求和文化展现情绪。例如，服务业工作者需要展现微笑，护士需要表露关心和善良，警察和法官要表露冷静和沉着，随着中国服务经济的出现，服务业的竞争加剧，服务行业更加关注顾客的服务体验和情感体验，情感作为一种商品，对情绪的管理越来越重要。

教师心理研究一直以来都是学者们关注的研究热点，从 20 世纪 80 年代至 90 年代初的教师心理特征构建，再到 20 世纪 90 年代中后期的教师成长机制的探讨，30 多年来，关于教师和教学的研究，大都沿袭了认知取向，其研究对象也主要集中在认知领域，如教师的知识、信念、技能或者反思，而教师的感受和情绪则很少涉及 [刘易斯（Lewis）和哈维兰（Haviland），1993；博尔科

(Borko) 和帕特南 (Putnam)，1996；盖莱德海德 (Calderhead)，1996；理查德森 (Richardson)，2001]。[哈格里夫 (Hargreves)，1998] 曾指出，教学不仅是一项认知活动，也是一种强烈的情绪事务，与认知一样，情绪也普遍存在于教学活动中，对教师产生了显著影响。对于情绪的研究，研究者们最为关注的是情绪在不同组织背景下的作用和影响，即情绪工作的研究领域。

情绪工作是 [霍克希尔德 (Hochschild)，1979] 年提出来的，他认为情绪工作是透过管理或控制自身的情绪，表现出一种组织要求的特定情绪，来达成组织交付的任务。根据情绪工作的定义和情绪工作负担的程度，提出六种情绪工作的职业分类，包括技术工作者、管理者、销售人员等，其中，教师是高情绪工作者 [阿德尔曼 (Adelmann)，1989]。教师作为学校组织中的一员，由于职业需要，在工作中需要投入和表露更多的情绪，需要长期保持情绪稳定，精神饱满，始终表露一种和蔼可亲、蓬勃向上、愉悦快乐的情绪。一方面，教师的情绪工作会帮助教师控制和管理情绪，表现适合教学的情绪，顺利完成教学任务；另一方面，高负荷的情绪工作对个体的负面影响也比较大，由于情绪工作需要持续的意志努力，需要付出较多的身心能量，教师可能对自己的工作失去热情和兴趣，产生情感冷漠，容易引发情绪失调和情绪衰竭，从而影响教师的心理健康。情绪是组织生活中不可忽视的一部分。长期以来，组织研究者和实践者都认为情绪是理性的对立面，很少重视工作场所的情绪问题研究。直到 20 世纪 80 年代以后，组织中的情绪问题才逐渐受到重视。现在它已经成为组织行为学研究的前沿问题。组织中情绪问题研究包括很多方面，情绪工作研究只是其中的一个分支。

随着制造型经济向服务型经济的转型，对善于表达和调控情绪的员工需求越来越大，雇主也通常运用警告、解雇、晋升或者加薪等方式对员工的情绪表达提出要求，培训员工管理自己的情绪以达到组织的要求。员工的情绪工作主要表现在：一是感受规则，在具体情境中，情绪感受的范畴、强度、持久性，以及实施对象等方面的合适性，比如在婚礼上应该感到高兴；二是表达规则，在给定情境中表现出来的可以观察到的合适性的情绪。情绪工作发生的三个条件：必须是与公众进行面对面或者声对声的接触；目的是使得顾客或者客户产生某种情绪状态或者情绪反应；雇主能够对员工的情绪活动实施控制。目前教师情绪工作的研究相对贫乏，情绪工作的概念是从组织行为学中引入的，其研究对象主要集中在企业、服务业等，教师职业的情绪工作是近几年新兴的研究领域；仅有几篇教师情绪工作的研究关注理论探讨和结构维度验证、情绪工测量、探讨其前因变量、效果变量等。研究者对情绪工作探索性研究，虽然在某些方面得出了一些能够反映出教师情绪工作特征的结论。然而，情绪工作与其他类型工作的核心不同，在于情绪工作是个体动态的情绪管理和调控的心理加工过程，具有动力性的特征。以往的研究仍然难以说明情绪工作动态性作用机制的本质特征及具体情境下的适当性反应。

二、本书研究的基本框架

教师情绪工作是从组织行为学领域衍生出来的，为了满足组织的需要而在特定情境中表现出来的可以观察到的情绪的合适性。情绪工作强调组织招聘的员工是否能表现出所需要的情绪行为。同"情绪"的不同在于，情绪工作是有组织规则要求的情绪，是有情绪表达适当与否的，重在探讨教师工作要求下的情绪表达的调整。情绪工作中的调节是对组织情绪要求规则与自己所感受的情绪反应判断之后、作出的满足于组织要求的情绪表达，其情绪调节是有方向和目标性的。情绪工作的这个特点，决定了情绪工作的两面性，情绪工作的结果对组织和个体都有不同的影响和作用，情绪工作的使用可以促进组织绩效的完成，任由情绪发展、不采用情绪工作策略可能对组织的绩效产生消极的影响。

（一）情绪和情绪工作的基本作用机制

对个体而言，恰当的情绪工作既可以提高组织的绩效，同时也给自己提供了一种较好的情绪调节方式，对自己的身心健康有益，而高负荷的情绪工作的使用，个体需要做出一定的努力，可能会造成情绪衰竭，对个体的身心健康带来不利的影响。情绪和情绪工作存在一定的关联，情绪的评价认知阶段所考虑的因素如目标一致性也是情绪工作的前因变量（规则知觉），而情绪反应的生理反应也与情绪工作的情绪感受相关联，但并非保持一致性，比如当情绪生理反应唤起时，个体可能并没有感受到。而情绪反应过程中的行为方式与情绪工作中的情绪工作策略一样，通过情绪感受和需求调节自己的情绪反应及应对方式。情绪工作中的情绪反应动力性及情绪工作调节策略是当前研究的方向，本书寻求情绪工作的特定情境下的模式及特点，探讨对组织和个体最有效的途径，这是组织行为学的目标，教师作为学校组织中的一员，这方面的探讨更应该成为关注的焦点。

（二）教师情绪工作的职业特征

以往关于情绪工作的研究，概括来讲，主要体现在以下两个方面：一是情绪工作研究本身起源于组织行为学中，对情绪工作的研究大多在一线服务领域，如医生、护士、餐厅服务员、保险员等领域。霍克希尔德认为教师是高情绪工作者，那么作为教师，高情绪工作的职业特征表现在哪些方面呢？以往的研究，或者直接默认教师高情绪工作的特性，对教师情绪工作的结构、维度、前因变量做了大量的探索性验证，但就其教师职业本身的情绪工作的特征并没有做明确的说明，或者仅从教师情绪工作策略的表现作为教师情绪工作的特征，没有明显的职业特征。在这一章节中，我们将围绕情绪工作的组织要求，分析高低情绪工作的职业领域、介绍不同职业的情绪工作特征、并从教师访谈的视角，解读教师实际工作中的情绪来源、教师日常教育教学中的情绪事件、教师情绪工作的表达方式等。

（三）教师情绪工作的动力性作用机制

在情绪工作的作用机制中，情绪的变化性反映了情绪动力性的核心特征，以往有关情绪工作的测量，只是问卷调查的方式。但从情绪工作概念的界定来看，情绪工作不仅仅涉及可观测的外在表现，更关注个体的内心的动力性过程，因情绪唤起本身就是具有动力性的特征，仅仅采用问卷调查的方式往往忽略了很多行为背后的生理变化过程。以往的研究通过自我报告的效果变量进行情绪工作效果分析，而对情绪工作策略对其情绪变化性的动力性特征没有考察，从情绪变化性特征到可观测的心理变量，如工作满意度等做了太多的推论，无法还原情绪工作效果的本质。我们探讨不同问题情境下，教师情绪反应动力性的特点，分析情绪工作中，情境特征对情绪变化性的特点。

（四）教师情绪工作策略的适当性

情绪工作本身是与问题情境相结合的，通过控制和管理自己的情绪，完成教学目标的过程。教师情绪工作涉及的人员中，学生是频率最高的互动对象，而学生的问题行为则是教师情绪困扰的主要来源，先前的研究得出教师知觉到的问题行为的 10 种最常见的类型，并对问题行为的归因、应对策略作了相应的分析，但这些问题行为会不会引发教师的情绪反应，情绪变化的特征如何则没有涉及，厘清教师面对这些问题行为的情绪变化是进一步研究情绪工作策略恰当性的前提。情绪工作的作用机制理论模型中，研究者对情绪工作策略的调节效果解释不一致。扎普夫（Zapf）认为情绪工作中的表层情绪工作只是对外在的情绪行为进行调整，不需要调动资源进行认知调控，因而情绪工作中需要付出的努力较少，不容易引起情绪失调，对个体的身心健康危害较少；资源守恒模型中，则认为深层工作是比表层工作更严重的丧失自我，对个体身心健康带来伤害。情绪工作作用机制的每个理论都有其提出的范围和适用性，互相矛盾结论的原因正是因为他们没有考虑到情境的交互作用，如果我们能从矛盾的原因出发，采用精细的实验研究来控制情绪负荷及唤起强度，得出不同情绪工作策略的恰当性，将是非常惊喜的结论。

（五）学校中教师情绪工作的辅导

人人都会有情绪，而情绪会影响我们的日常生活，既可能带来积极的影响，使人精神饱满地面对工作和生活，也可能带来消极的影响，使人垂头丧气、心情忧郁。教师这一特殊职业，面对多方的压力，有社会对教师的过高要求，有家长对教师的误解，有教师来自学生课堂行为的感染，也有教师自身家庭的因素，也可能是同事之间，与领导干部之间或者是学校环境等方面的因素影响教师的工作状态。好的情绪可以使人心情愉快，人们常说"笑一笑，十年少"。如果总是怀着不好的情绪，如恐惧和焦虑，会导致血管膨胀，生气也会严重影响心脏的功能。在本章我们将尝试从不同的情绪来源，对教师情绪做出辅导与干预，并提出简单的实施方案。

（六）教师情绪工作研究进展

情绪工作关注情绪的内在感受、情绪工作外在行为、情绪工作的情境（人际交互的情境）、情绪工作的内在心理加工（强调心理调节加工）的过程。情绪工作包含静态—动态的特征，每个行业都有自己特定的情绪规则，情绪规则是静态的，而个体在工作中的情绪工作的动力性变化则是动态的。情绪工作是与情绪密切相关的，而情绪与认知最大的不同，就在于其动态性的变化过程，从情绪工作的界定来看，情绪工作本身就是静态和动态的结合，本书从情绪工作的内部动力性过程出发，探讨情绪工作的动态性变化，能发现情绪工作更为本质的内容。

　　未来的研究将从组织关注的角度，考虑教师工作特性，开发教师情绪工作量表，解释不同角度测评教师情绪工作的具体问题；进一步深入探讨教师情绪工作过程中，从问题情境、情绪唤起、情绪调节、情绪表达及情绪工作的效果等不同阶段的影响因素，丰富情绪工作的研究内容；本书实证研究中探讨了教师情绪工作策略的情境性研究，得出了在不同情境下的情绪工作策略使用的有效性，接下来将结合中小学教师实践，对教师情绪工作策略进行培训和干预，以促进教师有效教学和师生身心健康。基于对中学教师的心理状态、内在需要的深层次关心，本书将以上述问题为切入点，将问题情境与情绪工作相结合，分析教师情绪工作过程中的情绪动力性变化、情绪工作策略的动态加工过程，以期从新的角度来理解教师情绪工作，为教师的情绪管理和调控提供启示。

三、新时代背景下教师情绪工作研究的意义

（一）丰富教师情绪的研究内容

　　教师情绪心理特点及其发展规律是教育心理学和发展心理学所关注的重要研究课题，也是教师心理学研究的重要内容。研究教师的情绪反应及其与情绪应对策略之间的关系，能够深入揭示教师情绪产生的内在规律。情绪工作研究本身起源于组织行为学中，对情绪工作的研究大多在一线服务领域，如医生、护士、餐厅服务员、保险员等。这些领域中探讨组织中的情绪工作，采用组织定向的视角，他们关注的是情绪规则、情绪适应及对组织绩效的结果，很少关注员工内心的调节，因而他们通常称作情绪劳动（emotional labor）。教师是高情绪劳动者，近年来研究者同样采用组织行为学的思路进行探索性分析，对教师内心的调节很少涉及，其内在动力性过程几乎没有。本书从实验探索的角度为教师情绪工作的动力性研究提供一定的理论支持。

（二）提供教师培训的理论基础和实践参考

　　本书关注情绪工作动力性的作用及问题情境的结合，比较不同问题情境中教师使用情绪工作策略的有效方式。重点关注从学校实践者的角度如何开展学校教师情绪工作的实践探索。我们尝试整体介绍学校开展教师培训的思路、方法和路径，为教师情绪管理提供依据；其次，分析情绪工作动力性特

征的个体差异性，教师情绪工作策略的差异性等，对不同教龄、不同人格特质的教师开展针对性的情绪工作辅导培训，提高教师干预效果，从而提升教师身心健康和组织绩效。教师只有具备了良好的心理健康教育能力，才能切实有效地开展各项教学活动，提高教学质量。

第一章

情绪的理论基础

第一节　情绪和基本情绪

一、什么是情绪

情绪（Emotion）来自拉丁文 e（外）和 movere（动），最初的含义是从一个地方移动到另一个地方，后来转为身体感觉的动荡或变化，表示个体情绪的激起或唤起状态。在某个时刻或者情境下，每个人都体验过强烈的情绪、完成艰巨任务后的欣喜、受到不公平待遇后的愤怒、与亲人分开的悲伤等。情绪不仅影响我们的行为方式，还是我们潜在的动机反映。此外，我们在日常生活中也经历程度较轻的情绪反应，欣赏电影的放松、忙碌工作的紧张、享受友谊的快乐等。每个人都经历情绪，但如何定义很难。情绪是一种复杂的心理活动。当代情绪发展理论中，比较有影响力的是生物观点、机能主义观点、认知观点、社会文化观点，各自从不同的角度对情绪做了界定。

持不同观点视角的学者也对情绪做出各自的解释。有的学者强调情绪的反应倾向，强调情绪活动的生物基础或者离散的情绪系统技能的模型，如〔詹姆士（James），1890〕把情绪看作适应行为和生理倾向，这种体验与接近的生理变化模式与伴随；而有的研究者关注情绪个体与环境事件的相互作用，〔拉扎勒斯（Lazarus），1984〕提出与阿诺德（Arnold）类似的定义："情绪是对来自正在进行着的环境中好的和不好的信息的生理心理反应，它依赖短时的或持续的评价。"；〔伊扎德（Izard），1991，1993〕将情绪作为人格系统中的核心动力，强调情绪的适应性。虽然人格和社会心理学家在情绪的界定上并没有达成一致的界定，但情绪是一个多维度的过程［弗里达（Frijda），1986，2001；拉扎勒斯，1991；普拉纳尔普（Planalp），1999；卢家楣，1995；孟昭兰，2004］得到很多研究者的认可。

表1-1　不同理论视角情绪的界定

不同理论视角	情绪的基本内涵	关注点
生物观点	神经过程的特殊组合，引导特定的表达和相应特定的感觉	情绪的神经生理基础
机能主义观点	依据个人的认知，建立、维持和破坏有机体与环境之间的关系的过程	机体和环境相互作用的模式
认知观点	表征外部刺激、思想和情调三者之间变化关系的上位系统	情绪机能的认知基础和认知建构
组织观点	对重要事件的主观反应，以生理、体验和外部行为变化为特征	明确的情绪结构发展框架
社会文化观点	个体与社会情境相互作用的自我组织系统，包括神经激活、体验，表达的动态过程	社会或文化建构的综合特性

总之，情绪是有机体反映客观事物与主体需要之间关系的态度体验，它通常包括生理的和认知的成分，对行为具有影响作用。如快乐是什么感受？首先，我们体验到与悲伤不同的情绪感受，还有一些生理变化，如心率加快等；其次，情绪也包含认知成分，我们对引起情绪反应刺激事件的意义解读；也包括个体一系列的行为反应，如"高兴得跳起来""难过得捂住胸口"等。

二、情绪的基本要素

情绪是可以被感知的，既可以为自己所感受到，也可以被他人推论出来。从认知评价的角度来看，尽管情绪是一种认知的过程，是大脑内部的活动，但情绪仍然会有一定的内外部反应，包括生理反应（心跳变化、呼吸变化和出汗）、心理变化（一种情绪体验也会导致其他的情绪体验）和行为变化（动作、表情的变化等）。情绪的三个要素是指情绪的主观体验、情绪的外部表现和情绪的生理唤起。

1. 情绪的主观体验

情绪的主观体验是个体在不同情绪状态下的自我感受，具有独特的主观体验色彩，即喜、怒、悲、惧等。不同的体验形成不同的情绪，比如遇到事情顺利就会开心，遇到不好的事情就难过。基本情绪是先天具有并在进化中逐渐演化来的，每种基本情绪具有适应个体生存需要的独特的功能，具有跨文化的普遍性。但由于每个人的知识、经验、需要、追求的目标、认知评价等各方面的差异，同一环境对不同的人可能意味着不同的心理内容，因而产生的情绪也会不同。

2. 情绪的外部表现

人的主观体验与外部反应是相关联的，在特定的情境下人的主观体验会伴随着外部表情。

表情是表达情绪状态的身体各部分的动作变化模式，衡量情绪发生变化时的强弱程度，包括面部表情、姿态表情和语调表情等。面部表情是通过眼部肌肉、脸部肌肉和口部肌肉变化来呈现各种情绪状态。姿态表情则表现在身体表情和手势表情两个方面。语音语调表情也是表达情绪的重要形式，言语是人们沟通思想的工具，语音的高低、强弱、抑扬顿挫等。总之，表情是一种独具特色的情绪语言，它以有形的方式体现出情绪的主观体验，成为人际间感情交流和相互理解的工具之一。

3. 情绪的生理唤起

情绪的生理唤起就是指伴随情绪与情感产生时的生理反应，它涉及一系列生理活动过程，如神经系统、循环系统、内外分泌系统等活动。情绪产生的生理唤起涉及广泛的神经系统，不同的情绪会产生不同的生理反应，包括心率、血压等方面的变化。中枢神经系统对情绪起着调节和整合的作用。大脑皮层对感觉信息识别和评价在情绪唤起、随后的行为反应方面起着重要作用；网状结构的激活是产生情绪的必要调节；边缘系统参与情绪体验的产生；内分泌系统与自主神经系统之间的联系直接参与情绪反应。由此看来，每一次情绪的发生，都是包括中枢神经系统各级水平、躯体神经系统、内分泌系统的整合活动的结果。

情绪过程包括一系列机体的变化。这些内容一般包括评价（appraisal）、主观体验（subjective experience）、生理变化（physiological change），情绪表达（emotional expression）和行为方式（action）。不同的情绪成分并不会自动地随着另外一个成分的变化而发生变化[梅斯基塔（Mesquita），等，1997]。也就是说，当一个人生气的时候会自然地向对方靠近，而另外一个人可能会远离；而某些人在经历恐惧时会心跳加速，而有些人则心率较低[卡乔波（Cacioppo），等，1993]。情绪是一项非常复杂的高级心理过程，是个体受到某种刺激所产生的一种身心激动状态，情绪发生及反应过程如下：在情绪信息刺激作用下，也就是在自然环境、社会环境或者自己本身成为认知的内容或对象的前提下，大脑皮质进行有选择、有组织的加工，也就是判断是否满足了自己的某种需要。大脑皮质工作的这个过程改变着神经刺激的强度和边缘结构的活动模式。由皮质和丘脑传导的冲动支配着下丘脑，下丘脑是情绪的重要中枢，它储存着基本情绪的先天模式，并对情绪进行分化。与此同时，皮质工作的过程从皮质运动区通过面神经引起面部具体的肌肉运动模式。面部肌肉接收器的神经冲动经三叉神经通过后部下丘脑反馈到皮质感觉区。皮质感觉区由面部反馈而来的神经信息在皮质运动区进行调节，这时进行的皮质整合活动就产生了情绪的主观体验。

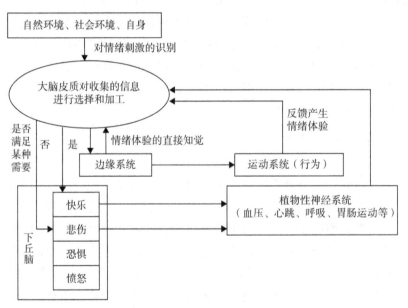

图1-1　情绪反应的体验流程

三、情绪与认知

　　情绪与认知最大的不同，在于情绪变化的动力性特征，包括其情绪变化的程度和强度等，从问题情境刺激、生理的变化到情绪的表达是一个连续的动态过程，这是情绪的本质内涵。情绪是由环境中的事件引发，愤怒、愉快等往往是对一系列外在事件的反应。当环境事件或精神过程引发生理变化，包括流汗、瞳孔放大、呼吸加速、血糖值升高，各种情绪就会表现出来，这些情绪影响着个体的想法和行为，激起喜、怒、哀、乐等主观体验，进而影响身心健康和行为方式。

组织管理的对象是人，而人的情绪好坏会直接影响人的活动能力和工作效率。一般来讲，正面的情绪能够起到促进协调和组织沟通的作用，有利于劳动者工作效率的提高。实验证明，中等愉快水平可以使智力劳动达到较优的效果，如果兴趣和愉快结合起来，相互作用、相互补充，能为智力活动和创造性工作提供最佳的情绪背景。情绪对个体行为的消极影响来自焦虑、挫折感等负面情绪所引起的破坏、瓦解和干扰作用。实验证明，焦虑会使个体认知受限，操作水平下降；挫折感使人的行为具有攻击、幻想、退化、冷漠、固执和妥协等倾向。此外，悲伤、愤怒、疲倦等消极心境会让人感到厌烦、消沉、枯燥无味，对人的创造性思维产生消极影响，如害怕承担责任风险、过分追求稳定的状态、过早地作出判断、酝酿决策能力降低等。

不同情绪对个体产生的影响不同。兴奋、愉悦等正向情绪对个体认知活动起促进作用；痛苦则通过其压抑效应对智力操作起干扰、延缓的作用；惧怕是破坏性最大的情绪，恐惧刺激会增强认知控制能力，使人们更快地从正在执行的任务中将认知资源转移到面对突发状况，抑制认知灵活性，出现退缩和自动化应激反应；而愤怒又有所不同，愤怒是愿望不能实现，或未达到目的及行动受挫引起的紧张而不愉快的情绪，具有强大的内在力量，人在情绪释放后获得更好的工作效果。但是，如果愤怒情绪在体内积累而没有得到释放时，就会同其他负面情绪一样对有机体产生损伤。组织管理人员就是要想方设法掌握和控制员工的情绪，帮助员工克服消极的情绪，保持积极的情绪状态，从而保持生产和工作效率的持续高涨。例如，根据赫布（Hebb）对焦虑进行的研究，员工在适中的紧张情绪状态下的操作水平较高，而在身心完全放松和高度紧张情绪状态下的操作水平都较低，在工作和生产中，应该使员工产生中等程度的焦虑，从而使他们发挥出较高的工作效率。

综上，情绪是受到某种刺激所产生的身心激动状态，此状态包括复杂的情感性反应与生理上的变化。情绪是对一系列认知经验的通称，是多种感觉、思想和行为综合产生的心理和生理状态。

四、情绪的意义

人类的所有的心理活动，都是几千万年的演化历史所选择出来的一种竞争的优势，是我们的生存策略，所以负面情绪既然存在肯定是有意义的。负面情绪的存在可以使个体保持一种警觉的态度，让你能够集中所有的生理心理力量来解决让你觉得有危险的事情，所以负面信息就是一种警惕信号，当你出现愤怒、伤心、厌恶、焦虑、畏惧的时候，一定要记住这都是一种信号，需要加以关注。如果把"兴奋"描述为积极的高唤起情绪，"快乐"就是积极的低唤起情绪，把"恐惧"描述为消极的高唤起情绪，则"伤心"是消极的低唤起情绪。恐惧有重要的警觉信号，说明有危险，有安全警报。出现恐惧让你警觉，无所畏惧的话容易走入陷阱出现危险。所有恐惧的信号其实是让你警觉哪些事情对你很重要，同时也让你得到足够的社会关怀和支持。长期的负面情绪肯定会带来身心的伤害、身心的变化。快乐、兴趣、满足、自豪、爱等所有这些积极的情绪，都可以弥补我们负面情绪带来的伤害，修复负面情绪带来的神经的、生理的负面影响。

情绪有正负之分，但没有对错区别。每种情绪都是有意义的。了解这些积极情绪和消极情绪的意义，可以让我们对自己的身心体验有一个科学的全面的认识，所以我们维持积极心态的第一个原则就是知道情绪的作用，知道情绪的价值，不至于对各种各样的情绪体验产生不正确的应对和判断。人类所有的积极情绪和消极情绪，它的神经通道都是重叠的，情绪对个体的影响，不是由我们的生理的状态来决定的，而是由我们心理的状态来决定的，由我们认识的状态来决定的。当我们由于本能而排斥抵制压抑各种负面情绪的时候，我们可能把能够获取正能量的通道给切断了，因而了解消极情绪，负面情绪的作用，对我们的心理健康很有价值。

第二节　情绪的类型

情绪是一种心理过程，每个人时刻都在经历着情绪。人类有几百种情绪，它的微妙之处已经大大超越了人类语言能够形容的范围。喜怒哀乐是常见的情绪类型，以个体的愿望和需要为中介的心理活动，当客观事物或者情境符合个体需要的时候，个体就能产生积极、正面的情绪；反之，则产生消极、负面的情绪。一般只划分为积极情绪、消极情绪。情绪无好坏之分，由情绪引发的行为则有好坏之分、行为的后果有好坏之分。所以，情绪管理并非是消灭情绪，而是疏导情绪，消极情绪不可能被完全消灭，但可以进行有效疏导、有效管理、适度控制。合理调整情绪的信念与行为。

一、情绪的功能

情绪具有信息传递功能。人在交际过程中，用信息来传递信息，信息的传递以情绪的外部表现为载体，如微笑表示对人的热情与肯定，双手交叉于胸前表示对人的拒绝及防备，婴儿啼哭表示对母亲照顾的需要，恐惧则是对某些情境、人或物体接触时，产生的紧张不安的内心体验等。情绪的信息传递功能促进了人与人之间的沟通和交流，同时帮助个体适应外界环境的变化。情绪是动机系统的一个基本成分，当人的需要被激发时，人体验到一定程度的焦虑和不安，即内部的紧张状态，这种紧张状态会促使个体采取一定的行动来满足自身的需要，缓解自身的焦虑。适度的焦虑和紧张能促进个体积极思考并且解决问题。物质需要引起的紧张感促使人们努力工作和劳动，精神需要引起的紧张感促使人们学习。

二、积极情绪和消极情绪

情绪的正负向通常由效价来描述。效价就是情绪的积极或者消极，也可以描述为愉悦度（愉快或者不愉快）。情绪是一个有自己发生机制的独立的心理过程，情绪对其他心理活动有组织作用。如积极情绪提高心理弹性，促进人的问题解决，消极情绪阻碍人的思维，抑制人的大脑活动，干预人的问题解决。情绪状态影响人对事物的知觉，当人处于情绪知觉时，会选择关注积极的事物，以及关注事物的积极方面；当人处于消极的情绪时，会选择关注消极的事物，以及关注事物的消极方面。情绪具有肯定和否定的性质。能满足需要的事物会引起积极的体验，如快乐、满意等；不能满足需要的事物会引起消极的体验，如愤怒、憎恨、哀怨等；与需要无关的事物，会使人产生无所谓的情绪和情感。积极的情绪可以提高人的活动能力，而消极的情绪则会降低人的活动能力。

三、情绪的分类

情绪反应的强度通常由情绪的唤起度来衡量。情绪的唤起度指的是引起内心的激动程度或者情绪引起身体的激动反应水平（兴奋或者平静）。按照情绪状态可将情绪分为心境、激情和应激三种。情绪状态划分来源于情绪维度理论，情绪的维度是指情绪所固有的某些特征，主要指情绪的动力性、激动性、强度和紧张度等方面。

冯特提出的三维理论认为：情绪是由三个维度组成的，即愉快—不愉快；激动—平静；紧张—松弛。每一种具体情绪分布在三个维度的两极之间不同的位置上。他的这种看法为情绪的维度理论奠定了基础。20世纪50年代，施洛伯格根据面部表情的研究提出，情绪的维度有愉快—不愉快；注意—拒绝和激活水平三个维度，建立了情绪三维模式图：快乐、注意和激活水平的强度三个维度，三个不同水平的整合可以得到各种情绪。60年代末，普拉切克提出，情绪具有强度、相似性和两极性三个维度，并用一个倒锥体来说明三个维度之间的关系。顶部是八种最强烈的基本情绪：悲痛、恐惧、惊奇、接受、狂喜、警惕、狂怒、憎恨，每一类情绪中都有一些性质相似、强度依次递减的情绪。比如恐惧维度，同类的情绪还有惧怕，忧虑的强度稍微弱一点的恐惧情绪。美国心理学家伊扎德提出情绪四维理论。认为情绪有愉快度、紧张度、激动度、确信度四个维度。罗素提出了情绪的环状模式，将情绪分为愉快度和强度，不同的情绪依据愉悦度和强度的差异分散在四个不同象限中；如愉快高强度的情绪有欣喜、高兴、快乐、兴奋、激活、惊奇等；不愉快高强度的情绪有悲痛、苦恼、失望、紧张、愤怒、惊恐等；愉快低强度的情绪有安心、满足、安逸、宁静、轻松、疲乏和欲睡等；不愉快低强度的情绪有悲惨、伤心、沮丧、悲观、厌烦、颓废等情绪。黄希庭认为若撇开情绪所指的具体对象，仅就情绪体验的性质来看，可从以下四方面进行分析：强度、紧张度、快感度、复杂度。按照情绪发生的速度、强度和持续时间可将情绪分为心境、激情和应激三种。

（1）心境。心境是一种微弱、弥散和持久的情绪，也即平时说的心情。心境的好坏常常是由某个具体而直接的原因造成的，它所带来的愉快或不愉快会保持一个较长的时段，并且把这种情绪带入工作、学习和生活中，影响人的感知、思维和记忆。愉快的心境让人精神抖擞，感知敏锐，思维活跃，待人宽容；而不愉快的心境让人萎靡不振，感知和思维麻木、多疑，看到的、听到的全都是不如意、不顺心的事物。

（2）激情。激情是一种猛烈、短暂的情绪，类似于平时说的激动。激情是由某个事件或原因引起的当场发作，情绪表现猛烈，但持续的时间不长，并且牵涉的面不广。激情通过激烈的言语爆发出来，是一种心理能量的宣泄，从一个较长的时段来看，对人的身心健康平衡有益，但过激的情绪也会使当时的失衡产生可能的危险。特别是当激情表现为惊恐、狂怒而又爆发不出来时，全身发抖、手脚冰凉、小便失禁、浑身瘫软，那就得赶快送医院了。

（3）应激。应激是机体在各种内外环境因素及社会、心理因素刺激时所出现的全身性非特异性适应反应，又称为应激反应。这些刺激因素称为应激源。应激是在出乎意料的紧迫与危险情况下引起的快速而高度紧张的情绪状态。应激的最直接表现即精神紧张，指各种过强的不良刺激，以及对它们的生理、心理反应的总和。应激反应指所有对生物系统导致损耗的非特异性生理、心理反应的总和。应激或应激反应是指机体在受到各种强烈因素（应激原）刺激时所出现的非特异性全身反应。

四、情绪的基本形式

情绪分为快乐、愤怒、悲哀和恐惧这四种基本形式。一些心理学家则用不同的维度来描述情绪。例如，施洛斯伯格（H. Schlosberg）从"愉快—不愉快""注意—拒绝""高激活水平—低激活水平"这三个维度来描述情绪，每一种具体情绪都按照这三个维度分别处于其两极的不同位置上。

从不同的角度可以将情绪分为以下六类。第一类是原始的基本情绪，往往具有高度的紧张性，如快乐、愤怒、恐惧、悲哀。快乐是盼望的目的达到后，紧张被解除时的情绪体验；愤怒是愿望目的不能达到、一再受阻、遭受挫折后积累起来的紧张情绪体验；恐惧是在准备不足、不能处理和应付危险可怕事件时产生的情绪体验；悲哀是与所追求、热爱的事物的丧失，所盼望的事物的幻灭有关的情绪体验。第二类是与感觉刺激有关的情绪，如疼痛、厌恶、轻快等。第三类是与自我评价有关的情绪，主要取决于一个人对于自己的行为与社会关系的知觉，如成功感与失败感、骄傲与羞耻、内疚与悔恨等。第四类是与别人有关的情绪，常常会凝结成为持久的情绪倾向与态度，主要是爱与恨。第五类是与欣赏有关的情绪，如惊奇、敬畏、美感和幽默。第六类是根据所处状态来划分的情绪，如心境、激情和应激状态等。

第三节　情绪的反应模型

情绪研究受到心理学家、人工智能工作者和认知神经学家的重视。目前情绪研究已经取得了许多实质性进展，但由于情绪本质的复杂性，不同的学者从不同的角度研究它。情绪反应的变化性可以解释其动力性特征的本质特点。情绪反应的个体差异表现在情绪感受、生理唤起动力性指标等心理成分之中，情绪的感受是一种带有独特色调的觉知或者意识，是情绪的主观成分；情绪体验是情绪的核心成分，使得个体在情绪过程中感受到愉快、享乐、忧愁或悲伤等多种不同的体验色调。情感的生理唤起是情绪与情感产生的生理反应。具有代表性的情绪反应模型如下：

一、情绪的基本理论

1. 詹姆士－兰格（Lange）的情绪理论

该理论认为，情绪是由于某一情境的变化引起自身状态的感觉。情绪产生的过程是刺激引起个体的生理反应，如循环系统、消化系统、内分泌系统等的变化，由机体反应引起情绪体验。因此，情绪只是对于一种生理状态的感觉，是对机体内部和外部生理变化的意识。

2. 坎农（Connan）－巴德的丘脑情绪理论

该理论认为，激发情绪的刺激由丘脑进行加工，同时把信息输送到大脑和机体的其他部位，到达大脑皮层的信息产生情绪体验，而到达内脏和骨骼肌肉的信息激活生理反应，因此，身体变化与情绪体验同时发生。

3. 巴甫洛夫（Pavlov）的动力定型理论

该理论认为，人们在大脑皮层中按照刺激物的顺序形成了比较稳固的暂时神经联系系统，这种系统叫作动力定型，是人学习、习惯和需要的生理基础。当客观事物符合我们的动力定型时，其刺激所引起的皮质神经过程就会按原来的轨道运行，产生满意的情绪和情感。如果客观事物不符合动力定型，就会使旧的动力定型遭到破坏，产生消极的情绪和情感。人所建立的暂时神经联系有两个系统。由具体事物的影响所建立的暂时神经联系系统称为第一信号系统，由语言所建立的暂时神经联系系统称为第二信号系统。人们不仅通过第一信号系统产生情绪体验，也通过第二信号系统调节自己的情绪和情感。例如，当一个人遭遇不幸时，自己的情绪怎么也平静不下来，如果这时候有人用言语劝告几句，就可能平静下来，这就是第二信号系统的调节作用。

4. 行为学派的情绪理论

该理论认为，情绪只是有机体对待特定环境的一系列反应，因此经常从反应模式和活动水平两方面去描述情绪。行为主义的奠基人华生认为，情绪是一种遗传的反应模式，它包括整个的身体机制，特别是内脏和腺体活动系统的深刻变化。在他之后，操作条件反射论者斯金纳从动物在个体生活中的习得行为研究情绪，发展了用条件反射技术来引发情绪的方法，并把挫折效应作为研究情绪的一个标准方法。

5. 精神分析学派的情绪理论

该理论的中心是焦虑问题。弗洛伊德提出，人有客观性焦虑、神经症焦虑和道德焦虑这三种焦虑，它们分别代表自我在对待现实、本我、超我对个人所提出的要求时采取的软弱态度。客观性焦虑源于人的"诞生创伤"——新生儿诞生时被来自新环境的大量刺激所淹没，是一种原发性的焦虑，它是以后个人生活中继发的焦虑反应的原型。当一个人面临一种创伤的可能性时，就会有一种与诞生创伤相联系的情绪的复现。例如，人在焦虑时出现的紧张急促的呼吸、肌肉的颤抖、加快的心跳等特征都是模拟和重复新生儿的情绪特征。神经症焦虑产生于害怕自己的本能行为的客观后果，害怕从事被禁止行为所产生的社会后果。这种焦虑有两种形式。一是"自由漂浮"式焦虑，指个人不断地预料会有最坏的结果，把偶然的事件看成厄运的先兆，特别害怕模棱两可的情境；二是"特定恐怖"式焦虑，其范围有限，由特定的对象与情境（如打雷、疾病等）引起。道德焦虑来源于超我，而超我形成于童年时代父母的教诲和约束。害怕失去父母的爱和受到惩罚是产生道德焦虑的根源。神经症焦虑和道德焦虑能导致压抑，压抑本能的冲动以对付焦虑。

6. 达菲（Dauphin）的情绪激活理论

该理论认为，情绪涉及人们向自己预料到的情境而行动。情绪的发生完全是生理唤起和神经激活的结果。无论积极的情绪状态还是消极的情绪状态，其驱动力都必然来自机体的能量供给，因而情绪变化也来自机体能量水平的变化。强烈情绪由高水平能量提供活力，微弱情绪由低水平能量提供活力。日常观察到的异常或紊乱反应，并不表明情绪行动有什么特殊的功能，不过是能量水平过高或不足所造成的。达菲用生理激活来解释情绪，有取消情绪概念的倾向。

7. 沙赫特的情绪三因素理论

该理论认为，任何一种情绪的产生都不是由单一因素决定的，而是由环境因素、生理因素和认知因素共同决定的。任何情绪的产生都同自主神经系统的神经激活相联系，但只有这种联系是不够的，只有在引起情绪的刺激和对这一情境的认知同神经唤起相结合时才产生情绪。因此，三因素理论又被称为认知—激活理论。在决定情绪的三种因素中，生理激活决定情绪的强度，认知决定情绪的性质，而情境刺激则是产生情绪体验的客观条件。在情绪试验中，被试处于相同的生理唤起状态并接受相同的环境刺激，却产生完全不同的情绪反应，这是因为被试对生理反应的认知解释不同，因此产生的情绪体验也不同。认知因素在三因素中起主导作用，情绪情感是通过认知过程的折射而产生的。认知折射指人在过去经验中所形成的愿望、需求、预期、经验等内部心理结构对当前环境刺激的评估和判断。当符合自己的需要时就产生肯定的情绪情感，否则就产生否定的情绪情感。

8. 阿诺德与拉扎勒斯的认知—评价理论

该理论认为，第一，情绪是来自正在进行着的环境中好的或不好的信息的生理心理反应，它依赖于短时或持续的评价。在情绪发生之前，人要对刺激进行解释和评估。如果一个人对刺激做出肯定的评价，他就会接近它；否则，就会躲避它。这种评价与人的性格结构、过去的知识经验和当前对情境的知觉有关。第二，大脑对刺激做出某种评价后，信息通过皮下中枢丘脑及外周神经系统影响内脏器官及骨筋肌的生理反应，形成了一定的生理模式，这种模式反馈到大脑进行再评价，从而产生或强或弱的情绪体验。而情绪又诱导人选择合适的行为反应，于是情绪转化为动机，个体的适应行为就被情绪组织起来。第三，每种情绪都包括特定的评价、特定的生理变化和特定的活动倾向三种成分，任何情绪都不能由单一成分所决定，而是由三种成分相互作用而成，它们的不同组合模式是各种具体情绪的标志。

9. 汤姆金斯（Tomkins）和伊扎德的动机—分化理论

该理论对弗洛伊德把本能当作动机的基本来源的观点提出了批评，认为情绪是比本能更强有力的驱动因素。人可以在没有本能信号的情况下被各种情绪激活，诸如快乐和悲伤、愤怒和恐惧、惊奇和羞愧，这些情绪都足以使人做出某种行动，因为情绪可以调动有机体的生物化学能量，一方面使有机体处于高度唤起的激活状态，另一方面为有机体的行为准备充足的能量。情绪信号比本能具有更为普遍的意义，可以单独发挥动机的作用。情绪的价值在于它能够扩大、加强或缩小、减弱生物需要的信息，并对环境信息做出反应，激起有机体活力去应付变化多端的生存环境。

二、情绪理论的三个视角

1. 人格影响情绪反应的视角

情感反应模型（Affect-level model）是［格罗斯（Gross），萨顿（Sutton）和

柯特勒尔（Ketelaar），1998］提出来的，他们认为人格对情感的基线或者紧张水平具有直接效应。他们主张，根据情感水平模型，不管在什么情境下，外倾者比内倾者都应该报告更高水平的积极情感。这意味着人格—情感的关系在任何时间、任何情境中都存在一致性。外倾者的积极情感水平高于内倾者，神经质的消极情感水平高于情绪稳定者，这种情感体验在人格特质上的个体差异在实验操纵前、实验操纵后的任何时间都存在。［卢卡斯（Lucas）和贝尔德（Baird），2004］设计了一系列的实验来检验外倾—愉快情绪的关系，研究结果在很大程度上支持了情感水平模型。他们认为外倾者具有更强的行为激活系统，因而与内倾者相比对奖励信号更敏感。神经质具有更强的行为抑制系统，因而与情感稳定者相比对惩罚信号更敏感。当个体面临消极情绪刺激时，神经质可能比情绪稳定者产生更强烈的消极情感反应体验。

2. 情绪的认知加工视角

情绪的双加工理论（Dual Emotional processes）整合了当前情绪对行为研究结果的分歧，认为情绪对行为的影响是一个双加工的过程。双重加工的学者们认为人类的思维和推理潜存着两个完全不同的认知系统，一是能部分自主运行的子系统，包括与生俱来的本能行为和先天就有的输入模块，对外界信息的加工是快速、平行、自动化和启发式的，只需要很少意识的参与，快速自动地对环境特征进行确认，也是启发式加工系统；二是加工慢速的、序列化、控制的和分析式的，需要更多的意识努力和思考。当个体拥有快速的自发情绪性反应时，如喜欢或者不喜欢时，可能直接而且快速指导行为的选择，这一过程多为不理智的负性结果的反应模式；当个体具有完全成熟的，有意识的情绪性反应，如伴随生理唤起时可能会采取较为理性的适宜性的行为模式。

3. 心理应激反应的视角

［科因（Coyne），1991］的心理应激理论指出：应激包括应激源，中介变量和心理生理反应三个部分。应激源主要是人们在日常生活中经历的各种生活事件、慢性紧张（工作应激、家庭关系紧张）等；中介变量有很多因素，主要包括认知评价、应对方式、社会支持和控制感等；心理生理反应主要是各种情绪反应及生理化指标的变化。

第四节 情绪的启动与测量

当代情绪理论认为情绪反应包括生理唤起、面部及躯体行为，以及主观体验等成分。情绪反应的测量包括自我报告、自主神经系统测量、脑及行为测量等。大量的情绪研究表明，情绪反应的测量多是通过情绪维度和基本情绪状态两种方法测出来的。日常生活中，人们判断一个人的情绪往往是很容易的，但科学测量却很困难。情绪是动态的且不断变化最后消失的过程，这一过程有快有慢，且包括多种反应系统，每个系统都有自身的起始和结束时间。

一、情绪的启动

在认知心理学中，情绪唤起和启动是一种探究测验情境（context）对测验成绩影响的技术，根据对启动刺激的注意水平，可将启动分为阈下启动和阈上启动。在实验情境中研究情绪，其可行性在很大程度上依赖于情绪的诱发程序。情绪启动效应实质反映的是情绪对认知的影响，主要表现在两个方面：情绪经验对当前任务加工效率的促进或抑制（facilitatory or inhibitory）；情绪经验对当前任务的加工存在正向或负向（positive or negative）的情绪色彩。所以，情绪启动的研究可视为情绪易感性的基础研究。更为重要的是，在情绪启动研究中形成了一种实验范式——情绪启动范式，为进行情绪易感性的实验研究提供了可行、灵活、便利而客观的途径。启动刺激和靶刺激的信息可以是文字、图片、音频或者视频；启动刺激和靶刺激的关联意义在某一维度上可以一致或不一致；启动刺激的呈现时间可以调节；对启动效应的记录可以是反应时或/和正确率。

1986 年，法西奥（Fazio）采用了词—词启动范式（single - word paradigm）研究情绪启动效应。该实验要求被试对于具有可评价极性的靶刺激——单词（如"友好""丑恶"）进行效价评定，每一个靶刺激前呈现一个不需要评价的启动刺激（与靶刺激在可评价含义上存在关联），反应记录为反应时和错误率。墨菲（Murphy，1993）对词—词启动范式进行了修改，以男女表情面孔（愉快或愤怒）作为启动刺激，以被试不认识的外文文字作为靶刺激，以 5 分评分制要求被试对靶刺激作"喜好程度和好坏程度"的评价。

在该模式中，启动刺激与靶刺激之间预先不存在情绪效价的联系，而是考察启动刺激诱发的情绪是否投射到后继评价中。以上两种模式都肯定了情绪启动效应，但是也都存在两处值得质疑的地方。一是启动刺激是否真启动（诱发）了情绪，二是对后继活动的影响是否来自情绪。

而更多的研究则是集中探讨情绪对后继活动的影响，其基本模式是先诱发出被试特定的情绪，通常的办法是让被试从事这样一些活动：看喜剧或悲剧电影；听具有一定情绪色彩的音乐；回忆曾经开心或难过的事件；想象正经历着愉快或不愉快的事情；或由主试对被试给予正负反馈等。在这之后，让被试从事诸如学习、回忆、评价等活动。这两类研究可以称为对经典情绪启动范式的分解研究，也可称为情绪启动范式的简化版。实验室条件下研究情绪的可行性，很大程度上依赖于情绪的诱发程序和所使用的情绪诱发材料。对情绪诱发的实验室操作，概括起来有三种类型：指导语操作、刺激材料的操作和事件反馈操作：（1）指导语操作是指要求被试根据指导语的要求进行朗读、回忆、想象等操作，以产生特定的情绪。最常用而且很有效的指导语操作是 Velton 技术［维尔顿（Velton），1968］，这个方法要求被试大声地读出一系列与目标情绪状态一致的自我描述性语句，例如，"我很伤心""我很高兴"等。［萨尔瓦斯（Salvoes），1992］在研究中用录音指导语来诱发情绪，要求被试想象一个情境，使其体验到悲伤的、愉快的或中性情绪。有研究要求被试回忆或想象一个事件，接着写下这个事件来诱发悲伤的、愉快的或中性心境［塞迪克德（Sedikedes），1994］。还有一些方法要求被试进行自传体回忆或自我想象来诱发情绪。（2）刺激材料的操作是指把被试置于某种刺激环境中以诱发其情绪，例如通过气味、音乐、故事图片、幻灯片、录像、影片等刺激材料由被试直接感知以诱发特定的情绪。（3）事件反馈操作是指让被试卷入到相关事件中，从而在自然发生的正性或负性事件中改变其情绪。这类操作可分为两种：奖赏和错误行为反馈。奖赏能诱发愉快情绪，错误的行为反馈则导致不愉快的情绪，即通过操作与个人有关的反馈来诱发情绪。例如，让被试完成问卷后告诉他们，得到高分说明在社会环境中他们具有灵活的技巧，得低分说明他们在处理人际关系时有些问题，然后告诉他们自己所得的分数，通过正反馈或负反馈诱发实验要求的情绪。

情绪研究中常用的诱发程序有：（1）通过假定的实验情境，使被试受其感染，诱发特定的情绪，这种特定的实验情境要在被试不知情的状态下进行，若被试知道实验意图，诱发效果会大受影响。（2）使用面部肌肉反馈技术，让被试按照要求控制自己的面部肌肉，诱发特定情绪。面部肌肉反馈技术对被试的要求较高，对主试的专业技术和被试配合的要求较高。（3）通过音乐诱发情绪；（4）通过嗅觉诱发特定情绪；（5）通过影像或照片诱发特定情绪来诱发情绪。通过上面的综述可以看出，对于情绪的启动来讲，可以通过外界的情绪诱发来控制情绪的发生。我们可以通过信息片段，通过将真实情境和实验情境结合起来，这种做法既操作简便，又易于控制。

二、情绪的测量方法

1. 自我报告测量

自我报告测量是运用评定量表和其他相关内容报告的方式，由被试自我报告自己的情绪体验和反应强度。一般认为，有效的情绪自我报告是全或者无的现象反应，基于当前情绪体验的自我报告是根据个体的当前体验信息给予精确报告。或者根据情境和记忆语义信息给予报告。对不同的情绪状态，包括感受的情绪等级，如某一种情绪愉快，是"一点都不"到"非常强烈"的情绪。个体可以在相应的数据上做出判断。对情绪状态词汇的选择，比如某件事情引发的情绪状态，愉悦、生气、焦虑、沮丧等。并在相应的程度上做出判断。

自我报告情绪测量比较容易操作，但其前提是被试有能力且愿意对自己的情绪做出报告。比如某些情境片段并没有引起被试的关注和记忆，因此无法做出情绪报告。也有部分应激事件可能阻碍情绪编码进入记忆，出现情绪的错误报告等。

2. 行为测量

行为测量法是指通过对人们参与活动的行为进行观测的方法，指观察和测量的被试对于有关事物的实际行为反应。［达尔文（Darwin），1965］指出，情绪具有一种进化的交际作用，人与人之间交往行为可以揭示彼此间的情绪状态。如人在恐惧的时候出现躲避状态。根据这些理论，个体的情绪状态可以通过他的声音特征、面部表情和躯体行为来判断。目前，对声音特征的研究最常用的测量是语音幅度和音高。研究得到比较一致的结论是高觉察度和高音调相关。还有部分研究表明，声音特征对效价的敏感性很低，如愤怒和喜悦的情绪觉察过程是相似的，但在效价上是不同的。而两种情绪的音调和音幅却是相似的。

面孔是有关情绪状态的一种丰富的行为指标，尤其是从眼睛获取社交信息，识别他人心境、情绪和意向，并做出适当反应，则在一定程度上反映社会能力的发展状况，关系到个体社会能力的发展状况，关系到个体社会交往、沟通的状态。埃克曼（Ekman）在达尔文分析的基础上进一步提出可以跨文化识别的六种基本情绪，即愤怒、恐惧、厌恶、快乐、悲伤以及惊奇。在日常生活中，无论是随意的聊天，还是正规场合下的交谈，抑或是一起玩游戏、下象棋，人们就会不停地去尝试辨认彼此的情绪线索，以获得有利的信息，已经有相当数量的关于情感面部表情的研究，如面部表情是如何被编码的，并建立了完善的面部表情编码系统。肢体语言也存在很多信息，关于情绪知觉的研究关注身体动作和姿势，肢体语言不仅提供个体情绪状态的信息，还可以暗示个体的行为意图。例如，一个害怕的肢体动作能暗示威胁的出现，以及做出肢体表情的个体如何应对这一威胁：逃走，斗争或是静止不动的，因此肢体表情和行为之间关系紧密，肢体动作有时候会受到人类意识的控制。也有研究者采用社会功能分析法对为什么某些情绪与面部行为有关，而另一些情绪则与主要躯体行为有关做出解释。愤怒、恐惧、厌恶、快乐及悲伤等，主要是个体层面的适应功能，因而应该与面部行为相关联；而诸如尴尬、罪恶、自豪与羞耻等情绪则主要与个体的社会地位等级有关，因此，这些情绪可能与躯体行为有更紧密的联系，这些行为是当前群体的个体情绪状态的信号。这些功能分析对于理解情绪和行为之间的联系似乎更科学有效，应该进一步深入发展。

3. 自主神经系统测量

美国心理学的奠基人詹姆士（1894）开创了情绪生理机制研究的先河。他认为，人们的情绪体验来源于机体的外周生理反应，提示不同性质的情绪经验可能会伴随着特异性的外周生理活动。人的情绪体验是自主神经系统和内分泌系统参与的结果，所有的情绪都伴随着某种程度的生理改变，如血压的升高或降低、心跳的加快或减慢，肌肉的紧张度变化等；而情绪的生理反应则不具有特定性，无论循环系统或者呼吸，无论皮肤电反应或脑电图分析都没有说明身体生理变化与具体情绪的关系，没有得出任何具体情绪有什么样特定的身体反应模式。大量的研究也支持了无特定生理反应的情绪理论，在对愤怒、悲哀、敌意等情绪研究中同样发现有血压升高或者心率加快的生理现象。

近年来情绪研究飞速发展。多导生理记录仪可以收集在情绪唤起的过程中，被试皮肤电、血压和心率、呼吸、血氧等多个通道生理数据，研究者可以根据研究目的选择某些通道。多导生理的记录对于情绪研究来说，是十分必要的，因为在进行情绪体验与生理变化模式关系的实验研究中，测量被试不同情绪体验的心率、皮肤电、外周血流量变化是很重要的。正性情绪下，心率变化不显著，指端脉搏容积显著下降；负性情绪下，心率显著增加，指端脉搏容积显著下降。在正性情绪下它们之间的相关不显著，但在负性情绪下有显著的负相关。

尽管自主神经所支配的感受器很多，但当前的研究主要将皮肤电反应性（SCR）和心率变化作为情绪自主神经唤起的常见指标。其中皮肤电反应性主要反映了汗腺的分泌激活，完全由交感神经支配，皮肤电的振幅对应所引发情绪的强度，被看作情绪唤起的定量指标。而且［朗（Lang），1994］研究指出了皮肤电反应对于情绪的唤起性最敏感，而很少具有情绪效价性的信息［索恩（Sohn），2001］。心率也被认为是研究情绪生理唤起性的常用指标，其中心率的快慢作为情绪方向性的定量指标［索恩，2001；雷纳德（Reynolds），2007］。心率反应受到交感神经和副交感神经的联合支配，心率增加被假定为受到交感神经的激活，而心率减慢受到副交感神经的激活。

黄敏儿（2002）研究了忽视、抑制、重视、宣泄四种不同方式调节负性情绪的生理变化特点。结果发现，忽视引发了 r-r 间期显著增加，抑制引发了手指脉搏血容振幅的显著增加，宣泄相对减弱了生理激活水平。李建平（2006）采用 6 个不同情绪类型的影片片段考察了 92 名女大学生和女研究生的心率变异性变化特点，结果发现，不同情绪的自主神经反应出现了多种模式，而且不同情绪在各种反应模式的分布上不同。王振宏（2007）研究了身体攻击行为与普通学生在不同情绪刺激条件下的生理唤起特点。结果发现，有身体攻击行为的学生指温、心率、指脉率比普通学生低，厌恶与恐惧、悲伤、愉快诱发刺激引发普通学生皮肤电变化显著，而有身体攻击行为的学生皮肤电变化不显著。

4. 脑测量

许多情绪的研究者提出情绪的生理特点可能表现在脑部，而不是周围生理反应。随着技术的成熟，可以使用脑电图和神经影像的方法来测量情绪。脑电图是在头部的特定部位放置电极，经脑电极将脑细胞固有的生物电活动放大的区域进行测量对比，比较前后脑、左右半球的区别。

还可以采用功能性核磁共振技术或者正电子发射断层扫描技术，找到比脑电图更为具体的大脑区域。因此，一般认为神经影像方法比脑电图更适合揭示出情绪的脑功能特异性。fMRI 测量是大脑的各个区域内静脉毛细血管中血液氧合状态引起的核磁共振信号的变化。而 PET 则是通过放射性同位素来追踪大脑活动。这两个技术的假设都是，信号越多表明越多的血液流向大脑的特定区域，反应该区域的活动。

　　不同的情绪测量方法对于理解个体情绪状态至关重要。情绪测量有不同的适合结果测量结果。从发展趋势来看，多元测量才是情绪研究的未来方向，首先，已有研究表明，任务情绪都是叠加的，很难保证情绪理论阐述的那样是单维度的，任何单一的情绪测量可能会存在误差，可以结合自我报告和生理报告等方式来做出情绪的判断。情绪的测量往往通过情绪维度（效价、唤起）和基本情绪状态（悲伤、恐惧、生气等）两种方式组织起来的。不同的情绪测量对不同的情绪研究有特定的敏感性，因而情绪反应测量是多元的，情境的和个体变化的特殊性的，可以通过多方面做出判断。

第二章

职业与情绪工作

第一节　职业中的情绪工作

一、情绪工作的由来

演员可以根据工作的需要控制自己的情绪，哭、笑、怒、疯等，服务人员会时刻保持微笑，法官保持严肃威严，不同职业对从业人员都有一定的认知及情绪要求。员工在工作中必须按照组织规定的表达规则来表达情绪，不太关注个人真实感受的情绪，尤其是服务业要求员工要适度、适当、适应表达情绪。例如在顾客投诉时，表现出热情、愉快、耐心等积极情绪，在遇到顾客刁难时，要学会压抑生气这样的消极情绪。这就要求员工对情绪表达规则具有一定的觉察水平，从而表达出恰当的、符合组织要求的情绪。这种做法，有助于提高整个组织的绩效。

越来越多的情绪研究者将情绪管理作为工作角色的一部分，焦点集中于情绪劳动或者把情绪管理作为工作角色中的一部分来看待，这些理论的核心是个体遵循情绪表达的规则，清楚哪些情绪对某些情境是合适的，以及哪些情绪应该表达给哪些人。情绪表现有先天遗传性，同时它们的具体表露却受到社会文化的制约，特别是复杂的情绪表露受到社会文化因素的制约。因为情绪是有先天遗传性的，情绪表现是可以被识别的，而情绪表现能够被别人识别，可以提供社会价值。有时候我们力图掩饰自己的真实情绪，有时甚至故意表现出和内心情绪相反的表情，有时候甚至努力夸大或改变自己的表情。这些现象在心理学中被称为"表露规则"。尽管伴随特定情绪的面部肌肉运动模式是由生理决定的，但这种运动显然受到"表露规则"控制，受社会文化因素制约。比如：在看同样一部电影，有的人被感动得泪流满面，有的人也会被感动但努力克制自己的情绪，还有的人却是理智地分析电影中的人物和研究编剧的构思，人的社会文化背景不同，他们的表露规则也不同，所以表现出来的面部表情和形体动作也不相同。

随着中国服务经济的发展，服务业的竞争加剧，服务行业更加关注顾客的服务体验和情感体验。情感作为一种商品，对其管理越来越重要。在人力资源管理中，情绪劳动的重要性越来越受到管理者的重视，已被作为继体力劳动、智力劳动之后的一种新型的劳动出现。

二、情绪工作的界定

情绪工作在英文文献中有两种表达方式："Emotional work"或"Emotional labor"，中文翻译为"情绪工作"和"情绪劳动"。这两个词的用法究竟用哪一个，存在争议。霍克希尔德（1979，1983）最早提出情绪劳动一词，她认为劳动可以分为体能劳动（physical labor）、智能劳动（mental labor）和情绪劳动（emotional labor），她将情绪劳动界定为"对于自身感受的管理以创造一个公众看得见面部或身体的表现，员工进行情绪工作是为了获得薪资，因此情绪工作具有交换价值的特点"。扎普夫（2002）认为在心理学研究过程中，当卷入社会性或者社会学概念时，一般用 Labor，比如劳资冲突和劳资关系等；当卷入个人的内部心理或者行为概念时，通常用 work 来表述，如工作需要、满意度等。"情绪工作"主要考虑工作行为的调节，而不是考虑工作的社会性方面。［索茨（Thoits），2004］指出 emotional work 包含 emotional labor，emotional labor 主要是在工作过程中为了满足公司标准的那部分劳动。随着工作类型的变化，其实很难区分清楚，因此我们可以选择更为广义的"Emotional work"即情绪工作。情绪工作是限定在工作场所发生的，受到组织控制的，带有工具性目的。因此在本书中，我们采用"Emotional work"的概念。

情绪工作的概念最早由社会学家霍克希尔德于1979年在分析服务业工人所从事的劳动时正式提出的概念，他认为情绪工作是企业中的员工通过"管理自己的情感来建立一种公众可见的表情和身体展示，从而获得报酬的一种方式"。情绪工作概念的提出与服务型经济的兴起密不可分。西方国家的经济转型，对于表达自我和调控情绪这类员工的需求越来越大，比如餐饮、护工等职业，雇主通过运用晋升、加薪等方式对员工的情绪表达实行控制，当员工管理自己的情绪以达到组织的要求时，他们就在从事情绪工作。

情绪工作的核心是在某个组织中，员工根据组织的需要进行情绪调节的过程。情绪工作有两个研究取向，一是工作关注的研究取向（job-focused emotional labor），重在探讨工作要求，规则知觉及适应的情绪表达；二是员工关注的情绪工作（employee focused emotional labor），重在探讨情感和情绪表达的调整（regulation of feelings and emotional expression）。因关注的角度不同，对情绪工作的界定也有不同的解释。

霍克希尔德（1983）从组织工作关注的角度来界定情绪工作，即在具体情境中感受规则（Feeling norms），情绪感受的范畴、强度、持久性，以及实施对象等方面的合适性；二是表达规则（Expression rules），指在给定情境中表现出来的可以观察到的情绪的合适性。扎普夫指出，情绪工作本质上是个人根据组织制定的情绪行为管理目标所进行的情绪调节行为。［阿什福思（Ashforth），1993］认为情绪工作是"表现出合适的情绪行为"，强调可以观察的行为，而不是情绪感受的管理，他认为表现规则强调组织一方的要求，主要用于调节公共场所表现出来的外部情绪行为，感受规则强调个体一方的感受，主要用于调节个体内心实际感受到的情绪；外部表现的情绪行为是客户可以看到的，而且直接影响到客户，组织关心的是员工能否表现出所需要的情绪行为，而非个体的内部情绪感受，他们强调情绪工作应该重视组织要求的情绪行为而不是个体的情绪感受。霍克希尔德认为，情绪工作不一定就是表达正向情绪，有时候也需要伪装负向情绪。［莫里斯（Morris）和弗德曼（Feldman），1996］提出情绪工作存在多样性，例如有研究发现，催款员需要向顾客表达负性情绪（如不满、发怒），以达到组织的要求。

另一个研究取向以员工关注的角度来分析，重在探讨从事某职业的员工如何调整内在或者外在的情绪体验来达成工作绩效。莫里斯（1996）从人际互动的角度出发，认为情绪的产生很大程度上取决于社会情境，他们把情绪工作定义为"在人际交往过程中，个体通过努力、计划和控制使得自己表现出达到组织要求的情绪行为"，该定义强调情绪的人际交往模式，认为情绪体验和表达很大程度上是由社会情境因素决定的；强调个人感受的情绪和组织要求表现的情绪之间的一致，而且达到一致需要付出一定的努力；强调行为表现，而不是感受管理。［格兰迪（Grandey），2000］将情绪工作定义为"为表达组织期望的情绪，进行必要的心理调节加工"，调节情绪行为相关的目标确认、计划、监控、信息反馈等内在心理活动。[迪芬多夫（Diefendorff）和弋瑟兰德（Gosserand），2003]认为，在职业的人际互动中，情绪工作的关键变量是瞬息万变、动态的。在界定情绪工作时，描述心理加工过程是重要的。为此，他们从心理控制论的角度，将情绪工作定义为员工持续监控自己的情绪表达与表达规则是否一致，并努力采用一定的情绪调节策略降低差异的心理控制过程。

在对情绪工作概念分析的基础上，可以看出，情绪工作经历从情绪工作的内在感受、重视情绪工作外在行为、到重视情绪工作的情境（人际交互的情境）、重视情绪工作的内在心理加工（强调心理调节加工）的过程（孙俊才，2005）。本书表达对情绪工作概念的理解，并考虑以下几个方面的内容：

（1）静态——动态的角度：从静态的角度来看，情绪规则是静态的，每个行业都有自己特殊的情绪规则和行业准则，而个体在工作中的情绪还要符合这些规则，表现出情绪的特定行为；对情绪规则的觉察、比较、遵守需要进行动态的情绪管理和情绪调控，是一个复杂的动态性的心理加工过程。

（2）组织——个人的角度：对组织而言，个体需要满足组织要求的情绪规则，表达出适宜的情绪，组织重视外显的情绪表达与行为；个人的角度，员工为了经济利益和薪酬，设法改变和控制自己的情绪感受。

（3）情境的角度。情绪工作是在工作中发生的，尤其是在人际交互情境中进行的。情绪工作需要具备特定的问题情境，以自己的情绪表达顺利完成任务。恰当的情绪工作是非常重要的。

可见，情绪工作是在组织活动中，个体动态的情绪调节的过程，具有工具性目的。我们认为情绪工作是在人际交互情境中，员工为了完成组织交给的工作任务，对自己的情绪进行必要的心理调节加工，表达出组织需要的特定情绪的过程。可见，情绪工作过程主要涉及三方面内容：内部状态（情绪体验和生理反应）、内部过程（情绪调节）和外部行为展示及规则（情绪表达）。

三、情绪工作的维度

研究者使用不同的方法来理解情绪工作的本质和维度。一些研究者把情绪工作看作一个仅仅关注情绪表露强度和频率的单维结构，而另一些研究者把情绪看作一个多维结果，都从不同角度抓住了情绪工作的不同方面。

1. 情绪工作的单维结构

霍克希尔德（1975）开始关注情绪劳动（emotional work）现象，但并未操作化，也没有特别强调是情绪内在心理还是情绪表现行为。早期的研究者按照情绪表达的频率和强度，将情绪工作分成高情绪工作和低情绪工作，但未涉及情绪工作的本质。

2. 情绪工作的两维结构

霍克希尔德（1983）根据心理过程分为两个维度：表层行为（Surface acting）和深层行为（Deep acting）。表层行为只是外在表达组织所需要的情绪，并没有主观体验到这些情绪。深层行为是个体通过改变内在感受以便体验到组织所需要的情绪。［库尔勒姆（Kruml）和格德兹（Geddes），2000］在其研究中提出情绪劳动的两个维度：情绪失调和情绪努力。情绪失调是员工所表达的情绪与他们的真实情感一致的程度；情绪失调的维度中把表层行为与主动深层行为看作这一连续体中两端的相反因素。员工使用的真实行为越多，他们体验的情绪失调越少。库尔勒姆和格德兹认为情绪努力这一维度触及了主动深层行为，员工在工作中需要积极唤起思维、意象、记忆或过去经验以获得适宜的情绪状态以及情绪表达，因此情绪努力抓住了员工在主动深层行为时所必须进行的努力。

情绪工作包括两种情绪管理策略，深层行为和表层行为。大多数研究将两者描述为一般的行为策略，即员工在情绪表现时所需要的。第一种策略，表层行为是管理可以观察的情绪表达，员工压抑内在的情感并产生与组织相符合的不真实的感情。例如，一个服务员可能面对举棋不定的点菜人员表面上假装微笑，而实际并没有因为延迟刺激而产生什么情绪表达。在过去的很多研究中，表层行为被认为是与不好的信念相联系的格兰迪（2000）。相反，第二种策略，深层行为包含管理实际的感情，当深层行为出现的时候，个体通过改变他们内在真实的情感来满足组织的需求。例如，如果一个导游期望与更多的游客交流，会选择积极的想法来激发自己积极的情绪，随后产生幸福和满意的情绪表达。深层行为被描述为"好的信念的行为"，因为这种表现与内在的情绪经验是自然联系的格兰迪（2000）。

［特丽莎·弋隆巴（Theresa M. Golomba）和米高·泰斯（Michael J. Tews），2004］则认为情绪工作首先要关注情绪行为表达是否与规则相符合。他们将情绪工作分为两个维度，一个是行为表达维度（合适的情绪表达或者情绪的不表达）；第二个维度是感受一致性（与内心感受一致或者与内心感受

不一致）。如图 2-1 所示：在第一、三象限中，情绪表达和感受不一致。在第一象限中，体验到消极情绪，并没有被表达（恰当的压抑）。在第三象限中，积极的情绪表达，但没有感觉（恰当的伪装表达）。在第二、四象限中，情绪表达和体验是一致的，在第四象限中，积极的情绪既被体验到，又被表达（恰当的真实表达）；在第二象限中，情绪既没有被体验，也没有表达出来。

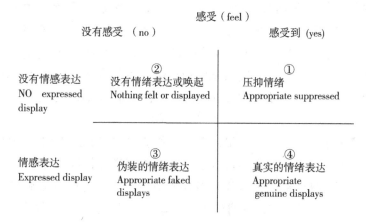

图 2-1 情绪工作的二维结构

3. 情绪工作的多维结构

随着情绪工作研究的不断深入，情绪工作出现了多维化。莫里斯和弗德曼（1997）将情绪工作分为三个维度，互动频率（Frequency of interaction）、互动持续度（Duration of interaction）、情绪失调（Emotional dissonance）。

[布拉泽里奇（Brotheridge）和利（Lee，2003）] 经过因素分析得到四个维度，第一个维度是情绪失调和表层行为；第二个维度包含强度、多样性和持久性；第三个维度是深层行为；第四个维度是情绪表达的频率。

我国台湾学者林尚平（2001）将情绪工作定义为五个维度：基本的情绪表达、表层的情绪控制、深层的情绪行为、情绪多样性程度、互动程度。基本的情绪表达是情绪工作的基本特征，根据组织规则展现适宜的情绪；表层的情绪控制是对自己的情绪进行低程度的控制，且这些情绪任务不会对内在真实情感产生冲击，不把私人感情带入工作情境；深层行为是员工执行情绪任务时，对个人内心情感产生冲击或者违背，个体出现情绪失调时，采用改变认知的情绪策略；情绪的多样性程度，工作者必须依据不同场合、不同对象、不同阶层的人表现出不同的情绪反应，或者在工作中表现出一种以上的情绪状态；互动程度，指工作者与顾客接触的频率、互动的持续时间以及工作是否需要顾客进行面对面或者声音对声音的接触。

格洛莫（Glomb）等人（2004）以操作化的情绪工作定义为基础，提出了六个维度的情绪工作，包括三个部分：真实情绪表现、假装情绪表现和情绪压抑。每部分都有积极情绪状态和消极情绪状态。这些情绪状态包括六类基本的情绪，每类包括 2~3 项情绪，分别是：热爱（喜欢和关心）；喜悦（热情、高兴和满意）；恼火（生气、恼怒和愤怒）；悲伤（消沉和悲痛）；恐惧（害怕和焦虑）；憎恨（讨厌和不喜欢）。这样，情绪工作就被分成六个维度：真实表现积极情绪、真实表现消极情绪、假装表现积极情绪、假装表现消极情绪、压抑积极情绪和压抑消极情绪（张辉华、凌文轻、方俐洛，2006）。

由情绪工作的维度可以看出，情绪工作的表层和深层策略是情绪工作调节的重要环节，员工一般都是通过这两种策略来进行情绪工作，一是表层工作，通过改变自身外部表情来表现需要的情绪，并非真正感受到的情绪。二是深层行为，员工不仅仅改变身体表达方式，同时改变自身内部感受。

第二节　情绪工作的职业特征

在 2017 年政府工作报告中，首提服务业占据 GDP "半壁江山"，意味着中国经济正式从"工业型"经济进入"服务型"经济。在服务型经济中，员工的服务过程其实是传递产品价值的过程，其服务质量已成为企业成功的重要因素之一。员工的情绪开始成为关注热点之一。员工的健康问题是维持和提高员工工作绩效的重要因素。情绪资源的视角，是在对情绪工作要求、心理资本、工作重塑和工作倦怠相关文献综述的基础上产生的。

高工作要求是导致员工工作倦怠的主要原因，情绪劳动是服务行业员工工作倦怠频发的一个更为凸显的因素。当前服务行业中，由于产品的同质，促使企业不得不将部分注意力转移到员工在日常工作中表现出的服务态度上，迫使员工进行大量的情绪劳动。具体而言，当前绝大多数的企业，即服务性组织，更本质的特征是营利性组织，在保护消费者利益的同时也在追求企业自身的经济效益。员工的服务态度成为组织的"服务性"的工作要求。

一、情绪工作发生的条件

情绪是组织生活中不可忽视的一部分。长期以来，组织研究者和实践者都认为情绪是理性的对立面，很少重视工作场所的情绪问题研究。直到 20 世纪 80 年代以后，组织中的情绪问题才逐渐受到重视。现在它已经成为组织行为学研究的前沿问题。组织中情绪问题研究包括很多方面，情绪工作研究只是其中的一个分支。情绪工作和工作中的情绪不同，工作中的情绪是在工作中开展和相互交往中表现出来的，由工作事件引起的，自然而然发生的，它不受组织控制，也不具有工具性目的，情绪工作是工作本身的一部分，它强调工作的情绪部分，受组织控制，具有工具性目的。

情绪工作概念的提出与服务型经济的兴起密不可分，制造型经济向服务型经济转型，对善于表达自我和调控情绪的员工需求越来越大，雇主也通常运用警告、解雇、晋升或者加薪等方式对员工的情绪表达实行控制，当员工管理自己的情绪以达到组织的要求，他们就在从事情绪工作。一是感受规则。在具体情境中，情绪感受的范畴、强度、持久性，以及实施对象等方面的合适性，比如在婚礼上应该感到高兴；二是表达规则。在给定情境中表现出来的可以观察到的合适性的情绪。在服务业中，情绪工作不再只是一种个人行为，而是一种公众行为，员工贩售的不只是商品，更包括了服务态度，因此员工的礼貌、微笑、态度都成为商品的一部分，也是组织对员工不可缺少的要求之一，而为达到这些组织制定的要求，员工需要进行情绪劳动。情绪工作的过程也是一个交流互动的过程，第一个层次是职业层次，是基础的交流，包含了上文中的规范因素和个人特征因素，它的稳定性比较高，不会因时间、地点和交流对象的不同而变化；第二个层次是定义交流的线索，影响这个情绪交流过程的环境因素，如时间、地点、天气状况等，以及对象因素，如对方的年龄、性别、穿着、打扮等。组织成员因时因地，因交流对象不同，而在交流过程中对自己的情绪表达做出调整；第三个层次因素为对方得到反馈，指的是组织成员在进行情绪工作中，根据交流对象的反应，调整自己接下来的情绪表达，这个层次的稳定性是最低的，会发生变化。

综上，情绪表达是可以商品化的，也是需要耗费努力的。情绪工作发生的三个条件：①必须是与公众进行面对面或者声对声的接触；②目的是使得顾客或者客户产生某种情绪状态或者情绪反应；③雇主能够对员工的情绪活动实施控制。

二、情绪工作的不同职业

随着服务经济的兴起，当今各行各业都需要从业者管理自己的情绪，并根据不同行业组织内部的文化和要求去展现情绪。霍克希尔德（1992）认为以下六类工作最需要用到情绪工作：①专业性、技术性及同类中特定的职业（如医生及法官、图书管理员、人事及劳动关系工作人员、护士、治疗师及助理、牙科医师及牙医助理、牧师及宗教工作者、教师、职业及教育顾问、公共关系及知名的作家、电台及电视广播人员等）；②经营管理者；③销售人员；④办事员及同类中特定的职业；⑤服务性工作；⑥私人家庭工作者，共涵盖了44种高低不同的情绪工作。其中，教师的职业特点和要求决定教师是高情绪工作者［阿代尔芝（Adelmann），1989］。高低情绪工作者如表2-1所示：

表2-1　高低情绪工作者分类

低情绪工作职业	高情绪工作职业
工程师	内科医生、牙科医生及相关人员
会计人员	电台及电视广播人员
建筑师	律师及法官
电脑从业人员	人事及劳动关系人员
农场管理员	护士
森林管理员	治疗师
数学、物理、营养学家	牧师及宗教工作者
博物馆馆长及案卷保管人	社会及大学教师
临床试验	除了学院及大学以外的教师
科学工程技术员、研究人员	职业及教育顾问
作家、艺术家及娱乐事业从业者	公共关系及知名作家

伴随着信息时代的到来和知识经济的发展，知识产业在产业结构中的比例日趋增大，世界经济正由传统的劳动密集型向知识密集型转变。知识的力量正在逐步超越资本的力量成为经济生活的主导。与传统的产业工人相比，知识员工有其自身特点，他们可能由于心情不佳而导致生产力下降。

三、情绪工作的表达方式

从情绪工作的分析来看，情绪工作最重要的环节是情绪的调节，关于情绪管理策略的研究最早是在情感剧场理论的基础上，服务业员工是演员，他们的服务是表演，顾客是观众，而他们的工作环境是舞台。演员和观众的相互作用是建立在双方相互依存的背景基础上的，这个背景基础就是职业标准或组织准则。

1. 表层表演

霍克希尔德认为，员工是通过两种策略来进行情绪工作，一个是"表层表演"，员工需要改变自身外部表情来表现所需要的情绪，他们采用表层表演。例如前台员工以微笑和欢快的表情向顾客问好，即使他们当时不愉快，此时，他们就假装了一种他们并非真实感受到的情绪，即采用了表层表演。

2. 深度表演

"深度表演"，当员工不仅改变身体的表达方式而且改变自身内部感受时他们就采用深度表演。例如，一个航空服务员说："当我面临一个刁难的客人时，我努力去想他可能喝多了或者他对我的吵闹是因为害怕坐飞机。"在这个例子中航空服务员就利用了深度表演来改变内心感受。员工可以通过想象或者回忆相似的情绪经历进行深度表演。比如，当面对顾客的情绪，可以理解为他可能喝多了或者可能害怕坐飞机，告诉自己"他像是一个小孩子"，这样想的时候，就不会在意顾客的吵闹。

3. 真实表演

服务人员努力去感受他们所表现出的情绪，他们认为表演范式是基于这样一种假设：服务人员努力去感受他们所表现出来的情绪，他们认为霍克希尔德忽视了这样一种假设：员工自发地真实体验和表达所期望的情绪，而不需要做出任何的努力。于是他们提出"真实表演"的策略，真实表演是指员工所感受到的情绪与所表达的情绪以及表露原则保持一致。员工真正表达的情绪是一种被动深度扮演，与此对应，深度表演被描述为"主动深度扮演"。

第三节 教师的情绪工作

"师者，传道授业解惑也。"教师这个职业是人类社会最古老的职业之一。

他受到社会的委托对受教育者进行专门的教育。在社会发展中，教师是人类文化科学知识的继承者和传播者。对学生来说，又是学生智力的开发者和个性的塑造者。因此人们把"人类灵魂的工程师"这一崇高称号给予人民教师。在教育过程中，教师是起引导作用的，他是学生们身心发展过程中的教育者、领导者、组织者。教师工作质量的好坏关系到年轻一代的发展水平和民族素质提高的程度，从而影响到国家的兴衰。

一、"好教师"标准的变迁

作为一个古老的职业，"教师"这个称呼我们并不陌生。古代也曾将"天地君亲师"同列，"国之将兴，尊师而重傅"，"国运兴衰，系于教育；教育大计，教师为本"。从古至今，教师都被赋予崇高的地位，随之也出现了对教师直接或间接评价的各种方式。

1. 我国古代的教师标准

中国几千年的思想文化，儒学的思想观点渗透到社会生活的各个领域，包括教育。从春秋战国时期的孔孟到汉代的董仲舒，从唐代的韩愈至宋代的朱熹等古代教育家，其教育思想或多或少地体现了儒学的精髓❶。尊师重道是中华民族的优良传统，古代对教师也提出了许多条件，这可以看成是早期的教师评价和标准。我们从两方面来总结古代的教师评价标准，一方面是古代教育家笔下描述的教师形象，另一方面是统治者的官学教师标准。因为古代教师担负着明人伦、掌教化的重大责任，具有很高的地位和重要作用，因而对于教师也有严格的选拔标准❷。

一是德。几千年来，中华民族有着重视教师道德修养和为人师表的优良传统。从德出发，强调教师对学生的人格感化和道德示范作用以及教师的敬业精神。孔子要求教师以身作则，否则"不能正其身，如正人何？"他还强调教师具备"学而不厌，诲人不倦"的教学态度和敬业精神。孔子认为，教师的角色首先是道德的示范者，要修养自身，"修己以敬""修己以安人""修己以安百姓"❸。孟子也认为"人之有道也，饮食暖衣逸居而无教，则近于禽兽"（《孟子·滕文公上》）。道德是教化人的重要内容和手段，要坚持以德

---

❶ 章泽. 中国古代教师素质观浅论 [J]. 徽州师专学报（哲学社会科学版），1997 (8)：91-94.
❷ 施克灿. 中国古代教育理想中的教师标准探究 [J]. 教师教育研究，2006，18 (1)：60-64.
❸ 聂林凤，郑丽琳. 孔子思想对古代教师角色影响探析 [J]. 双语学习，2007 (12)：47-47，50.

育为首位的原则，这才是教化人的有效方法❶。韩愈的《师说》中提到"师者，传道授业解惑也"，"传道"就是传授儒家的以修身养家治国平天下为目的的仁义道德，即封建社会的政治伦理道德❷。因而，他强调"道之所存，师之所存也"。王夫之也重视教师在教育过程中的主导作用。他说"立教有本，躬行为启化之源；谨教有术，正道为渐摩之益"，所谓"圣人有独至，不言以化成"，以自己的模范行为"正言""正行""正教"去教育和影响学生。总之，必须具有高尚的道德，才有可能成为教师。德是我国古代遴选教师的基本的首要的条件。

二是才。有才无德，会将学生引入"得诱之途"；有德无才，同样不能存师道。"师者，所以传道、授业、解惑也"（韩愈《师说》）。无德，不足以传道；无才，不足以授业解惑。教师之所以能为师，因"知足以源泉，行足以表仪"，知识渊博是教师必备的条件。教师必须具备真才实学，"术业有专攻"而且"业精"，教师对自己所从事的工作熟悉精通，"胸中自有宏才"，面对疑难问题能迎刃而解❸。孔子也讲"教师要保持一种学而不及，犹恐失之的精神状态"。他说"德之不修，学之不讲，闻义不能徙，不善不能改，是吾忧也"，强调知识要不断地积累，否则失去为师的条件❹。东汉的王充批评当时的"经师"只习儒经，提出教师要"知古今"。他说"温故知新，可以为师，古今不知，称师如何？"王夫之也要求教师有丰富的、正确的知识，只有"欲明人者先自明"，才能胜任教育工作。因而他说"夫欲使人能悉知之，比昭昭然知其当然，知其所以然"❺。古代的教师不仅要有德，而且也要博览群书，做到德才兼备。

选拔教师注重德才，要求德才兼备，德才兼优，通过教师甄选，保证了人才培养的质量。古代存在着森严的等级制度，教师评价严格执行从中央到地方，自上而下的管理方式，管理者有很大的权力，并建立了严厉的教师考核机制，以"学生几月内有无长进"来对教师进行"训导""罚俸""黜降"等❻。中国作为世界文明古国，蕴藏着丰富的原生态的教育思想，这是古代教育评价思想的萌芽。

---

❶ 邱卫东. 中国古代教师道德思想论略 [J]. 浙江教育学院学报，2003（4）：79-82.
❷ 许国春. 中国古代教师论的代表作——《师说》[J]. 师资培训研究，1998（2）：47-50.
❸ 聂林凤，郑丽琳. 孔子思想对古代教师角色影响探析 [J]. 双语学习，2007（12）：47-47，50.
❹ 许国春. 中国古代教师论的代表作——《师说》[J]. 师资培训研究，1998（2）：47-50.
❺ 聂林凤，郑丽琳. 孔子思想对古代教师角色影响探析 [J]. 双语学习，2007（12）：47-47，50.
❻ 参阅我国古代教师管理述略. http://blog.sqdaily.com/?276/viewspace-20320.

在过去的 30 年内，教师心理研究的发展大致可以分为三个阶段，即 20 世纪 80 年代初至 90 年代初为教师基本特征的构建期；90 年代中后期至 21 世纪开端，探索教师成长机制；而进入 21 世纪后主要关注教师自主性，不同阶段的研究热点实质上在不断重新诠释着"好教师"的内涵和标准❶。

2. 20 世纪 80 年代初至 90 年代初："工具型的教书匠"

20 世纪 80 年代初，教育事业走向复苏，该阶段的"好教师"的内涵应当说与"合格教师""理想教师"基本一致，教师心理研究主要是对教师心理品质的描述和教师的基本特征的构建。简而言之，该阶段"好教师"可以称作"工具型的教书匠"，即能胜任教学技能要求的"技术员"：具体特征包括忠诚党的教育事业，具有崇高的师德，良好的认知能力和娴熟的教育技能。

（1）忠于党的教育事业，拥有高尚的职业道德

忠诚于党的教育事业和拥有高尚的师德是优秀教师的最基本也是最重要的条件，是热爱党和热爱社会主义的思想在教育工作中的体现，是广大教师成为优秀教师的思想基础。刘兆吉（1980）通过对 120 名教师和班主任事迹的分析，归纳出 14 项典型的有代表性的心理品质，其中排在第一位的就是忠于党的教育事业。徐际鸿（1980）在分析师范教育的状况时，提出的培养优秀教师的品质中，特别强调了高尚的道德品质和崇高的精神境界。万云英（1990）以 240 名高中生、中专生、大专生为测查对象，探讨了他们心目中的理想教师的性格特征，其中平易近人、没有偏见、关心同学、态度认真、要求严格、颇有耐心等特征都反映了对师德的要求。从该阶段研究的内容可以发现，坚定的教育信念和高尚的师德是这个时期评价"好教师"的重要指标。

（2）良好的认知能力

认知能力包括观察力、注意力、记忆力、想象力和思维力，即智力。认知能力（智力）是教师从事职业活动的必要心理基础。该阶段有关教师能力的论述中，从不同角度阐述了教师各种认知能力的重要性，如刘兆吉（1980）关于优秀教师心理品质的研究中，明确指出了善于了解学生个性的观察力是优秀教师表现出来的重要认知能力。潘菽（1983）在分析教师能力时特别指出，教师的能力包括善于了解学生个性和学习情况的观察力、敏感迅速而准确的判断能力、思维的独立性和创造性、想象力等智力成分。此外，韩进之（1989）等人的研究中也都明确指出了良好的认知能力是"好教师"

❶ 申继亮，李海燕. 从教师心理研究热点看 30 年"好教师"标准的变迁 [J]. 基础教育课程，2009（z1）：139-143.

所具备的重要特征。

（3）娴熟的教育技能

除了强调教师的认知能力外，教师的教育技能也是衡量"好教师"的一个重要指标，这些教育技能包括组织教学、提问、说服、表扬与批评，以及板书、板绘等技能或技巧。例如刘兆吉（1980）关于优秀教师的心理品质调查发现，组织能力、教育后进生与改造乱班的能力、因材施教的能力、善于做好家长工作的能力是优秀教师（或模范班主任）表现出来的重要特征。王道俊、王汉澜（1989）等人的研究也都强调了教育技能是衡量"好教师"的重要标准。此外，谢千秋（1982）对学生进行的调查结果也显示，学生更关注教师的教学能力，把"教学方法好""知识广博，肯教人"排在前两位。

总之，该阶段关于"好教师"标准的特征，无论是采用"自下而上"的范式，即由具体事实材料提炼，概括出好教师的一般特征，还是采用"自上而下"的研究范式，即先进行理论构建，再回归到教育实践中加以验证，"好教师"特征都是以有效完成教育、教学任务为核心标准，更多的是把教师视为有高尚的职业道德和政治思想觉悟的"技术员"，所以我们把该阶段的好教师核心特征概括为"工具型的教书匠"。

3. 20世纪90年代中后期至21世纪开端："沉思型的实践者"

如果说前一阶段关于好教师标准的认识是从横断面来看，那么90年代中后期至21世纪开端这段时间关于好教师标准的认识主要体现在教师专业发展方面，即注重自我发展的教师就是"好教师"。具体而言，主要反映在三个方面，即教师自我反思能力、开展教育行动研究的科研能力以及运用现代信息技术的能力。

（1）乐于反思、善于反思

"好教师"就是善于进行教学反思的教师。教学反思是教师教育、教学认知活动的重要组成部分，它贯穿于教育、教学活动的始终，是教师为了实现有效的教育、教学，在教师教学反思倾向的驱动下，对已经发生或正在发生的教育、教学活动以及这些活动背后的理论、假设，进行积极、持续、周密、深入、自我调节性的思考，而且在思考过程中，能够发现、清晰表征所遇到的教育、教学问题，并积极寻求多种方法来解决问题的过程。

辛涛（1998）认为，反思和反省性教学的概念成为研究关注的热点与教学研究的职业化密切相关，教师能够学会批判性地分析自己的教学行为，并对自己的行为负责。教师反思能力的发展经历了技术的合理性阶段、合理行动阶段和批判性的反思阶段。申继亮、刘加霞（2004）认为，善于反思的教师在教育、教学活动中会表现出六种倾向性：即"开放性"——开放性思维，探究不同的观点，对自己的狭窄思维极其敏感，能够产生多种选择方法；"执着性"——全身心投入，一心一意地投入教学中，对教学工作孜孜不倦；"责任性"——能够考虑到按照预想的步骤行事所带来的后果，并对其负责任，能够承认接受合理的后果而拒绝不合理的，对自己的决策负责任；"质疑性"——持续的疑惑、探察、发现问题，热衷质询，对问题非常敏感，能够仔细观察并阐明问题；"严谨性"——思维缜密，力求精确，找出证据做解释，致力于自我建构概念；"成熟性"——考虑到问题的复杂性、变化性，承认教学问题存在的不可避免性，愿意延迟判断。

反思是与问题解决相结合的，强调反思的作用在于教师更高水平的问题解决。以林崇德、申继亮和辛涛为代表的学者，在理论分析和实证研究基础上，构建了教师的教学监控能力。所谓教学监控能力是指教师为了保证教学的成功、达到预期的教学目标，在教学的全过程中，将教学活动本身作为意识的对象，不断地对其进行积极、主动地计划、检查、评价、反馈、控制和调节。教师的教学监控能力可以提高教师的教学自觉意识和对教学活动的自我评估能力，其实质是反省思维或批判性思维在教育教学活动中通过教学反思中的具体表现，教师能够清晰地认识到专业成长过程中的问题与优势，能够实现问题与理论的对接，从而由经验型上升为理论型。

（2）有效开展教育行动研究的科研能力

教师即研究者的观念始于20世纪60年代，其后逐渐推广得到认可。在我国，林崇德教授于20世纪80年代中期开始倡导此观念，提出教师参加教育科研是提高教师自身素质的最佳途径，进入90年代以后，有越来越多的研究者强调，科研能力是教师素质的重要构成成分，如叶澜（1997）、潘涌（1998）等人提出新型教师应该具备教育研究的能力，并强调它是教师专业发展的基本动力，提出要培养教师的教育科研能力，加强教师参与教育科研活动的真实体验。裴娣娜（1995）强调，教师从事教育科研活动所需的能力，是一个综合的能力，只有加强教师教育科研能力，才能实现教师专业发展，实现教师的自我价值。

随着教师即研究者观念的确立，教师如何开展科研，开展什么样的科研成为关注的话题。申继亮等人强调了教师行动研究是中小学教师科研的最佳选择，所谓教师行动研究特指一线教师单独或者组成研究小组，为改进、研究自己的教育教学实践而进行的行动研究，它是一种公开、系统的反思活动。教师行动研究表现出的特点是：①知识论是民主的，认为教师是教育理论的生产者和研究的主体，在研究过程中，教师能决定研究的主题和过程；②教师行动研究是合作的、交互的，打破了个人主义和孤立的障碍，澄清了理论与实践之间的关联；③教师行动研究具有自然性、持续性和循环性，在研究过程中无论是问题还是研究过程都是在自然状态下的，因而教师容易把握。④教师行动研究更强调"质"的研究方法，能够充分发挥教师身处教学一线的便利。由教师来研究并改进自己的专业工作，是最直接、最适宜的方式，因为他不仅有最佳的研究位置，而且还拥有最佳的研究机会。

教师开展科研的进程，实质上是以科研实践充实理性思考，系统地解决教育教学实践问题的过程，它有助于教师有目的地开展理论学习，有助于教师把经验上升为理论知识，更有助于教师形成高质量的实践性知识。科研成为教师有效解决问题、自我提升专业水平的重要途径。

（3）善于运用信息技术的能力

信息技术迅猛发展，由过去的"黑板+粉笔"向 CAI 及多媒体辅助教学发展。教师善于运用信息技术的能力是时代发展、科技发展在教育中的体现，也是对教师的新要求。一个教师能否跟上时代的脚步，适用多媒体辅助教学成为新时期测量的一个重要维度。

教师运用信息技术能力是指教师在教育教学实践中，成功地应用教育技术所必需的心理特征，即教师能够适时地、合理地运用信息技术。刘佛年（1995）、张倩苇（1999）认为教育信息化是带动教育现代化的核心要素，强调教师运用教育技术能力是教师专业发展的重要内容。祝智庭（2001）指出，教师面临正在迅速到来的教育信息化浪潮，懂得如何利用信息技术支持教育改革和促进教育发展是十分必要的。刘儒德（2004）等人强调教师信息技术和课程的整合能力，指出教师将信息技术作为一种工具、媒介和方法融入教学的各个层面中去，可以作为促进学生自主学习的认知工具与情感激励工具，使得教学资源在整体优化的基础上产生聚集效应，有利于教学质量的提高。

现代化教育的特征是信息化、多媒体化和多元化。教师的教育技术能力不仅仅是教师能力考核的标准，而且最重要的是教师专业发展的引路石，强调教师运用信息技术的能力成为该阶段一个显著的特点。

20 世纪 90 年代中后期到 21 世纪开端，教师心理的研究，在前一阶段关注教师素质构成方面转向了教师专业成长机制，即教师通过什么样的途径，运用什么样的方法来提升自己的专业化水平。正是在这种意义上，形成了"好教师"，即"沉思型的实践者"的标准。

4. 21 世纪至今："自主型的创新者"

"以人为本"是 21 世纪素质教育的本质特征和根本属性，因而要求教师怀着尊重人、关心人、开发人、保护人和完善人的基本理念，将教育和教学定位在"人本心育""全人心育"的基础上。这种崇高性和至善性的教育目的体现了浓重的"人文关怀"的色彩。这一理念反映在教师评价方面，表现为"好教师"要具备如下几个主要特征：具有自主发展能力、良好心理健康教育能力和教育创新能力。

（1）自主发展能力

教师专业化已经成为 21 世纪教师教育研究领域的重要话题。在我国教师专业化正在朝着由群体专业化到个人专业化，由个人被动专业化到个人主动专业化的方向发展，能够顺应这一专业化发展趋势，能够自主成长的教师自然也就成为"好教师"的重要标准。

教师的自主发展是指教师在学校情境中根据教师自我发展和学校发展的需求，由教师自主地确定发展目标、开发利用学习资源、设计发展策略、评价学习结果的一种专业发展的方式。教师的自主发展是一种内源性的专业发展，它强调教师在专业发展上的自主性，要求教师既要有较强的自我发展意识，又要有自我发展的能力，通过多种途径实现专业发展和自我更新的目的，其发展的动力来自教师的内部需求，而不是外在驱动。

申继亮等人（2004）关注教师自主发展能力，强调教师自主，即教师在教学过程中具有合乎时代精神和教学需要的自我发展的能力，教师要成为名副其实的教育者，就必须拥有充分自主。教师的专业发展以自主成长为取向，这是教师作为专业人员的必然要求。教师的自我发展因其职业特点具有以下特征：自主性，这是教师自主发展的核心，教师发展的动力来自内心，具有发展的内在需要、情感和意志，并能自觉实现教育教学行动的创造性；能动性，教师积极、主动、自觉地规划和管理自己的发展方向，而不是在外界的各种压力和要求下被动地发展；独立性，教师在发展的各个方面和整个过程中尽可能摆脱对他人的依赖，根据自己自身的需要作出选择，自我设计和监督自己的发展；相对性，教师根据自身的需要和特点，考虑学校和社会的要求及职业的需要，自行设计、规划、监督自己的发展方向和进程。

这种"自我指导的专业发展"突出了个体教师在专业发展中的主动性，

强调教师专业发展的自由和自主，自律和自我监控，指向教师的更新和不断成长。

（2）心理健康教育能力

"面向全体，促进学生全面发展"是 21 世纪教育工作强调的重点，即推进"以人为本""以心育德""以情育德"的个性化教育理念，充分尊重学生的情感、需要及意志，引导学生身心和谐发展。学校以"学生为本"，满足学生的发展、维护心理健康，促进心理和谐是建设和谐校园的关键。

在素质教育的要求下，学生的心理健康问题在学校教育中变得越来越重要，此时教师不仅是传道授业解惑，还应该成为学生心理健康的维护者和促进者。教师的心理健康教育能力，即"心育能力"，已经成为新时期教师素质的重要组成部分，它不仅影响学生良好的心理素质的培养，还有利于教师自身健康和生活幸福。王赤炎（2005）认为教师的心理健康教育能力是教师职业能力的重要组成部分。郁静（2005）认为教师的心理健康教育能力是教师有效地培养学生的心理素质、提高学生的心理机能、发挥学生的心理潜能、引导学生全面发展的能力，培养教师心理健康教育能力是现代教育的必然要求。只有提高教师心理健康教育能力，才能保证心理健康教育顺利、健康地开展。

申继亮，王凯荣（2001）认为教师的心理健康教育能力，是以教师对学生的了解为出发点，以教师的心理健康教育知识为基础，采取恰当的问题解决策略对学生实施心理健康教育的能力。教师心理健康教育能力包括三个方面的内容：对学生心理特征的准确知觉和判断是教师"心育"能力的认知基础，教师只有准确了解、判断掌握学生的心理状况，才能"有的放矢"地使每个学生实现最大限度的发展；对学生心理健康标准的认识，是"心育"能力的知识基础，心理健康的评价标准既应该能够判断出学生的社会适应状况，又能够判断出学生的发展状况；解决学生心理健康问题所采取的策略是教师心理健康教育能力的操作基础。因而，具备心理健康教育意识、掌握必备的心理健康教育知识与沟通技能的教师是一个"好教师"的显著特点。

（3）教育创新能力

教育创新是 21 世纪教师能力的根本特点。教育创新强调"以人为本"，一切以学生全面发展为主，注重培养学生个性和创新品质。随着时代的发展和教育的变革，当今学生"心目中的教师"也在不断变化，不同于传统"古板""严格"的教师形象和"千篇一律"的课堂教学，他们更期望教师拥有

"个性化的人格魅力"、讲授富有新意的教学内容和营造"兴趣盎然"的创新型课堂气氛。这就要求教师不断改变他们原有的教学方式，采用创新方式，不断提高自主创新能力。

教育创新是指整个教育事业和教育体系运行机制的创新，包括教育观念的创新、教育内容的创新和教师素质的创新。教育观念的创新是树立正确的"人生观"和"学生观"，大力提倡创新观念，培养创新型学生；教育内容创新是指让学生了解最新的动态，帮助他们建构一个发展的客观物质世界的概念，引导他们探索新的知识；教师素质的创新，即"创新型教师"，强调教师具有创新意识和创新思维，能感染和带动学生，使学生的创造性得以充分发挥。

杨小洋（2006）认为，教师教学创新是指教师在教学过程中为了解决教学问题、促进学生全面发展，主动更新观念，学习先进教学方法，并创造性地应用于自己日常教学活动的过程，教学创新的内容包括超越课堂、超越教材、超越现有师生关系的过程，最终的目的是培养学生的创新精神、创新意识和创新能力。王宗江等（2006）分析了创造型教师的基本特点，如强烈的创新意识和创造精神、优良的创新人格和创新能力。申燕（2007）对创造型教师心理特征的结构及特点研究的结果表明，创造型教师的心理特征模型体系包括理解关爱、成就动机、宽容开放、适时点拨四个特征群，其中理解关爱表现为：理解学生，设身处地为学生着想、疼爱学生、与学生沟通顺畅、师生情深、关注学生发展，不唯成绩等；成就动机表现为：追求较高成就，总想做得更好；宽容开放表现为：乐于吸纳学生的意见和建议、勤于教学反思、赏识学生的独特性、对学生进行多元评价；适时点拨表现为：能够根据课堂情况及时调整教学方式，及时总结和提升、随时随地引发学生的思考，并能针对不同特点的学生采取不同的激励措施。

由此可见，很多研究者对教育创新的强调、创新教学的关注以及创新型教师的心理结构的分析，将"创新"提到了一个前所未有的高度。教师的教育创新能力是时代发展的新的要求。21 世纪的今天，坚持科学发展观、全面推进素质教育，在"以人为本"的新理念的指导下，教师不再是"蜡烛""春蚕"，一味地牺牲和奉献自己，而是一个具有自我发展意识、育心意识、不断开拓的"自主型的创新者"，是一个具备良好的情绪管理、自足发展意识的情绪工作者。

二、教师是高情绪工作者

相对于企业员工或服务行业的从业者，教师工作需要更多的情绪投入和情感表露，大部分时候需要对学生表现出耐心和关注，在学生犯错时需要表露出说服力和冷静，在教学时表现出兴奋、愉悦，解决问题时表现出镇定、沉着，在面对同事时要表现出支持和友爱，在面对领导时要表现出积极和谦逊……情绪工作无时无刻不充斥在教师的工作中，在面对学生、同事、家长或领导的过程中，教师都需要进行适当的情绪工作。

阿维斯（Avis）和巴思马克（Bathmaker，2004）的研究证实大学教师为高情绪工作者，鲁尔斯顿（Roulston，2004）证实澳洲的小学音乐老师为高情绪工作者。教师的情绪工作是一种爱的付出。江文慈（2001）指出"服务行业中的情绪工作多是为了金钱交易的商业考量，然而教师情绪心力的付出，多是为了教导学生、感化学生的"。哈格里夫斯（Hargreaves，1998）认为，教师是一种爱的劳动，这种情绪工作是正向的，它与一般工作的情绪劳动偏向处理他人负向情绪是不同的。教师由于职业需要，在工作中需要投入和表露更多的情绪，教师与学生、家长、领导、同事的互动中，根据对象和场合，对情绪进行调节和管理，这个过程就是教师的情绪工作。随着社会的发展和进步，公众对教师的期望越来越高，要求也越来越严，教师的职业角色向广度和深度延伸，呈现多元化、多层次的趋势。教师的工作不仅仅是简单的体力或者脑力劳动，需要教师大量的情感投入，在与学生互动过程中需要处理大量的情感问题，情绪工作在教师的工作中不可缺少。

我们认为，教师的情绪工作是在教育教学的师生互动情境中，教师为完成学校交给的教学任务，对自己的情绪进行必要的心理调节加工，以表达出适合教育教学活动的情绪过程。教师的情绪工作过程包括与课堂相关的情境刺激、情绪反应的动力性、情绪工作策略的选择。

三、教师情绪工作的维度

1. 教师情绪工作的维度建构

情绪工作的研究是组织心理学的前沿领域，将情绪工作的概念引入教师心理研究是在最近几年。教师这一职业被认为是有理性的、道德性的，而非情绪性的，研究者的研究重点也常常集中在教师的知识和教学技巧，教师的情感、态度的研究相对较受忽视［阿德里森（Aderson）和钦（Ching），

1987]。过去国内有关情绪工作的研究多半在特定的第一线服务工作领域，包括空服员、收银员、护士等，很少以教师为研究对象。除了中国台湾近年来对情绪工作进行相关的实证研究之外，大陆有关教师情绪工作的研究处于探索阶段。

对于教师情绪工作的研究，查到国内的文献中，刘衍铃（2007）第一次系统地对教师情绪工作做了探索性研究，研究结果显示，以教师为焦点的教师情绪工作包括：表层行为、主动深层行为和被动深层行为在内的三维结构。之后，研究者根据自己的研究目的对情绪工作进行结构探索，并编制不同的问卷进行结构验证，将教师情绪工作分为两个维度：表层工作和深层工作张一楠（2008）；也有研究者将情绪工作分为三个维度，包括：自然表现、表层表现和深层表现（田学红、周厚余、陈登伟，2009；陈晓宁，2010）；四个维度，包括：情绪工作知觉、表层行为、自然行为和深层行为（吴宇驹，2008）。缪丽华（2009）以中小学教师为研究对象，探索教师情绪工作结构，将情绪工作分为四个维度：蓄意不同步行为、表层行为、被动深层行为和主动深层行为；王静（2009）对高校教师进行情绪工作调查，将情绪工作分为五个维度：基本的情绪表达、深层的情绪伪装、表层的情绪控制、情绪多样性程度、互动程度。杨满云（2009）对中小学教师情绪工作的特点进行调查，将教师情绪工作分为五个因子：基本情绪表达、情绪多样性、表面行为、深度行为、互动频率。

综上，对教师情绪工作的研究，都处于探索的维度建构阶段，大多是根据自己的研究目的进行维度建构，各有不同。其中，表层工作和深层工作是研究者们普遍认同的两种情绪工作调节策略，是情绪工作的重要内容。

2. 教师情绪工作的影响因素及效果变量

在有关教师情绪工作的相关研究中，研究者们根据自己的研究目的，对教师职业领域做了不同核心变量的探讨，情绪工作的前因变量涉及个人变量、组织变量和情境变量。其中，个人变量主要有人口变量和个性变量。个性变量包括工作者的个性特征、情绪工作对象的个性特征，库尔勒姆和格德兹（2000）指出了包括年龄、性别、工作经验、移情能力（情绪关注和情绪感染）等个人变量对情绪工作的影响，结果表明，年龄与情绪努力、情绪不协调呈正相关，女性与情绪努力呈负相关。

组织变量主要包括任务特征和组织特征，任务特征包括工作任务的难度、性质等，组织特征包括组织支持、同伴支持、工作自主性等。对教师来讲，研究者同样选择一些关键变量进行分析，如刘衍铃（2007）对中小学教师的影响因素中，选择情绪智力作为个人变量，调查结果表明，教师的表层行为与教师的情绪智力和职业承诺相关不显著，深层行为是显著相关的。吴宇驹（2008）的研究结果显示，外倾性的教师倾向于付出情绪工作，神经质促进表层行为的增加。刘衍铃（2007）选择职业承诺进行研究，教师情绪运用和情感承诺对表层行为有较小的预测力，教师自我情绪和继续承诺对主动深层行为有一定的预测力，张一楠（2008）关于幼儿教师情绪工作的影响因素中涉及社会支持、工作环境、职业承诺等，结果表明感情承诺影响教师情绪工作深层行为。缪丽华（2009）在研究中显示，情绪智力、社会支持与情绪工作呈正相关。王静（2009）对高校教师的情绪工作现状进行研究，结果显示高校教师的情绪工作与角色压力之间存在显著的正相关关系，且角色压力对情绪工作有显著的预测作用，社会支持在角色压力和情绪工作之间起部分中介作用。

在情境变量方面的研究，迪芬多夫（2003）通过实证的方法探讨情境变量（感知到表现积极情绪、感知到表现消极情绪和交往的特点）对情绪工作行为策略的影响，结果发现，感知到表现积极情绪与深度行为呈正相关。综上所述，教师情绪工作的变量包括三类，个体变量、情境变量和组织变量，它们对情绪工作的影响如何，各个研究因选择量表和变量的不同，得出的研究结果也不尽相同。

在情绪工作的效果变量研究中，大多数研究集中在对个体的影响上，如员工工作满意度、情绪耗竭、职业倦怠、心理健康等。这与研究者将讨论的重点放在情绪工作策略上是一致的，表层工作与深层工作都是需要付出努力的，这种努力与疲劳和工作压力是联系在一起的。阿什福思（1993）探讨了对组织和个体的影响，员工表现出情绪工作，则有利于工作有效执行，员工没有表现出情绪工作，则产生负面影响；对个人来说，个体自我表现需求与情绪工作保持一致时，通常保持良好心态，如果感受和需要表现不一致，则容易产生情绪不协调，导致情绪矛盾等后果。布拉泽里奇与格兰迪（2002）比较工作取向的情绪工作（job-focused emotional labor）和员工取向的情绪工作（employee-focused emotional labor）对工作倦怠的影响，结果表明前者无法预测工作倦怠的发生，而后者则可以预测。阿德尔曼（1989）在探讨情绪工作与身心健康的研究时发现，情绪工作对员工有负面的影响，高情绪工作者比低情绪工作者经历较大的情绪不和谐，且工作绩效、工作满意度较低。工作者知觉到情绪工作越高，身心健康越差。［斯普拉特（Spratt），1996］发现高情绪工作者容易产生沮丧、忧虑、情绪耗竭等心理痛苦，其工作绩效、工作满意度和身心健康比低情绪工作者要差。

刘衍玲（2007）对情绪工作影响较大的工作满意度、工作倦怠进行研究，结果显示，教师的表层行为与工作满意度相关不大，与教学效能感和职业倦怠关系密切。员工采用表层行为时，他们会感到情绪衰竭，且深层行为对其影响较大。吴宇驹（2008）认为表层行为弱化了负性情绪感受对职业倦怠的影响，主观支持、对支持的利用强化了情绪工作对工作满意度的积极影响。缪丽华（2009）对情绪工作的效果变量研究显示，中小学教师的被动深层行为、主动深层行为与情绪耗竭呈现负相关，蓄意不同步行为、表层行为与情绪耗竭不相关。杨满云（2009）对教师情绪工作与心理健康的相关分析表明，教师情绪工作与心理症状有显著的正相关存在，教师情绪工作负荷越高，心理总症状指数及各因子指数越高。

也有研究证实情绪工作对员工有积极的影响，适度的情绪展示有利于个人的身心健康与绩效表现，餐厅的服务员保持微笑，可以促进血液循环，保持身心健康和工作绩效表现［沃顿（Wharton），1993；埃里克森（Erickson），1991，阿什福思和汉弗莱（Humphrey），1993］。可见，情绪工作对结果变量的影响，既有积极的效果，也有消极的影响。情绪工作目前的研究领域还不太成熟，并没有得出情绪工作结果普遍一致的结论，而且有些研究还得出互相矛盾的结论，出现这种原因可能在于没有形成对情绪工作的构成及作用机制形成统一的认识，这也是我们需要探究的问题之一。

第四节　教师情绪工作的影响因素

一、情境与教师情绪工作

对于教师来讲，教师情绪工作是在学校组织中，为了完成学校交给的教育教学任务，对自己的情绪进行必要的调节和管理，以表达出适合教育教学互动的情绪过程。教师的情绪工作定是与问题情境相互联系的。

教师与不同对象的互动会涉及教师的情绪工作。引发教师的消极情绪的主要因素是教学目标受到干扰的一些相关情境，如学生的问题行为和违反规则，学生因为懒散和不专注而学业成绩较差［厄尔布（Erb），2002；哈格里夫，2000］；课堂外的因素使得教学很难进行［科尔比（Golby），1996；尼亚斯（Nias），1989］；不合作的同事［布洛夫（Bullough），等，1991；厄尔布，2002；尼亚斯，1989］以及家长不遵循恰当的行为规范或者不履行责任义务［拉斯基（Lasky），2000］。其中，学生的课堂问题行为是教师经常面对的问题，也是教师职业压力的主要来源。课堂问题行为干扰课堂正常秩序，需要教师付出一定的精力去处理和调节。［萨顿（Sutton）和奈特（Knight），2004］的研究表明，大约三分之一的教师认为消极情绪的表达是有效的，比如生气。当然，在非常生气的时候，教师通常担心自己会失去控制，一些教师会使用"假装"生气来帮助他们控制课堂，"当学生在课堂上出现一些问题行为时，我过去常常容易生气，但现在我已经不会真的生气了，现在我就是假装一下，好像我生气了"。教师报告最多的是压抑生气，退一步深呼吸，降低生气强度，尽量不要被这种挫折影响教学过程。教师通常会使用各种策略来帮助他们管理和调节自己在课堂上的情绪，以防止自己在课堂上大发雷霆（萨顿，2004）。教师还可以化解潜在的问题情境，讲个笑话或者转移注意力，这样就不会让消极情绪干扰自己的课堂。

改变自己对情境的认知，对消极情绪的调节是非常有效的，比如教师提醒自己"他们是孩子"；同样也可以通过行为策略，比如停下来，深呼吸，控制面部表情来进行情绪调节。这些情绪工作策略在一定程度上控制教师课堂情绪爆发，但其持续的影响并没有涉及。教师在教学过程中，会使用不同的情绪工作策略，因为这符合他们的核心课堂目的，为了学生的最大利益。但他们假装和压抑自己的情绪时，他们往往不喜欢这样做（拉斯基，2000）。

学生在课堂上的问题行为是导致教师与学生行为冲突的直接原因。张彩云（2007）的博士论文中，将教师提到的课堂问题行为归为10个类别，这10个类别分别是：走神、嘲笑别人、多动、随便说话、不参与合作、不跟随任务、妨碍他人、不服从、情绪失控、退缩。研究表明，44.6%的教师在课堂上花费了过多的时间来处理课堂问题行为，最多的时间是23分钟，平均下来有6分钟，约占整节课的15%。

学生有了这些行为后，教师为了使自己的课堂教学顺利进行下去，为了提高学生的学习效率，需要维护课堂纪律，因而必须采取一些适当的控制方法，如命令、训斥、惩罚、监督等，对学生加以管教，在管教过程中，由于学生的不服或教师的不理智行为，导致师生由一般性冲突升级为对抗性冲突，教师必然产生一系列的情绪反应。

教师认为指向他人的问题行为比指向自己的问题行为更为严重，教师根据不同课堂问题行为的类型做出相应的策略，如提醒、说服、惩罚等，但对这些问题行为是否引起教师情绪反应，以及教师如何调整自己的情绪，以保证课堂顺利进行的情绪工作并没有涉及。如何帮助教师寻找课堂情绪恰当表达的平衡点，对他们来说是非常有帮助的。

二、经验与情绪工作

情绪工作是情绪表现的管理，情绪工作的选择会影响员工工作满意度及幸福感（莫里斯和弗德曼，1996；沃顿和埃里克森，1993）。因此，很多研究都关注个体差异来预测情绪工作策略选择［迪芬多夫和理查德，2003；格兰迪，2000；萨博洛克（Schaubroeck）和琼（Jones），2000］。性别与情绪工作之间有相关性（沃顿和埃里克森，1993），研究表明年龄与情绪工作的绩效不存在高相关性。我们根据社会情绪选择理论（SST；卡斯坦森，2006）的研究结果，以人一生积极的情感特质发展为假设，推测年龄与情绪工作策略的关系。我们可以采取霍克希尔德（1983）所描述的情绪工作的视角，我们认为年龄大的成人在工作中调整情绪表达的策略是由他们的动机期望形成的，根据社会情绪选择理论和积极的情感特质追求，个体在不断地降低消极的情绪体验和促进积极的情绪体验。我们从中可以解释，情绪调节动机与情绪工作的关系随着年龄的增长而发生改变。我们描述了特质情感的经历，推测积极的情感应该是调节年龄和情绪工作的机制。

社会情绪选择理论（Social emotional selectivity theory），背后的中心推理是情绪，尤其是积极的情绪经验，当个体不断增加经验时，他们最大化地体验积极情绪，减少消极情绪（查尔斯和卡斯坦森，2007；康西丁和马吉，2006；雷迪和鲁滨逊，2008）。尽管情绪工作理论家并没有考虑年龄相关的改变与情绪工作有何关系。我们认为情绪调节动机配合深层行为策略，是一种策略符合自然的动机倾向，他们期望自然地下调消极情绪来感到更积极的情感。因为经验多的人是更愿意感受积极情感的，包括他们在工作中的时候，我们期望年龄与表达自然真实感受呈正相关，因而不需要额外的调节；相反，表层行为仅仅是假装积极，并没有改变原始的内在感情。我们发现他们可能选择简单的假装积极的情绪，而内心依然感觉到消极情感。

人格特征的影响在一些研究中是情绪工作的前因变量，这些关系在早期的情绪工作研究中经常出现，当他们感觉情绪与组织需要一致的时候，不需要调节。积极情感与表层行为呈负相关（布拉泽里奇和格兰迪，2002），而与深层行为呈正相关（赞姆纳和加利，2005）。进一步的研究表明，（迪芬多夫，等，2005）测量外倾性作为一个积极的人格变量，发现其与表达真实的情绪感情是正相关的，简而言之，外倾性的员工倾向于经历更多积极的情感，发现这些人在情绪工作中更倾向于使用深层策略或者表达真实的情感。他们很少发现自己需要表层行为来隐藏内心的情感表达。因此，整合社会情绪理论和情绪工作研究的理论，经验应该是影响情绪工作策略的调节动机，鼓励他们向下调节消极情绪。我们假设积极的情感会部分调节年龄和三个情绪工作策略的关系。

认知过程的知觉可能是另一个年龄与情绪工作之间关系的中介，［奥斯丁（Austin），多尔（Dore）和多诺万（Donovan），2008］的研究结果表明，情绪智力是情绪工作的预测变量。情绪智力与深层行为策略不相关，而与表层行为负相关。有些研究者认为情绪智力随着年龄和经验的发展而发展［沙洛维（Salovey）和梅尔（Mayer），1990］。年龄与情绪工作不会直接相关，但年龄会带来更大的人际经验和调节技巧，可能会有助于发展更好的情绪智力，从而形成情绪工作的相应倾向。

三、人格特质与情绪工作

人格是西方心理学中最有吸引力、最具挑战性也是最具争议性的研究领域之一。从词的来源分析，人格一词来源于古希腊的"persona"，意指古希腊戏剧演员所戴的面具。心理学史上，一些杰出的心理学家，如弗洛伊德、荣格、奥尔波特、马斯诺、艾森克、班杜拉（Bandura）等都分别从不同的侧面揭示了人格的本质[1]：弗洛伊德认为人格的核心是内在的心理事件，这些事件发动了行为，或是构成了行为的意图，它们可以被意识到，但主要是在无意识水平上起作用；罗杰斯把自我定义为人格的连续性、稳定性所赖以产生的最小单元，是由实际自我和理想自我组成，两者一致则导致人格的一致性；行为主义的人格观认为，行为和人格基本上是由外在环境塑造的，人格是外显反映和内隐反映的总和，人之所以有个体差异，是因为他们有着不同的被强化了的经历。他们对于人格的概念莫衷一是，争论不休。本书采用特质理

---

[1] 注：在精神分析学家看来，潜意识代表了人格；在行为主义者看来，人格是行为的习惯系统；人本主义者则认为，人格是自我实现和自我超越的意志；而特质论者则认为人格等同于特质的组合。

论对人格界定，人格特质理论认为人格是由诸多特质构成的。

人格的主要特征可以概括为：①整体性：认为人格是行为倾向性和人格特征的有机整体；②结构性：认为人格具有按一定原则建构起来的组织结构；③独特性：认为人格反映人们适应环境的个别差异；④持久性：认为人格是持久而稳定的行为模式；⑤社会性：认为人格是在社会化过程中形成的。可见，作为一个现实生活中的人，人格的决定因素包括遗传生物因素和环境因素，人格是基因型和环境动力交互作用的结果。

人格结构是人格心理学家用来解释个别差异的假设性概念。大多人格理论家都认为人们在心理特征和行为倾向上存在着稳定的个别差异，但不同的人格心理学家解释这种个别差异所提出的人格结构的观点并不一致。一些人格理论家用特质（trait）或类型（type）来解释人们稳定的个别差异。特质是人格的基本单元和维度，是人格的"心理结构"，是个体的"神经特性"，具有支配个体行为的能力。

从20世纪90年代起，出现了许多人格评定和问卷反应的因素分析，不断有证据表明，所有的人格测验最后都能归因为属于五种人格因素的分类中，从基本的人格单元或者因子的数量以及这些单元的命名上来看，这一趋向的倡导者之间正在形成一个共识，现在也常常将这样的理论模型称为人格的五因素，即五个基本的人格因素或者维度——人格的大五因素模型（five-factors model，FFM）［弋德伯格（Goldberg），1990］。大五人格模型在长期的探讨过程中基本上被全球化地接纳，被普遍认为是人格的核心特征。其稳定性在自陈式特质调查表和他人评定、词汇研究和问卷测量的各种样本以及不同文化背景和不同分析方法的大量研究中得到验证，已被众多心理学家认为是人格结构的最好范型。尽管不同研究者对大五因素的命名可能是不同的，但是内容上是基本等价的，在此，我们介绍麦凯尔（McCrae）和科斯塔（Costa）的命名，大五因素可以分为神经质（neuroticism/emotional stability）、外倾性（extraversion）、开放性（openness to experience）、宜人性（agreeableness）和尽责性（conscientiousness），它们构成了人格的海洋（OCEAN）。这些特质有着各自的独特的内涵，但又有一个共同的主题。

①神经质反映了个体情绪状态的稳定性及内心体验的倾向性，它根据人们情绪的稳定性及其调节加以评定。消极情绪有不同的种类，如悲伤、愤怒、焦虑和内疚等，它们有着不同的原因，并且需要不同的应对方式，但是研究一致表明，那些倾向于体验某一消极情绪的人通常也容易体验到其他的消极

情绪。在神经质得分低的人表现为平静，自我调适良好，不易于出现极端和不良的情绪反应。②外倾性反映了个体神经系统的强弱及其动力特征，该维度一端为极端外向，另一端为极端内向。③开放性反映了个体对经验的开放性、智慧和创造性程度及其探求的态度，它不仅仅是一种人际意义上的开放，构成这一维度的特征包括活跃的想象力、对新观念的自我接受、发散性思维以及智力方面的好奇。④宜人性反映了人性中的人道主义方面以及人际取向。宜人者注重合作而不强调竞争，得分低的人则喜欢为自己的利益和信念而争斗。⑤尽责性反映了自我约束的能力及取得成就的动机和责任感，是指我们如何控制自己及如何自律。表2-2是对大五人格维度的高、中、低分的具体含义的描述。

表2-2 五个维度的高、中、低分描述

特质量表	高分描述	中等分数描述	低分描述
神经质（N）	感觉灵敏，感情脆弱，很容易体验到令人心烦意乱的感觉	比较安静、有能力应付压力，但有时体验到内疚、愤怒或悲伤的感觉	无忧无虑，能吃苦耐劳。即使面对压力，一般也能保持轻松
外倾性（E）	外向、开朗、活泼、情绪高昂、大多时候愿意与人打交道	在行为和热情两方面能保持不愠不火，愿与人相处，但同时也注重个人隐私	内向、含蓄、庄重，喜欢孤独或只与几个密友交往
开放性（O）	喜欢经历新鲜事物，兴趣广泛，想象力丰富	讲求实际，但也愿意尝试新方法。在新与旧之间寻找一种平衡	脚踏实地、讲究实际、因袭传统，固守自己的处世原则
宜人性（A）	极富同情心，性情温厚，渴望合作，避免冲突	富于同情心，信任他人，性情随和，但有时会固执己见，不乏竞争意识	斤斤计较，怀疑心重，骄傲自大，争强好胜。直截了当地表达自己的愤怒
尽责性（C）	责任心极强、做事有条不紊。高标准，严要求，努力实现自己的目标	为人可靠，做事较有条理。目标清晰，但有时也能将工作弃置一旁	生性闲散、做事缺乏条理。有时马虎大意，不愿制订计划

大量研究表明，神经质、外倾性人格特质与情绪存在密切的联系，在自主生理反应方面，不同特质被试的皮电、指脉振幅、r-r间期、心率指标会存在差异。外倾性的情绪唤起大于神经质的情绪唤起，神经质的心率唤起比外倾性的要高，外倾性被试的指脉率比神经质要高。这是因为，指向他人的问题行为严重干扰他人的课堂，对教师来说是很难容忍的，生气的情绪时，外

倾性的教师唤起要更高。生气的情绪是一种趋近倾向的情绪，对于外倾性的老师来说，是一种情绪的正效应［埃夫里尔（Averill），1982］，供给老师精力、能量，作为自我防御的资源，当任务变得困难时，它能提供持续力，包含一种潜在能量。

神经质教师的担心、焦虑的情绪唤起比外倾性的教师要高，我们可以解释为，担心、焦虑的情绪反应并不存在正性效应，这种负性情绪与神经质的被试存在相关。低冲突的问题情境不足以使教师采取措施防御自我，但又处于一种低迷的弥漫状态，这种情绪状态的唤起正与神经质的特征相符合。有研究者发现外倾者有更多的正性情绪，高神经质者有更多的负性情绪［埃蒙斯（Emmons）和迪耶纳（Diener），1986］。外倾者的情绪唤起比神经质要低，神经质与负性情绪呈现正相关。高冲突下，外倾性的被试随着教龄的增长，心率的恢复值降低，神经质的教师被试，随着教龄的增长，心率的恢复值迅速下降，神经质的被试恢复变化速率较快。这与以往的研究保持一致。

而皮肤电生理的恢复过程则出现了不一致的地方，外倾性的被试，随着教龄的增长，皮肤电的数值在升高。低冲突下，外倾性的被试在恢复的过程中，随着教龄的增长，数值都在上升，皮肤电的生理恢复，外倾性的被试与神经质的被试增长速率几乎相同。

第三章

情绪工作的心理机制

第一节　情绪工作与自主神经活动

　　情绪工作可以理解为，员工在组织活动过程中，采用情绪管理策略对问题情境唤起的情绪反应进行调节的过程，情绪反应是情绪工作中重要的动力性特征，探讨教师情绪工作中情绪反应动力性才能深刻揭示情绪工作的本质和内涵。我们接下来综述有关情绪工作的作用机制与自主神经活动的相关研究。一直以来，情绪研究采用主观报告的方法束缚了心理学家对情绪的深入研究，情绪的心理生理研究解决了情绪研究的非客观性问题，尤其是情绪的自主神经的研究，同时也剖析了情绪经历或者情绪反应中的加工成分。自主神经的测量可以说是更加接近心理学所要探讨的行为机制的生理研究方法。如许多情绪状态的表述可以说来自个体的身体感受，如人们在描述恐惧害怕时用"心惊肉跳"来表达与心率加快有关的自主感受；在生气的时候用"火冒三丈"来表达与血压升高有关的自主感受。

一、情绪的自主神经特征

　　现代情绪理论不仅将自主神经唤起看作情绪的功能，也将其看作指向一个情绪情景所获得的具有预测性和意识到的行为的生理反应。情绪是一个代表了反应中枢激活的行为取向和行为的准备状况，这一过程受到自主神经的调节，同时也通过自主神经进行监测。朗（1995）提出了情绪效价即行为趋向的方向性、情绪唤起即行为趋向的程度。当前有关情绪和自主神经的研究可以按照这种行为趋向进行分类。心率变化（SCR）作为情绪自主神经唤起的常见指标，其中皮肤电反应性主要反映了汗腺的分泌激活，完全由交感神经支配，皮肤电的振幅对应所引发情绪的强度，被看成情绪唤起的定量指标。心率也是情绪生理唤起的常用指标，心率反应受到交感神经和副交感神经的联合支配，心率增加受到交感神经的激活，而心率减慢受到副交感神经的激活。

（1）心率（heart rate）：心率为任意单位时间内心脏搏动的次数。通过心率的变化可以反映情绪的效价。心率单位为（次／分）。实验中使用心电描记放大器（ECG100），用 EL501 可粘贴的一次性使用的扣式电极以 I 导连的方式与被试连接，记录被试实验过程中心率的变化。人们的情绪体验来源于机体的外周生理反应，提示不同性质的情绪经验可能会伴随着特异性的外周生理活动，但并不存在具体情绪的特定身体反应模式。

（2）皮肤电反应（galvanic skin response）：是一种反映交感神经节后纤维功能状态的表皮电位，可由内源性或外源性刺激所诱发。本实验中记录被试左手中指和无名指指端的皮电活动。皮肤电反应单位为微西（μS）。实验中使用皮肤电反应放大器（SKT100C），通过 TSD203 皮肤电阻传感器连接被试左手中指和无名指指腹。

（3）血氧饱和度（SpO2）：是指血红蛋白（Hb）的氧合程度的百分比，即血液中血氧的浓度，正常值大于 95%，是呼吸循环的重要生理参数。个体处于紧张、焦虑等情绪状态时，血氧饱和度会降低。实验中，血氧饱和度的单位为百分比。实验中使用光电容描记放大器（PPG），用 TSD203 光敏传感器连接于被试左手拇指，记录器血氧饱和度的变化情况，同时可得到指脉率的变化情况。

（4）指脉率（finger pulse rate）：每分钟指端脉搏的次数。体温增高时，脉率会加快。人体在受到外界刺激或应激状态下，以及处于紧张、恐怖、喜悦、激动等情绪状态下时，脉率均会有所加快。指脉率单位为（次／分）。

（5）r-r 间期（r-r interval）：反映心跳和心跳之间的时间间隔，单位为秒。这个指标是通过心电记录波计算得来。间期值越大，则说明生理唤起越大。

心率、皮肤电、指脉率是情绪自主神经唤起的常见指标，其中心率主要反映了情绪效价信息，负性情绪唤起时候，心率增加；皮肤电反映汗腺的分泌活动，完全由交感神经支配，因而当焦虑出汗时，皮电下降；指脉率是与皮温联系密切的指标，当生气的状态下，皮温会上升，因而指脉率出现了显著变化。

二、情绪工作的作用机制

对情绪工作的研究，不仅要了解什么是情绪工作策略的选择，个体通常运用什么方式来完成情绪工作，情绪工作会产生哪些结果，更重要的是要了解情绪工作的作用机制是什么，情绪工作为什么会产生不同的结果。对情绪工作机制的研究，有三个比较重要的理论：行动理论、资源守恒理论和情绪调节理论。

1. 情绪工作心理机制的理论

（1）行动理论

行动理论模型（Action theory），是扎普夫（2002）提出来的，主要想解释员工在使用情绪工作策略时，个人付出的努力是否有差异，哪种需要更多的情绪努力。他认为表层行为较多的在行为模式中的灵活水平发生，而深层行为发生在行为模式的智力水平。也就是说，表层行为较多地处于半自动化的状态，不需要太多的意识加工，不需要付出太多的情绪努力，而深层行为需要心智加工，需要较多的情绪努力，需要调用足够的心理资源才能完成。所以他认为，深层行为比表层行为更难以操作。该理论对情绪工作的效果变量的解释，目前还没有相关研究进行探讨。

（2）资源守恒理论

资源守恒理论认为人们的自我控制行为依赖一种有效的资源，或者说是一种能量，这种能量会因为连续的使用而被暂时消耗掉。首先，人们所有的自控行为都依赖一种共同的资源，不管是思维控制、情绪控制还是行为控制，它们都是以一种共同的自控资源为基础；其次，这种资源是有限的，任何一个自控任务都会消耗这种有限的资源，从而影响后续的情绪行为；人们自我控制的资源只是暂时的，过段时间就会恢复，自我控制的资源有限性主要表现在同时性注意任务中的资源缺乏，而自控的资源有限性更倾向于人们在继时性任务中的资源短缺。由于自我控制资源的有限性，人们前期的自我控制任务会消耗掉有限的自控资源，最终会影响随之而来的自我控制活动。这就是资源守恒理论的基本理念。

布拉泽里奇（2002）引入资源守恒理论，用来解释情绪工作为什么会产生不同的结果。资源守恒理论认为人们总是会试图维持有价值的资源，而最小化资源损失，以获得报酬，又可以实现资源弥补。

在情绪工作中，员工运用表层行为和深层行为时，需要消耗资源，会导致资源损失，当情绪工作没有产生某种报酬，损失的资源没有得到弥补，此时会出现资源失衡。当资源失衡时，员工会减少努力，以维持资源的平衡。情绪工作到底产生怎样的结果决定于服务的过程（表层工作和深层工作）和结果（资源损失和资源获得）。

若损失的资源没有得到弥补，就会出现资源失衡，从而导致消极结果，如工作倦怠等。相反，当员工付出的资源得到补充甚至额外得到补偿时，情绪工作可能产生积极的效果，员工的工作满意度及幸福感会增加。

（3）情绪调节理论（情绪工作调节过程模型）

格兰迪（2000）援引情绪调节的观点重新界定情绪工作的定义和内涵，发展为系统和概括化的情绪工作理论模型。他认为，情绪调节是情绪工作的核心，因此将情绪工作视为个体为达成组织目标而调节情绪感受与情绪表达的过程，也就是个体为调节其情绪行为而进行的目标确认、计划、监控、信息反馈等内在心理活动的过程。她将情绪工作的焦点锁定在表层行为及深层行为上，据此发展出模型的架构，并试图解释情绪工作的前提与结果。

该模型表明，情绪工作的发生是源于情绪线索的出现，情绪线索中，包括个体与对象的互动方式，即情绪工作的特征，如频率、持续时间、多样性与表达规则等，而引发的情绪事件是情绪工作的直接原因，情绪工作的调节历程是在个人和组织共同作用下表现出来的情绪工作策略，如真实表达情感、表层行为策略、深层行为策略，而这种方式的长期结果则会产生个人层次和组织层次的结果变量，如个人倦怠和工作满意度，或者组织的绩效提升或者组织的退缩状态。

该模型强调了表层工作和深层工作的重要性。首先，格兰迪基于情绪调节基本过程模型及情绪调节策略，将情绪工作解释为表层工作和深层工作，这两种情绪工作策略可能会产生积极和消极的结果，其背后的情绪调节心理机制是不同的。如在个体感受到情绪失调时，表层行为可能与工作满意度负相关；个体有效地表现出适宜情绪而产生个人成就感的时候，深层行为可能与工作满意度呈现正相关。作用机制如图3-1所示。

情绪工作的作用机制中，我们可以分析情境中线索的重要性，不同情绪工作策略的作用效果不同，策略启动的内部调节机制可能存在差异，因而在本书中，将对情境线索进行控制，并且探讨不同情绪工作策略的效果，从内部作用机制的角度尝试对"行动理论""资源保存模型"及"情绪调节模型"

的情绪工作作用模型做进一步的解释。

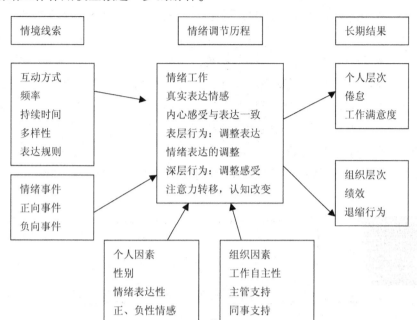

图 3-1 情绪工作的作用架构图

2. 情绪反应理论模型

由上面的情绪工作作用机制可以看出,在其作用过程中,情绪反应的变化性可以解释其动力性特征的本质特点。情绪反应中的个体差异表现在情绪感受、生理唤起动力性指标等心理成分之中,情绪的感受是一种带有独特色调的觉知或者意识,是情绪的主观成分;情绪体验是情绪的核心成分,使个体在情绪过程中感受到愉快、享乐、忧愁或悲伤等多种不同的体验色调。情感的生理唤起是情绪与情感产生的生理反应。具有代表性的情绪反应模型如下:

(1)人格理论

情感反应模型(Affect-level model)是格罗斯,萨顿和柯特勒尔(1998)提出来的,他们认为人格对情感的基线或者紧张水平具有直接效应。他们主张,根据情感水平模型,不管在什么情境下,外倾者比内倾者都应该表现出更高水平的积极情感。这意味着人格—情感的关系在任何时间、任何情境中都存在一致性。外倾者的积极情感水平高于内倾者,神经质的消极情感水平高于情绪稳定者,这种情感体验在人格特质上的个体差异在实验操纵前、实验操纵后的任何时间都存在。卢卡斯和贝尔德（2004）设计了一系列的实验来检验外倾—愉快情绪的关系，研究结果在很大程度上支持了情感水平模型。

他们认为外倾者具有更强的行为激活系统，因而比内倾者对奖励信号更敏感。神经质具有更强的行为抑制系统，因而比情感稳定者对惩罚信号更敏感。当个体面临消极情绪刺激时，神经质者相比情绪稳定者产生更强烈的消极情感反应体验。功能主义研究取向认为情绪是具有生物学基础的一系列反应倾向，可以帮助个体对面临的重要机遇和挑战做出适应性的反应，并据此提出了情绪的同感过程模型（Consensual Process Model of Emotion），这一模型包括情绪线索、情绪反应倾向（行为的、体验的和生理的）和情绪反应三部分。

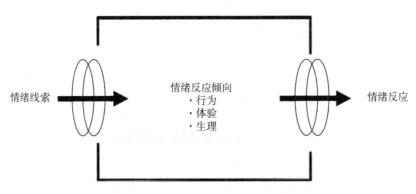

图 3-2　J. J. Gross 情绪同感过程模型

（2）情绪的双加工理论

情绪的双加工理论（Dual Emotional processes）整合了当前情绪对行为研究结果的分歧，认为情绪对行为的影响是一个双加工的过程，当个体拥有快速的自发情绪性反应时，如喜欢或者不喜欢时，可能直接而且快速指导行为的选择，这一过程多为不理智的负性结果的反应模式；当个体具有完全成熟的，有意识的情绪性反应，在伴随生理唤起时可能会采取较为理性的适宜性的行为模式。

（3）心理应激理论

科因（1991）的心理应激理论指出：应激包括应激源，中介变量和心理生理反应三个部分。应激源主要是人们在日常生活中经历的各种生活事件、慢性紧张（工作应激、家庭关系紧张）等；中介变量有很多因素，主要包括认知评价、应对方式、社会支持和控制感等；心理生理反应主要是各种情绪反应及生理化指标的变化，情绪反应中最常见的是抑郁、焦虑。

第二节　情绪工作中情绪反应的动力性研究

情绪反应的动力性（The temporal dynamics of affective responding），又称为"情绪计时"（Affective chronometry），指的是情绪反应在时间方面的动力性质，反映了情绪反应的时间过程特点，体现在情绪反应峰值出现的时间、情绪的持续时间和恢复时间、情绪变化的速度等时间参数上。［戴维森（Davidson），1998］提出了情绪反应时间动力性的概念，认为可以将情绪反应时间动力性的特点作为理解情绪反应及倾向性心境（dispositional mood）的个体差异的一个途径。情绪与认知最大的区别在于情绪具有动力性，而纯认知则不具有动力性，情绪组织并驱动认知与行为，认知则赋予情绪以特殊、具体的含义，并帮助界定情感—认知结果，如目标、价值、行为策略等［罗伊斯（Royce）和麦克德莫特（McDermott），1980；戴维森，1998；费思（Faith）和塞耶（Thayer），2001］。

一、情绪反应动力性的参数

情绪反应的时间动力性包括情绪反应峰值出现的时间（the rise time to the peak of the response）、反应的恢复函数（the recovery function of the response）、反应的持续时间（the duration of the response）、恢复时间（recovery time）、情绪变化速度等时间参数。情绪反应峰值出现的早晚、反应的持续时间、恢复时间、变化速度的不同可能包含了重要的个体差异信息。在特定的反应系统中，情绪反应的时间动力性存在个体差异。例如，对于某些个体而言，情绪反应峰值快速出现，而另一些个体则出现情绪反应比较缓慢；一些个体情绪反应恢复较快，而另一些个体恢复缓慢。在不同的反应系统中，同一个体情绪反应的时间动力性的情况可能是有差异的。

在情绪反应的测量中，可以结合问卷测量，主观报告唤起的情绪类型，如高兴、生气、难过、失望等情绪，并对情绪的强度做分数主观报告。当然，真实情绪反应动力性需要对情绪生理指标数据做客观记录和收集。首先在刺激未呈现时，个体保持平静状况且数据在 1 分钟内保持稳定的状态，收集基线水平数据作为动力性指标的基础。当刺激信息出现时，我们将记录情绪唤起和持续时间，情绪反应动力性的恢复时间，计算情绪反应速度。

例如，一些个体可能在表达行为上快速恢复，而在特定的自主通道恢复缓慢。这种分离的潜在重要性还没有被系统检验。对控制这些个体差异的因素，我们也知之甚少。这些差异对特定的情绪反应系统是具有特异性还是具有跨情绪的普适性（例如，恐惧之后的心率恢复与厌恶之后的心率恢复是相似的还是各有特点的），这些不同的参数是情绪反应的正交特征还是相关特征，都需要实证研究来回答。

二、情绪工作中情绪反应时间动力性的研究

在情绪工作的过程中，影响情绪反应变化性的因素主要反应在人格特质、性别、年龄、情绪工作策略选择上。情绪变化性是情绪体验的重要方面，其影响因素也有很多探讨。已有研究表明，神经质、外倾等人格特质、性别、情绪恢复过程中所采用的情绪调节策略、所付出的意志努力等因素会影响情绪反应的变化性。

在不同问题情境的工作中，同样会出现这种情绪反应动力性的差异，这也是个体情绪系统差异的重要体现，是一个动态的过程。[汤姆森（Thomoson），1990]指出情绪在两个方面是可以被调节的，一是情绪类型，即反映主要心境特点的具体情绪（如愤怒或者快乐）；二是情绪的动力性，表现在情绪的强度、范围、稳定性、潜伏性、发动时间、情绪的恢复性和坚持性等方面。情绪恢复性是影响时间动力性的一个重要因素，个体面对负性情绪刺激可以保持积极的情绪状态，或者能够从消极情绪反应中迅速恢复到积极情绪状态的特性。情绪恢复性不保证个体不体验到负性情绪，有的个体很容易受到负性情绪刺激的感染产生强烈的负性情绪，而且一旦产生负性情绪又不容易摆脱出来，表现出差的情绪恢复性，而有的个体则表现出强的情绪恢复性。个体在面对消极事件或者情境时候，也会产生与该消极情绪相对抗的心理恢复力。

情绪工作是个体在组织中完成某一工作任务时，调节和控制情绪变化的过程。在组织问题情境中，如果个体在遭遇消极情绪情境时，通过情绪工作策略提高积极情绪体验，就可以缓冲消极情绪所带来的压力，使个体尽快从消极情绪体验中恢复到正常水平。[图格德（Tugade）和弗瑞克森（Fredrickson），2004]发现积极情绪可加速心血管恢复，弗瑞克森等人（2000）发现高特质敌意预测愤怒情绪生理恢复较慢。[埃莫努沃（Hemenover），2003]认为，积

极情绪增加者（如外倾者、情绪稳定者）表现出积极情绪慢速衰退，消极情绪快速衰退；消极情绪增加者（内倾者、神经质者）表现出消极情绪慢速衰退，积极情绪快速衰退。舒尔曼（Shulman），奥古斯丁（Augustine）和埃莫努沃（2006）在已有研究的基础上，采用双任务的研究范式，探讨变化速率上个体差异及消极情绪恢复中不同恢复策略的有效性，并通过对第二任务的测量来分析其情绪工作的效果。

大量的实证研究发现，不同人格特质的个体，其情绪反应在许多参数上存在着稳定的差异，外倾者容易引起较多的正性情绪，而高神经质容易引起较多的负性情绪 [黄敏儿，2003；拉森（Larsen）和凯特拉（Ketelaar），1991]。情绪稳定的个体比神经质的个体对他们的情感生活有更好的理解，从而能够更好地恢复他们的消极情绪。也有研究表明，外倾和神经质可以预测个体的情绪衰退速度（埃莫努沃，2004；舒尔曼，2006）。

第三节　情绪工作效果检验的研究范式

格兰迪（2000）援引情绪调节的观点重新界定情绪工作的定义和内涵，强调情绪工作策略在情绪工作过程中的作用，深层和表层情绪工作策略可能产生积极或者消极的结果，其背后的心理调节机制是不同的。行动理论和资源保存理论从各自的研究及理论解释，对两种典型的情绪工作方式的心理资源消耗给出了不同的预测，仅仅从个体在进行两种不同类型的情绪工作过程中的操作难度、后续作业成绩的影响及真实感上的变化研究很难回答机制的问题，因此，本书认为，我们可以从情绪调节基本过程的角度来了解和研究情绪工作过程中情绪成分的实际变化，这可能是一个新的思路。其中，情绪各主要成分包括生理反应、主观报告等。

所以要了解情绪工作过程中心理资源的变化，通过分析其情绪调节基本过程中情绪成分的变化，会有新的发现。表层和深层工作的调节方式不同，表层工作包含较多的表情行为调整，深层工作不仅要抑制正在感受的负性情绪，而且要从认知上进行更多的加工，从面临的情境中尽可能去感受积极意义的信息，进行必要的增强型认知评价的调节。深层工作包含了更多的心理加工，可能引起更多的情绪激活，从而给随后的第二任务增补更多的心理资源。当遇到的应激源不同，其生理资源被调动的机制不同，这与情绪唤起的强度和持续时间存在相关。

［米拉文（Muraven），泰斯（Tice）和布梅斯特（Boumeister），1998］提出，进行自我控制所需要耗费的自我能量是一个有限的资源，所有自我消耗的任务将利用同一能量库。因此，如果先前一个任务需要在自我调节时消耗能量，将影响后一个任务的成绩，能量库中能量的总量，造成后一任务所能应用的能量减少，因而成绩变差，据此，他们设计了"双任务实验"来验证这一假设，探讨以情绪调节的第一任务对后续作业成绩的影响，从而分析情绪调节策略消耗能量的状况。他们在自我调节能量理论中指出，能量就是个体从事某活动所需要付出一定的努力及耗费一定的心理能量（mental resource）。双任务实验范式假设自我能量是一个有限的资源库，如果在第一任务中付出较多的努力，那么在第二个任务中可能容易疲劳，工作绩效将受到影响，或者更容易引起资源耗尽。

马淑蕾、黄敏儿（2006）结合情绪调节和双任务的实验范式，为了更清楚地了解两种情绪工作对后续工作、自我真实感、情绪工作操作难度的作用，并探讨其作用的机制，以指导语引起不同的情绪工作，测量情绪工作过程中悲伤情绪的变化及后续作业的成绩、自我真实感、操作难度等。后续作业成绩及自我真实感变化作为第二任务心理资源状态的主要检测指标。结果表明，深层工作需要付出更多的意志努力，两种工作都可以减弱情绪体验，深层工作引起更大的生理唤起，表层工作导致后续工作成绩下降。如果需要在负性情绪（悲伤）状态下展现正性情绪（微笑），深层工作是更为积极的情绪工作方式。

综上，我们可以通过"双任务实验"范式探讨情绪工作过程的内部机制，体现人际互动的模式，在不同的职业领域中，员工可能需要调节的情绪不一定是悲伤，可能是愤怒，厌恶等。不同情境下的情绪工作，或不同类型的情绪表达规则，其结果可能会有所不同，这需要更多的研究。

第四章

教师情绪工作的职业特征

拉法埃利（Rafaeli）和萨顿针对不同职业进行的质性研究，引起了研究者对情绪工作的关注，但基本集中在服务业一线员工，如服务员［贝利（Bailey）和麦科洛（McCollough），2000；特蕾西（Tracy），2000］、专业医疗人员、助理或者秘书［威克罗斯基（Wichroski），1994；莱夫利（Lively），2000］、刑警或急难救助人员等［波葛宾（Pogrebin），1998；斯腾罗斯（Stenross）和克莱曼（Kleinman），1989］。教师作为非营利组织中的个体，并未涉及。阿德尔曼（1989）认为教师的职业特点和要求决定教师是高情绪工作者，但对教师情绪工作的职业表现没有做进一步分析。我们从教师职业的特点来分析教师情绪工作的特点。霍克希尔德认为教师是高情绪工作者，那么作为教师，高情绪工作的职业特征表现在哪些方面呢？以往的研究，或者直接默认教师高情绪工作的特性，对教师情绪工作的结构、维度、前因变量做了大量的探索性验证，但就教师职业本身的情绪工作的特征并没有做明确的说明，或者将教师情绪工作策略的表现作为教师情绪工作的特征，没有明显的职业特征。本书将通过质性深入访谈和问卷调查，分析教师情绪工作的职业特征，我们可以从职业互动对象、情绪工作负担、情绪规则展现和情境性四个方面来分析。

迪芬多夫（2003）用实证的方法研究了情境变量对情绪工作执行方式的影响，情境变量中的正负性事件和交往时间会影响情绪工作方式，知觉到的正性情绪与深层工作策略相关，知觉到的负性情绪与表层工作相关，但对其情境中情绪变化强度与情绪工作方式并没有涉及，这也是我们重点想要探讨的问题。

第一节 教师情绪工作的访谈

一、研究被试

被试来自北京市某两所学校的 28 名教师，被试的基本信息见表 4-1。

表 4-1 被试的基本信息表

性别		年龄		教龄		学历		班级数		班主任		课时量	
男	9	20~30	7	1~5	5	专科	2	1 个班	5	是	9	≤3 节	17
女	19	30~40	10	6~10	6	本科	21	2 个班	13	否	19	≥4 节	11
		40~50	8	>10	17	≥硕士	5	≥3 班	10				
		50~	3										
小计	28		28		28		28		28		28		28

二、访谈内容的确定

(一) 预访谈

2010 年 10 月，在北京市某小学进行了预访谈。在预访谈中，发现原访谈提纲的一些内容不尽合理。例如，对于小学教师而言，教师对自己职业的认知及情绪表达往往同互动对象紧密结合，教师情绪工作的策略与情境结合，教师对学生的课堂问题行为更能容忍。根据这些情况对访谈提纲进行了必要的删减和增添，最终确定对中学的教师进行访谈，将教师情绪工作职业特征与情绪工作策略分开，最终形成正式的访谈提纲，对访谈对象进行调整。

(二) 正式访谈

访谈之前，我们首先征得访谈对象的同意，对访谈内容做录音记录，在访谈之初，访谈者注意与访谈对象建立接纳、信任的关系，消除受访者的紧张和顾虑。在访谈过程中，访谈者保持价值中立的立场，不对访谈对象的感受和观点进行评价，但注意通过共情维持访谈气氛的融洽。访谈者以访谈提纲作为一种提示，但不拘泥于提纲的顺序，而是根据实际情况和具体语言灵活提问和追问，以获得访谈对象的真实信息和细节材料。所有访谈均是以一对一的面谈形式完成，每个访谈者访谈时间持续半小时，共访谈2所学校28名被试，由研究者独立完成，历时2周。

（三）访谈提纲

根据访谈目的，访谈提纲包括三个部分：访谈指导语、访谈问题和访谈结束。

访谈指导语部分主要是向访谈对象介绍访谈者的身份、访谈目的以及访谈的大概内容，强调访谈的保密原则，消除访谈对象的疑虑。访谈问题包括四个方面：①教师的基本状况，如年龄、教龄及课时量等信息；②在课堂教学中，引发教师情绪反应的事件的基本特征；③教师职业的情绪工作的表现及情绪工作策略的使用；④教师采用哪些情绪方式来达到调控情绪的目的。访谈结束后向访谈对象再次强调保密原则，并表达感谢。具体访谈提纲见附录。

三、访谈数据处理

在访谈过程中，访谈者以访谈提纲作为一种提示，根据实际情况灵活提问，保证访谈过程的自然流畅。同时，访谈者根据被访教师的反应进行灵活提问和追问，并鼓励被访谈者尽量讲述自己的故事。访谈者主要由心理学专业的研究生担任，用录音笔记录整个访谈过程，访谈完成后，对录音进行转录，形成电子文档。将录音笔中的访谈录音导出后，对之进行编号，然后对录音材料全部逐字逐句地转录成文本资料。

资料分析的基本原则是：

（一）理论驱动和资料驱动相结合的原则

本书是一个探索性的质性研究，在相关文献分析中，依据情绪工作高低的标准，结合教师的访谈，总结概括出教师情绪工作的职业特征；结合学生课堂问题行为的情绪反应，分析教师情绪工作的情境性特征，实际上是一个理论和资料驱动相结合的过程。

（二）类属分析为主

类属分析是指在资料中反复出现的现象以及可以解释这些现象的重要概

念的过程。类属分析是在比较的基础上，对类属之间存在的关系进行识别（陈向明，2000）。但类属分析也存在一定的缺点，容易忽略资料之间的连续性以及它们所处的具体情境，无法反映动态的事件的流动过程，因此，我们需要在类属分析形成的主题下面穿插一些故事片段和轮廓分析，丰满主题的内涵，通过类属分析概括总结研究材料的意义层次和结构，通过情境分析补充必要的"血肉"。

表4-2 教师访谈情况类属分析

对象	频率	内容分析	归类问题情境特征（类属分析）
学生	28	学生学业（28）、学生人际交往（18）、课堂问题行为（28）	频率高、持续时间长，影响大
家长	28	沟通（20）、观念（8）	频率低、持续时间短，影响大
领导、同事等	20	工作量大（22）、课太多（16）、会议太多（16）、各种检查（6）、分配不公（15）、沟通不畅（9）	频率中等、持续时间长，影响小
自身	28	身体状况（26）、家庭（12）、能力（15）	自身人格特质

(三) 编码的方式

将访谈录音逐字逐句地转录后，赋予每个被试的文本资料3个码，如01-28，前两位是被试编码，第3位是性别M或者F，加上访谈月份日期，所以被试编码为01F-1107；根据原始资料内容，将有关研究部分选出，根据事件的发展意义和主题进行提取和分段标记。

四、教师情绪工作的职业特点[1]

(一) 教师情绪工作互动对象存在认知不对称性

情绪工作的过程包含的一个重要特征是，情绪工作发生在工作者与客户

● 李海燕. 真实的自己还是假装的表达情绪？——教师情绪工作的心理历程分析 [J]. 教师教育研究，2018，30（1）：103-109.

的面对面的或者声对声的相互作用过程中［霍克希尔德，1983；莫里斯和弗德曼（Feldman），1997］。互动对象是不同职业之间最重要的区别，比如饭店的员工中，餐厅服务员的服务对象是前来就餐的人，与顾客直接接触的频率比较高，服务态度和情绪状态会直接影响到顾客的满意度和组织的绩效；警察在审讯时面对的对象是犯人，这些人都是有过犯错经历的，那么警察面对自己情绪规则的知觉定会不同于饭店的服务员。对饭店员工来讲，需要微笑、有礼貌；对警察而言，需要严肃、强硬。通过访谈资料的分析，我们可以得出教师对自己职业所涉及对象的认识。

在探讨情绪工作互动对象时，我们主要分析情绪工作者与主要互动对象的互动特点。教师每天最频繁接触的对象是学生，无论从年龄还是认知水平上，互动双方存在一定的不对等性，这是在访谈过程中，教师提及的不同于其他职业的特点之一。教师职业的客我不对等性首先表现在认知发展不对等，对学生本身的认知决定教师情绪工作中的表现，这是由教师"教书育人"的特点所决定的。

> 我的看法是历来学生就是学生，不管其他，年龄至少跟他们差20岁吧，他们有时候不能理解你的想法，当然不是讲知识的时候，是在对某件事情的态度上。13M-1107
>
> 我年轻的时候，没有摆正跟学生的关系，当时很难摆正跟学生的关系，老师和学生，你不能把你的思想水平拉到跟他一样的水平上，你的思想水平、认知度不只是比学生高一个等级，而是高好几个等级。08M-1107

教师通过口头的、书面的语言把知识传授给学生，并且教师通过自己的思想、行为作为榜样，对学生进行性情陶冶和人格的感染。学校中的员工与服务对象之间的这种认知不对等性是教师职业区别于其他服务性职业的重要特征之一。教师对互动对象的认知，对情绪工作的选择有重要的影响。教师与学生互动认知不对等性的特性，是教师情绪工作与其他服务性行业的根本区别。在工作中，互动对象之间出现认知的偏差，双方更容易出现冲突，在一定程度上，教师感到无可奈何，"学生非要跟老师对着干，不理解老师的苦心"，因此，在工作过程中，势必支出了较高的心理成本。

> 现在小孩不能说，在家里被娇生惯养的，一个指头不能动，你稍微说两句，他就不接受，觉得我爸妈还不说我，不想什么原因和老师的处

境，他不能理解老师们的苦心。15F-1108

学生偷偷玩手机，明明自己做错了，非要跟你狡辩，学校要求老师不跟学生生气，尽量压制不跟学生生气，得靠自己来调节。18M-1108

从教师情绪工作的互动特点来看，教师与学生之间认知水平存在不对等性，教师对学生的认识，学生对教师的不理解，加大了教师的心理负担，在情绪工作的过程中，需要更多的情绪努力，支出较高的心理成本。

(二) 教师情绪工作的负担：情绪工作多样化、时间连续

教师具有其他任何职业（如服务业、文艺、护理）所不完全具备的功能："传道、授业、解惑。"要完成这项工作，教师工作的时空是非常广泛的，课上课下，课内课外等地方。教师的工作不仅是复杂的脑力劳动，还会消耗相当的体力，在与对象互动的过程中，其情绪工作无处不在。

教师情绪工作表现在，职业工作对象与其他职业的不同，工作对象具有多样性的特点，除学生外，还有同事、领导、家长等，跟不同对象的互动，对教师提出了较高的情绪表达要求。

情绪来源很多，学生是一个方面，还有学校领导的压力，区里抽检，作领导的也会有压力。领导去听课，八个老师去听了，不满意的话，下周一，八个老师又去听了，老师压力很大。你得忍得住，接受，在学生面前还不能表现出来。23F-1112

教师，一定要得到家长的支持和配合，他们认可你了，你就可以把家长拉过来，遇到问题，家长和你站在一起，否则你可能会被家长和学生告到领导那去，该怎样批评学生是要掌握一个度的，尤其跟家长交流，你得控制情绪不能发作，以避免遭到批评或者敌意。20F-1112

教师情绪工作还表现在工作时间的连续性，由于办学形式的要求，教师授课任务需要集中在一定时间内完成，然而除了上课外，教师还会花费其他时间来用于备课、业务学习进修、科学研究等。"课上一分钟，课下十年功。"教师职业工作在时间上的连续性，无上下班之分，在空间上的广泛性，无课内外之分，这些都是无法用课时量简单计算的。

每个老师其实都清楚，我们不可能只在上课的四十分钟工作，课上完就结束了。放学了，你得给学生补课，你做的就是这件事情，你得为

学生负责，这中间会有很多的问题需要关注，当然就不可能总是那么心情好，但你得调节自己。10F-1107

　　同事之间，难免会有比较，自己当学生的时候不能理解为什么老师会说哪个班怎样怎样，自己班比别人班差，会生气，其实同事之间没有什么问题，大家最后的关注无非就是学生。15F-1111

家长、同事、领导的交互过程，也是教师情绪的来源，对不同的对象，用不同的情绪工作。面对家长的时候，要表现耐心和关注，面对同事要支持和合作，面对领导要谦逊，面对学生的时候，更要表现关爱（无论自己是高兴，还是不高兴）。

教师面对的学生，会频繁地与其接触，与其他职业相比呈现不同的特点，互动程度很高，在教学和日常管理过程中展现的情绪比较频繁。对于中学老师来说，一天至少8小时的时间在学校。教师与学生的频繁互动，并非一次性的服务，而是每天都跟熟悉的学生接触甚至一直带到学生毕业，与自己的交互对象之间有较多的互动，持续时间也长。

（三）教师情绪工作策略表现在：表层工作、深层工作、负性情绪展现

教师的职业是一个与学生深度互动的长期工作，并且每天都会跟特定的学生发生交互作用。与餐饮业服务员和医生等职业类型不同，教师不是短暂的服务性工作，而是长期与学生进行深度互动。教师职业要求的特殊性，给了教师更多的期待，同时更具有挑战性。那么，教师认为在自己的工作中，应该遵循怎样的规则，应该呈现怎样的情绪工作特点呢？

在组织领域中，情绪表达规则是规定员工在工作场合表达恰当情绪的规则。在工作中，基于不同的交际需要，对于必须表达何种情绪、对谁表达、表达强度有多大，逐渐形成了组织对个人的一组规则。

教师同其他服务业的不同在于，教师的情绪表达不总是表现正性，适当的负性情绪表达也是需要的，也是教师课堂管理的一种方式。萨顿和奈特（2004）的研究表明，大约三分之一的教师认为消极情绪的表达是有效的。

　　老师站在讲台上，要有激情，要活跃，你要是死气沉沉的，学生也根本不会听。01-1107

　　你要气，天天还不得气死，学生事太多了，大多数我们还是要保持积极的情绪。01F-1107

保持积极向上，高昂的情绪去上课，老师的激情决定老师上课的效果和学生吸收知识的效果。05F-1107

你要上课总摆一副臭脸，学生肯定不喜欢，想想我们自己也喜欢微笑的老师啊。14F-1108

在访谈过程中，教师也提到具体的情绪的调节方式及情绪工作策略，访谈结果如下：

（1）表层工作

在访谈过程中，提到教师是否在教学过程中采用一些假装或者压抑的调节方式来维持课堂进行，以及在什么情况下会发生这种情况时候，教师提到以下几种情况：

当你精心准备的课程，学生没有认真听讲，自己在那玩手机、走神之类的，觉得很担心，想是不是自己讲得不够精彩，或者学生不感兴趣……我会稍微调整一下自己，尽量保持较好的状态讲完。01F-1108

在上课的时候，学生不听讲，明显打瞌睡，偷偷做别课的作业，明显对自己学科的不重视，心里很不舒服。……上课收起这种情绪，下课继续处理，但肯定会影响自己的状态。03F-1107

最烦的就是讲话，你说，他也说，总在讲小话，你一停下来，他就马上停下来。影响了别人听讲，这时候会影响自己的心情，担心课程无法进行下去……压抑一下吧，采取措施，把这两个同学叫起来，把刚才说的再说一遍，这时候就会安静下来。10M-1108

从上面的情境可以看出，教师会采用表层工作的方式来调节情绪唤起，比如压抑自己的情绪表现，假装高兴继续上课等方式，这些问题行为的指向性不太明显。教师采用哪种情绪工作策略不仅与问题的性质有关（自己在那玩手机、走神，总在讲小话，你一停下来，他就马上停下来），并且与个体知觉到的情绪、情绪变化性有关系。

（2）深层工作

在访谈过程中，是否能从学生的认知角度调整自己的情绪时，教师提到了以下几类问题行为：

让写个化学方程式，学生10分钟都写不出来，本身觉得自己讲得很清楚，但学生没有落实，觉得特别着急担心，学生不能落实……我一般都不会表现反感,我在想学生可能不能理解,就在课上会多关注他。
03F-1107

有次,上课了,两个男生在互相押着胳膊不放,我让他们放下,他们不执行,还对我有顶撞,当然生气……学生之间不会无缘无故地这样,我需要听他们解释,小孩子遇事比较冲动,也是情有可原的。09F-1108

批评学生,学生激我火,我会换个角度去思考,他的行为是可以理解的,如果别人批评你,你会怎样,这样我就不会那么做了,再说,现在的小孩你用吼的方式根本解决不了问题,他需要你去哄和说教的方式。
05F-1107

教师会采用深层工作的方式来调节情绪唤起,比如努力站在学生的角度去想,能够从认知上去调整,能够转换自己的情绪状态。这些问题行为的指向性不太明显。有指向自己的问题行为,也有指向他人的问题行为。深层情绪工作的使用与知觉到的情绪有关,与问题情境持续的时间存在相关,与情绪变化性存在一定的相关。教师在教学的过程中,应该展现正向和中性情绪,包括表层正向情绪的展现和深层正向情绪的展现。

(3) 负性情绪展现

在访谈过程中,教师对情绪工作策略的使用,同样提到负性情绪工作策略的使用,他们认为,负性情绪展现也是情绪工作的一种有效策略,可以达到管理班级的目的。教师提到了以下几种情况:教师负性情绪的直接爆发、表层展现负性情绪。

负性情绪的爆发有时候是必要的,教师们将其作为一种管理的方式。教师会在某种情形下,直接表现出来。

会表现消极情绪,但频率不高。老师也是人,如果老师总是高兴,不可能。如果我觉得不高兴,我就直接表现出来,这时让学生知道,我生气了,学生是能感觉得到的,(混乱)马上就会停下来。01F-1107

我要是不高兴,就直接表现出来,我没有假装过任何情绪,如果发火,就会真的发火。但这种火气不会持续太长时间,大概 2 分钟吧。
02F-1107

有个同学,在我的课上不好好听,第一次讲新课的时候,他在做数学作业,第二次我讲新课,他在玩手机,第三次上课再这样,我就直接发火了。14F-1108

教师有时候会表层展现负向情绪，就是表演负性情绪，而实际上并没有真正生气的情况，是为了达到管理的目的。

> 学生随便说话，觉得自己精心准备的课不专心听讲，在那搞小动作什么的，我就会表现出不高兴的样子……这种情况也比较多，年轻的时候会直接表现出来，现在不会了，你要生气，每天还不得气死，我只是让学生感觉我不高兴了，实际我并不真的生气。19F-1108

教师对负向情绪的展现包括表层负向情绪展现，也包括真正的情绪爆发的情况。这都是教师表达情绪工作的一种方式。综上，我们可以总结，教师的情绪工作策略包括表层工作、深层工作和负性情绪展现三种方式。教师情绪工作中，负性情绪的展现策略是教师职业区别于其他服务性行业的重要特征。

五、教师的情绪工作具有情境性特征

课堂教学是教师最重要的活动场所，因而也是其情绪工作的主要领域。从情绪的功能角度来看，积极的情绪能帮助人们更好地适应社会环境的要求，有利于身心健康，而负性情绪往往会给人带来消极的心理体验，是影响身心健康的重要因素。从反应倾向或者反应状态出发，正性情绪是一种精力充沛、全神贯注、欣然投入的状态，而负性情绪是一种心情低落和陷于不愉快激活的境况，考虑到教师在表达积极的情绪时，不会对教师教学效果带来消极的影响，在此，我们只探讨负性的工作事件。

我们主要以课堂上的情境为调查主题，分析情绪工作的情境性特征。在教学过程中，将学生最常见的十种课堂问题行为，以十种问题情境的方式呈现，要求教师填写产生的情绪反应及强度，并对其进行访谈，分析问题情境、情绪变化强度及情绪工作的关系。

(一) 教师对学生课堂问题行为的情绪反应及强度

教师在面对课堂上的各种情境的时候，会产生不同的情境反应，并采用不同的调节策略来缓解情绪的蔓延。在访谈的过程中，结合课堂问题行为频率较高的十种问题行为，对其情境特征进行概括和总结。对 28 名中学教师的调查，分析问题情境的情绪体验类型、强度及情绪工作的关系。我们先来分析，在每一种情境下，分别写出教师情绪体验种类的频次、情绪体验强度，用五点量表来表示。

对于走神的行为，教师表现出焦虑、担心、生气、失望四种基本情绪类别，并且出现情绪类型的多重报告，累计频次和情绪反应强度结果如表4-3所示。教师对不同的课堂问题行为表现出不同的情绪反应，对指向他人的问题行为，如嘲笑他人、随便说话、妨碍他人、不服从、情绪失控，教师报告了更多的生气的情绪反应，而对指向学生自己的问题行为，如走神、不参与合作、不跟随任务、退缩报告了更多担忧的情绪反应，只有指向自身的"多动行为"报告了较高频次生气的情绪反应。

从情绪反应强度来看，指向他人的问题行为情绪反应强度高低性依次为情绪失控、不服从、妨碍他人、随便说话、嘲笑他人和多动。而指向学生自身的问题行为的情绪反应强度依次为走神、不参与合作、退缩、多动、不跟随任务。我们可以看出指向性与情绪反应种类没有直接的相关关系。

由表4-3可知，对于同一类型的问题行为，教师对退缩行为表现出较高的担心情绪，也有部分报告焦虑的情绪体验。对走神的问题行为，会引发教师担心、生气、焦虑、失望的情绪反应；而对于不参与合作的问题行为，教师会出现更高的担心的情绪反应，而指向自身多动的问题行为会引发教师生气的情绪反应。指向他人的问题行为，如妨碍他人会引发更高的生气的情绪反应。从问题类型来看，指向他人的问题行为对课堂干扰程度较大，对学生自己的学习状态和他人造成影响。

表4-3　教师对课堂问题行为的情绪反应类型频次及强度

问题行为	焦虑	担心	生气	失望	无	平均强度
走神	6	15	9	3	0	$M = 2.643$　$SD = 1.22$
嘲笑他人	1	3	14	7	4	$M = 2.464$　$SD = 1.34$
多动	1	2	12	1	5	$M = 2.357$　$SD = 1.46$
随便说话	3	3	13	6	2	$M = 2.821$　$SD = 1.056$
不参与合作	4	16	5	3	1	$M = 2.607$　$SD = 1.100$
不跟随任务	4	13	2	3	3	$M = 2.286$　$SD = 1.243$
妨碍他人	1	2	20	2	1	$M = 3.214$　$SD = 1.343$
不服从	1	2	14	9	0	$M = 3.500$　$SD = 0.962$
情绪失控	3	5	15	4	1	$M = 3.714$　$SD = 1.330$
退缩	2	19	0	0	5	$M = 2.428$　$SD = 1.168$

在访谈中，教师也提到了在这些问题情境下，如何调整自己的情绪，维持课堂的顺利进行。我们可以看出，前一种基本都属于指向他人的问题行为，而第二种类别基本属于指向自身的问题行为。

（二）教师对课堂问题行为的情绪工作策略

教师情绪工作的情境变量主要包括工作事件和交往过程。工作事件中常研究的是工作事件的正负性，交往过程包括交往频率和交往持续时间等。我们在此，只讨论负性情绪工作事件，教师在面对很多问题行为时，为了调节自己的情绪状态，保证课堂的正常进行，会采用一定的情绪工作策略，最常用的情绪工作策略有表层工作、深层工作。

（1）教师表层情绪工作的情境

在访谈中，我们发现，教师表层工作的表现一般是压抑负向情绪，在面对学生的问题或者负向人际事件时，心中感受到情绪，尽量不让互动对象看出来。

> 上课的时候，你发现有几个学生走神，根本不在听你讲课，处于游离状态，会感觉有些担心，会提醒他，但你又不能因此耽误上课进程，当然会影响自己上课的情绪，只是尽量控制，不表现出来。09F-1107

> 学生随便说话，心里挺难受的，自己精心准备的课学生不专心听讲，会影响自己的情绪，两个人小声嘀咕，不太严重，我都尽量不发火，只是提醒一下。02F-1107

> 上课了，打铃都打过两次了，应该是正式上课的时间，但学生根本不听，我挺生气的，但我会对自己不断地说"你别跟他们生气，他们并不会害怕"，后来我就尽量让自己控制一下，我对学生说，你们先继续交流，交流结束了，我们再继续上课。10F-1108

当问题行为不会严重影响他人时，教师一般都采取提醒策略，而对这种问题情境引发的情绪体验，都选择压抑或者控制的表层工作。

（2）教师深层情绪工作的情境

深层情绪工作是教师在与学生互动的过程中，为了避免自己发生情绪失控，而进行认知重评的一种方式，教师一般都会考虑到事后效果，而采用这种方式来进行情绪管理和控制。

　　　学生上课讲话，你讲课，他也讲话，有时候三两个，有时候会占到
　　五分之一，这实在太惹人恼火，感觉很生气……这时我一般会停下来，
　　等一会，想想，是否自己讲得不太好，或者学生接受不了，他们才不好
　　好听啊，稍微调整一下，重新开始……03F-1107

　　当问题行为干扰他人听讲时，会引发教师较大的情绪反应，此时，为了
避免情绪失控状态发生，教师一般都采取认知重评策略，即深层的情绪工作
策略，教师此时一般报告较低的情绪失调。

　　（3）教师负向情绪表现的情境

　　在教学工作中，大部分教师被期待与人互动时，应该克制住自己的怒气，
表层工作如抑制的另外一端是爆发，乃是直接宣泄出负性情绪，几乎不加以
掩饰，如超过忍耐限度，当时间冲击程度超过界限，教师的情绪反应就很容
易表现出来，特别是教师已经很严肃地告诫，仍然有学生不理睬。

　　　一个女同学，老师给她安排在第一排，我第一次提醒她在做数学作
　　业，第二次我讲新课，她还在玩手机，等到第三次的时候，我就火了。
　　14F-1112

　　教师在面对负性情绪事件时，并非每次都会压抑，也并非每次都会爆发，
许多情况下是在两边徘徊，这就涉及一个问题行为的严重度问题，当干扰大
多数同学，无法正常持续课堂教学时，就会表现出来。

　　当然，有些教师报告，采用负性情绪表演的方式来达到管理班级的目的，
其实教师并没有真正地生气，这种情况，一般是课堂频率比较高的事件，教
师采用的这种方式，并非在失控的状态下，而是有计划地通过负向情绪表达
达到特定的目的，使学生可以配合。

　　　上课学生讲小话很多，其实挺反感的，但你不能总生气啊，那自己
　　也受不了，所以偶尔我会停下来，不说话，假装非常生气，板着脸，让
　　他们知道我不高兴，教室就会顿时安静下来，这种方式不能常用，学生
　　会知道的。19F-1109

　　结果表明，与指向他人的问题行为相比，教师在解决指向自身的问题行
为时，更多地采用了提醒、改变教学方式、沟通了解的策略；而在解决指向
他人的问题行为时，更多地采用了说服教育、学生自我管理和惩罚的策略。

在访谈中，教师说到"情绪失控"和"嘲笑他人"，这两种问题行为时，情绪也常常失控，可以明显地感受到教师的生气和无奈。

课堂冲突是在课堂这一具体情境中，教师和学生以公开的方式采取行动，延误或干扰教或学的原有进程。由研究结果可知，教师情绪工作策略的选择不仅与问题行为的情境有关，而且与情绪变化强度相关，而这两个问题行为的特点构成情绪工作前因变量的冲突特性。指向性对应情绪工作的严重性，而情绪变化强度对应情绪表达强度高低的问题。冲突较高的问题情境，教师倾向于采用深层工作策略，而冲突较低的问题情境，教师倾向于采用表层工作策略。

研究结果表明，教师职业的情绪工作特征概括起来包括四个方面：一是教师情绪工作的客我不对等性；二是教师情绪工作的负担，情绪工作内容多样，持续时间长；三是教师的情绪工作策略有表层工作策略、深层工作策略、负性情绪展现；四是在高冲突的情境下，教师倾向于采用深层工作来调节情绪。

第二节　教师情绪工作的职业建议

情绪工作的概念是从组织行为学而来，先前一直局限在研究服务行业的一线员工对外部顾客的情绪工作，霍克希尔德针对不同职业的情绪工作类别进行了区分，根据情绪负担的程度，分为高情绪工作和低情绪工作，其中教师属于高情绪工作者，但究其高情绪工作的表现却没有继续说明。在本书中，我们通过访谈和质性分析，对教师领域的职业特征进行了概括和总结。教师情绪工作的特征表现在四个方面：教师情绪工作的互动对象固定、情绪工作具有多样性；持续时间长、表现正向和中性情绪；适当表达负性情绪、情绪工作具有问题情境性；问题情境、情绪反应强度和情绪工作策略存在一定的相关。陈秋萍（2007）对酒店业员工情绪工作进行了概括，他认为酒店业员工情绪工作的特点是：客我心理定位不对等性、适度为上的情绪表达原则、迁移性强、多元化和不可预测性。

一、教师情绪工作的特殊性

每种不同的职业，之所以成为一类职业，正是因为该职业所具有的特点与要求的特殊性，情绪工作研究对象的不断扩展，使情绪工作成为每个职业领域优秀员工必备的技能。教师情绪工作的职业特殊性表现在互动对象的不同。当前，教师行业越来越被认为是服务行业，教师同其他服务职业的不同在于，其服务的对象是学生，存在客我不对等性的特征。教师和学生在教龄、能力、阅历、学识、所处社会环境、地位以及思维方式、情感、个性等方面都有所不同，他们观察同一事物或问题的角度自然存在差异，他们解决问题所采取的行为方式就不可能一致。

教师职业在新的时代背景下发生了根本性的改变，教师职业活动产品不仅是学生身心发展水平，而且是自身所提供的教育服务。服务本身并不是对教师作用的贬低，而是人性化教育对教师作用的恰如其分的认识。其他职业如医生、护理人员、餐厅服务员等与教师不同，教师与学生之间存在认知的差异，这种情绪规则上的认知对于教师来说，也是一个较大的情绪负荷，这是教师职业区别于其他职业的第一个特征。

从教师的情绪工作的负担性来看，教师情绪工作频率高、时间连续。教师跟学生之间的互动是每天的，班主任可能跟学生接触得更多，因此与学生频繁接触的过程也是教师情绪规则表现的一个重要方面。有的老师可能持续很长时间，比如可能会直接带到学生毕业。教师在频繁、重复地与学生接触的过程中，没有课上、课下之分，教师情绪工作的重复性高、持续时间长、影响力大是区分于其他职业的第二个特征。陈秋萍（2007）对酒店业的情绪工作进行相应的总结，认为酒店业的员工与互动对象之间存在客我不对等性，"顾客就是上帝"加剧了客我在心理方面的不平等，与顾客之间的非重复性接触，表现出多元化和不可预测性的特征，在顾客享受服务的过程中，是两者交互的部分，交互时间结束，员工不会对顾客产生影响。这与教师的情绪工作存在职业差异。教师与学生的互动是持续性的，因其重复性的特点，对互动对象产生较大的影响。教师的职责是"教书育人"，其一言一行对学生产生影响，其情绪也具有传染性，教师的消极情绪展现直接传递给学生，造成课堂气氛紧张，不利于学生思维的参与，从而进一步影响学生的学业成绩。

二、表达学校需要的规则

表达正性情绪和压抑负性情绪是教师情绪工作应该遵守的规则，涉及教师的情绪工作的表达问题，情绪表达是外显的内容，这是组织最容易关注的内容。教师同其他服务行业的不同在于，教师推动着课堂教学的进程，教师的情绪工作包括表层表现正性情绪和深层表现正性情绪。江文慈（2007）的研究表明，教师在课堂外的不同场合突然转换需要调试时，为了给别人留下好印象都会采用表层情绪工作的策略，而由于教学的需要、对职业的认同感，教师会采用深层情绪工作策略。与本书研究中所概括的情境不同，但依然体现了教师这两种情绪工作的使用。在情绪工作的实施过程中，教师可以通过一定负性情绪的展现来进行班级管理，但负性情绪表达的恰当性则是我们特别关注的内容。

教师情绪工作的情境性特征是很少被研究提及的，这也是我们比较关注的问题之一，即情绪工作的情境性特征。迪芬多夫（2003）用实证的方法研究了情境变量对情绪工作执行方式的影响，托特德尔（Totterdell，2003）运用布拉泽里奇和利（1998）的情绪工作量表中的两个维度即深层工作和表层工作进行分析，结果表明消极情绪与表面行为相关，组织变量与情绪工作不相关。消极情绪与表层行为和深层行为存在什么样的关系，对情绪的报告与情绪工作并没有做进一步分析。从访谈中，我们可以得出情绪工作策略与问题情境的严重性、持续时间存在一定的相关，在高冲突的问题情境中，教师倾向于采用深层情绪工作策略，在低冲突的情境中倾向于采用表层情绪工作策略，而问题情境对情绪工作动力性的影响有待进一步研究。

三、教师的情绪工作具有情境性特征

在对问题情境的问卷调查中，教师对问题情境的情绪反应表现出一定的规律性，教师对指向自己的问题情境，主要报告担心的情绪反应，而对指向他人的问题情境，主要报告生气的情绪反应，但在之后的质性分析中，教师报告的情绪工作则没有表现出特定的情绪工作策略的差异，进一步的研究发现，当课堂情绪事件严重程度较高，持续性较长时，教师会采用深层情绪工作策略，这与高冲突情境引发较高的情绪唤起存在相关。

教师情绪工作中，教师要求能识别不同情境下，不同对象的情绪需求，并且准确判断其需要哪种互动方式，是职业化和技能化的需求。教师的情绪工作是具有情境特定性的。情绪工作策略与情绪变化之间存在一定的相关性。这与问题情境所展现的情绪工作特性有一定的关联，如影响程度、持续时间等。高冲突的情境下，教师倾向于采用深层情绪工作策略，低冲突的情境下，教师倾向于采用表层情绪工作策略。访谈时老师提到这两种情绪工作使用的情绪努力。学生课堂上的问题行为是教师情绪的主要来源，教师如何调整自己的情绪，完成学校的组织任务，是情绪工作的重要内容。

在访谈的过程中，教师谈到表层工作的情境性、指向性是教师情绪工作的一个反映内容，另外，这种指向性背后所隐藏的干扰和妨碍性是影响教师作出相应情绪反应的重要判断。对于教师而言，问题行为的严重性、互动持续性与教师情绪变化，与情绪工作直接存在一定的相关，高冲突情境下，教师倾向于采用深层情绪工作策略，期望用改变认知的方法来调节情绪失控的状态，而表层情绪工作则表现出较多的情绪失调，对教师的身心健康不益。教师情绪工作的策略与问题情境的指向性、情绪反应强度相关，情绪反应强度越大，越倾向于采用深层情绪工作。

可见，教师情绪工作互动对象间存在客我不对等性，教师与学生这两者互动对象之间存在认知水平、年龄、角色等身份的不对等性，对教师职业提出更高的期待和要求，对低认知水平的一方自然产生更多认知倾向性。教师的情绪工作负担表现在，教师情绪工作多样化、时间连续。教师工作不仅是上班期间的八小时，而且是扩充到下班后的时间，甚至假期，教师面临的对象也多样，包括家长、领导、同事、社会、上级机构等多种方面的沟通对象，这种频繁的互动决定了教师高情绪工作的必然性。教师的情绪表达规则包括：表达正向和中性的情绪，可以适当表现负向情绪。情绪工作包括正向表层情绪工作、正向深层情绪工作、负向表层情绪工作、情绪爆发四种方式。教师是有情绪工作表现的，会真实地表达，也会假装地压抑，将情绪作为一种策略来满足学校、班级管理的需要，这必然对教师情绪管理和调节提出了更高的要求。教师情绪工作的策略与问题情境的指向性、情绪反应强度相关，情绪反应强度越大，越倾向于采用深层情绪工作。

第五章

情境特征对教师情绪工作动力性的实验研究

第一节 情境特征对教师情绪工作动力性的影响

教师情绪工作与问题情境间存在相关性，并且与问题情境指向性与情绪强度有关。冲突高低特性是组织情绪工作中的重要变量，其引发情绪变化性的特点是情绪工作状态的重要表现。我们根据课堂问题行为的指向性、情绪表现强度、正负性情绪事件将问题情境分为高冲突事件情境与低冲突事件情境。探讨不同经验教师在典型问题情境中情绪工作的过程。问题情境对情绪工作的动力性的影响，主要体现在不同问题情境下，教师情绪反应动力性变化的特征。教师与学生表现出了具体的对抗行为，表现为公开、直接、可观察的语言或动作。从情绪工作的作用模型中我们可以看出，情绪反应变化性可以解释其动力性特征的本质特点。格罗斯、萨顿和柯特勒尔（1998）在情绪反应模型中主张，根据情感水平模型，不管在什么情境下，外倾者比内倾者都应该报告更高水平的积极情感。外倾者具有更强的行为激活系统，而神经质具有更强的行为抑制系统。本书拟从情绪工作动态性变化的角度，分析不同情境下教师情绪过程中的情绪变化特点。

一、实证研究假设

研究采用16通道多导生理记录仪来收集教师情绪工作过程中情绪变化性的特点，通过问卷来收集教师情绪工作过程中的情绪体验。研究分析在情绪工作的过程中，个体的情绪体验与情绪工作之间的相互作用，通过情绪唤起的强度来分析情绪工作的情境特征对情绪变化性的影响。

（1）高低冲突的问题情境下，情绪唤起的基线水平不存在差异，唤起的各项生理指标存在差异，情绪恢复存在情境差异；高冲突的问题情境引发被试生气的情绪反应，引发更大的生理唤起，唤起较快，持续时间短，恢复较慢。

［卡姆拉斯（Camras），1992］认为生气、伤心、焦虑等情绪是从消极情绪状态中逐渐分化出来的。对教师而言，课堂问题行为都是消极情绪事件，高冲突的情绪事件，因其影响力、持续时间的互动，引发较高的个体抗争，个体为了保护自己免受伤害，会体现出一种趋近倾向的情绪［福克斯（Fox），1991］，这种趋近倾向反映在行为上，可能与趋近行为相联系（刘易斯和拉姆齐，2005），产生生气的情绪反应。同时，反映趋近倾向的生气过多，也不利于努力控制的发展，导致更大的情绪唤起，而这种情绪唤醒的持续时间与个体的调节存在相关。

（2）低冲突的问题情境下，引发被试担忧、焦虑的情绪体验，产生较低的情绪唤起慢，情绪唤醒较慢，持续时间长，恢复较慢。

低冲突的互动情境下，个体察觉到引起关联性情景的趋向或趋势，通过转入焦虑的状态应对情境，引起紧张、不安、担心和精神不振等情绪主观体验，通过神经系统持续有力的强化作用，心率加快和持续出汗等症状表现出来。［阿拉舍耶夫（Alasheev）和贝科夫（Bykov），2007］这是一种弥散性的情绪状态，对个体影响大。教师在从事课堂教学的过程中，由于对未来或出现教学对象、目标达成和情境的不确定性而表现出不安、紧张、呆板主观情绪体验，这种情绪唤起较慢，持续时间较长，与情绪工作选择存在一定的相关。

（3）高冲突的问题情境下，外倾性人格有较大的情绪唤起，持续时间短，恢复快；低冲突问题情境下，神经质人格有较大的情绪唤起，持续时间长，恢复慢。

人格特质与情绪变化之间存在相关。舒尔曼（2006）考察情绪变化速度的差异，发现外倾者和情绪稳定者表现出积极情绪慢速消退，消极情绪快速消退。神经质对消极情绪存在惯性，外倾性者则表现出变化快的特点。冲突高低的问题情境与人格的交互体现情绪工作的情境特征。

（4）在不同的问题情境下，根据社会情绪理论解释，10年以上教龄的教师，情绪的各项生理指标唤起较低，恢复较慢；10年以下教龄的教师各项生理指标唤起较高，恢复较快。经验教师倾向于更多的深层情绪工作。

年龄是情绪工作的一个重要变量，卡斯坦森（2006）在社会情绪理论中解释了年龄背后的经验在情绪工作与情绪变化背后的重要作用，经验丰富的员工则表现出更多的情绪控制和低的情绪唤起。

二、研究方法

（一）研究被试

被试选择北京市某中学教师共 45 名。

表 5-1　被试的基本信息表

性别		年龄		教龄		学科		学历		班级数		班主任		课时量	
男	5	20~30	17	1~10	20	文科	24	本科	40	1个	3	是	18	1~3	37
女	40	30~40	28	>10	25	理科	21	硕士	5	2个	42	否	27	>3	8
合	45				45		45		45		45		45		45

外倾性的被试选取依据是外倾维度得分大于平均分一个标准差，神经质维度得分在其平均分上下一个标准差内。目的是使这些被试的神经质水平处于中等水平，去除神经质得分对情绪反应的影响。神经质的被试，选取依据是神经质维度得分大于平均分一个标准差，外倾维度得分在其平均分上下一个标准差内。目的是被试的外倾性水平处于中等水平，去除外倾成分对情绪反应的影响。外倾被试有 29 人，外倾平均分为 14.72，标准差为 3.10，神经质平均分为 7.47，标准差为 3.32；神经质被试有 16 人，外倾平均分是 8.17，标准差为 3.07，神经质平均分是 14.76，标准差是 3.25。

（二）实验仪器与设备

采用美国 BIOPAC 公司生产的 MP150 型多导生理记录仪，该仪器包括三个部分：

（1）DELL 台式电脑一台，采用 Suplab2.0 软件编程，通过电脑屏幕呈现文字，呈现刺激。被试实验室测试状态如图 5-1 所示。

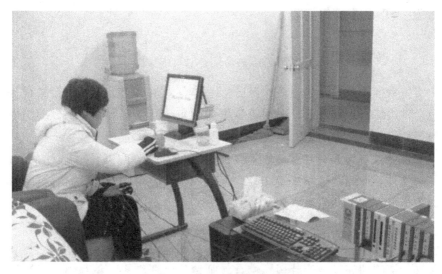

图 5-1　被试实验室测试状态

（2）BIOPAC 数据采集系统。

（3）联想笔记本电脑一台，内装 AcqKnowledge3.9 软件，用于记录不同通道的波形，采样频率为 1000Hz。被试生理数据的采集状况如图 5-2 所示。

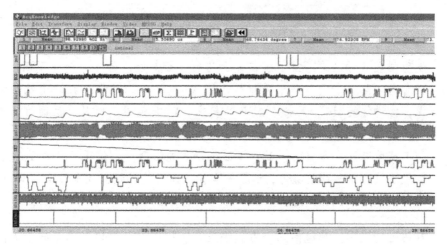

图 5-2　被试生理数据的采集状况

三、实验材料与问卷

(一) 教师基本状况测查

实验数据收集主要包括两个部分：一部分为量表类数据，主要测查基本信息、人格特征；另一部分是生理数据的收集，即在实验情境下，不同冲突情境下教师情绪反应的动力性数据。

艾森克人格量表（中国简式版）是龚耀先等人（1983）修订的成人问卷，选择外倾性和神经质维度45题目组成新问卷，具有较高的信效度指标，可以作为成人被试的测量工具。

(二) 问题情境的材料

诱发情绪的问题行为片段，结合教师情绪访谈结果，编写学生问题行为的情境描述，分为两种不同的问题情境，分别代表不同的情绪工作特性。

在编制问题情境材料时，要考虑情绪工作特性、问题行为的指向性等因素，我们按照情绪工作特性的情境，将下列情境定义为：高冲突的情境特征、低冲突的情境特征。

情境一：在某次课上，王老师精心准备的新课，期望学生能认真听讲。但转过身去总能听到有讲话的声音，提醒了几次，再次转过来时，发现同桌W和Y在玩牌，于是老师进行当场制止，这时W停了下来，而Y则完全无视老师，并用手指戳了戳W继续，并辩称"我没干扰你讲课，你讲你的呗！"王老师要W站起来，W非但没有听从，反而推了老师一把。

情境二：在课堂上，王老师正在认真地讲新课，发现D一个人一直在玩手机，王老师提醒他，过了一会儿，D又接着玩，还是没有认真听，老师叫他起来回答问题，他根本不知道老师在讲什么。

在每种情境中，都包括两个方面因素：①指向性。情境一为指向他人的问题情境，情境二为指向自身的问题情境。指向性反映问题情境的严重程度，会影响到他人的学习听讲，对课堂危害性更大张彩云（2007）。②情绪负担。教师与学生表现出了具体的对抗行为，表现为公开、直接、可观察的语言或动作，表现为较强的情绪反应强度霍克希尔德（1983）。结合访谈结果，将情绪反应强度的问题行为与指向性问题行为相结合，区分高低冲突情境特征。

由上面的模拟情境可知，情境一界定为高冲突的问题情境，情境二界定为低冲突的问题情境。

(三) 实验设计

研究采用单因素的实验设计，设计不同情境下的教师情绪反应动力性的特点和模式，我们采用 Suplab2.0 软件编程，编制两个不同 Block 的程序，每组被试选取 23 人参与测试。

(四) 研究程序

(1) 实验被试进入实验室后，阅读实验知情同意书，并在上面签字。

(2) 向被试介绍实验经过，让被试了解基本的实验程序。被试在实验室可以坐在一张舒适的沙发椅上，放松、休息 5 分钟左右。填写表 1，即教师基本状况、教师工作策略问卷。

(3) 主试用酒精棉签对被试左手拇指、食指、中指、无名指进行消毒。之后，在被试的右脚脚踝内侧、胸前左右侧各贴一枚一次性心电监护电极片，并连接好三个心电导联，测量心率；在被试左手中指和无名指上戴上皮电活动反应传感器，测量皮肤电反应；在被试左手食指上戴上皮肤温度描记放大器，测量皮肤温度；在被试左手大拇指夹上血氧饱和度指端传感器，测量血氧饱和度和指脉率。

(4) 主试向被试说明基本情况后，并告知被试实验过程中左手尽量保持不动，右手可以在电脑屏幕上呈现填表字样时，用右手填写。待被试调整选取最舒适的坐姿后，开始运行 Superlab 软件进行刺激呈现，并用 AcqKnowledge3.90 系统实时记录生理指标。

(5) 每次一名被试参加实验，实验流程如图 5-3 所示，实验分为两个阶段。表 1 填写被试基本状况及情绪工作状态量表，之后进入正式实验。阶段一，实验开始有白场阶段，测查被试的生理基线水平，被试可以利用这个时间让自己平静和放松下来 (2 分钟)，表 2 填写初始的情绪量表。阶段二，情境一的指导语之后，阅读材料呈现 3 分钟，之后在表 3 填写唤起后的情绪报告及指导语执行状况及自我真实感等，并有 1 分钟的恢复时间。在此期间，记录被试每个阶段任务执行过程中的情绪生理各项指标。每个被试时间平均持续 15 分钟。

（6）实验结束后，给每个被试发放纪念品。

指导语：接下来会呈现一个发生在课堂上的情境，请仔细阅读，想象这种事情发生在自己的课堂上，体会其中的感受，将真实情绪表现出来。实验程序如图5-3所示。

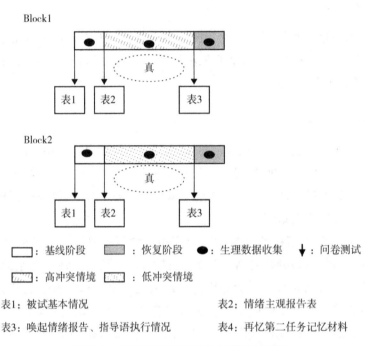

：基线阶段　　　：恢复阶段　　●：生理数据收集　　↓：问卷测试

：高冲突情境　　：低冲突情境

表1：被试基本情况　　　　　　　　　　　表2：情绪主观报告表

表3：唤起情绪报告、指导语执行情况　　　表4：再忆第二任务记忆材料

图5-3　实验研究设计及数据收集流程图

（五）数据分析

（1）自我报告收集。研究数据来源于主观感受报告、生理水平、指导语执行程度检验、执行难度及生理反应指标记录。

生理反应数据分三个阶段：基线—指导语—故事片段，后面阶段的数据减去基线数据为阶段数据变化值。情绪主观感受数据包含前测、后测量两部分，后测减去基线阶段作为阅读故事期间主观体验变化值。

指导语难度测量被试在完成任务中的困难程度，5点Likert量表，从1（没有）到5（非常）。

指导语执行程度检验被试在完成任务过程中的执行情况评定，5点Likert量表，从1（完全没有执行）到5（完全执行）。

（2）生理反应数据。BIOPAC Systems MP150 型多导生理记录仪（16导）测量并记录心率、皮肤电、血氧饱和度、指脉率四项生理指标。各项生理指标的含义：

心率（heart rate）：任意单位时间内心脏搏动的次数。通过心率的变化可以反映情绪的效价。心率单位为（次/分）。实验中使用心电描记放大器（ECG100），用 EL501 可粘贴的一次性使用的扣式电极以 I 导连的方式与被试连接，记录被试实验过程中心率的变化。

皮肤电反应（galvanic skin response）：一种反映交感神经节后纤维功能状态的表皮电位，可由内源性或外源性刺激所诱发。本实验中记录被试左手中指和无名指指端的皮电活动。皮肤电反应单位为微西（μS）。实验中使用皮肤电反应放大器（SKT100C），通过 TSD203 皮肤电阻传感器连接被试左手中指和无名指指腹。

血氧饱和度（SpO$_2$）：指血红蛋白（Hb）的氧合程度的百分比，即血液中血氧的浓度，正常值大于 95%，是呼吸循环的重要生理参数。个体处于紧张、焦虑等情绪状态时，血氧饱和度会降低。实验中，血氧饱和度的单位为百分比（%）。实验中使用光电容描记放大器（PPG），用 TSD203 光敏传感器连接被试左手拇指，记录血氧饱和度的变化情况，同时可得到指脉率的变化情况。

指脉率（finger pulse rate）：每分钟指端脉搏的次数。体温升高时，指脉率会加快。人体在受到外界刺激或应激状态下，以及处于紧张、恐怖、喜悦、激动等情绪状态下时，脉率均会有所加快。指脉率单位为（次/分）。

r–r 间期（r–r interval）：反映心跳和心跳之间的时间间隔，单位为秒。这个指标是通过心电记录波计算得来的。间期值越大，则说明生理唤起越大。

四、教师情绪工作的唤起检验

（一）教师情绪唤起的检验

1. 教师情绪反应的主观报告

情绪唤起通过两个部分来进行检验，教师指导语的执行情况是进一步分析的前提条件。不同情况下教师指导语的执行难度和执行程度报告见表 5-2。

表 5-2 不同情境下教师指导语的执行难度和执行程度报告

问题情境	执行难度		执行程度	
	M	SD	M	SD
高冲突	1.78	0.95	3.48	0.89
低冲突	1.18	0.73	3.86	1.39

由表 5-2 所示的不同情境下教师指导语的执行难度和执行程度检验结果可知，教师在两种情境下均执行了指导语操作，我们认为这两种情境下均直接唤起了教师的负性情绪，没有采取任何情绪工作策略。

分析不同情境下，教师情绪反应的主观报告，分析负性情绪直接唤起下，教师自我报告的情绪体验类型及结果见表 5-3。

表 5-3　两种情境下，情绪反应的主观报告结果

情绪	基线期 0		情境一		0-1		情境二		0-2		1-2	
	M	SD	M	SD	M	SD	M	SD	M	SD	M	SD
愉快	3.30	1.84	1.78	1.08	1.52*	1.68	1.86	1.13	1.44*	1.36	0.08	1.56
平静	3.65	1.27	2.43	1.34	1.22	1.67	2.36	1.05	1.29	1.37	-0.07	1.70
兴趣	3.17	1.27	3.08	2.21	0.09	1.83	2.63	0.95	0.54	1.38	-0.45	2.41
焦虑	1.65	0.71	2.30	1.14	0.65	0.89	2.40	1.14	0.75	1.52	0.1	1.61
担心	1.47	0.59	2.04	1.02	0.57	1.24	3.54	1.26	2.07**	0.89	1.5	1.62
生气	1.21	0.67	3.69	1.42	2.48**	1.65	2.78	1.82	1.57	1.84	-0.91	2.31
失望	1.17	0.49	2.43	1.82	1.26	1.79	2.54	1.18	1.37	1.69	0.11	2.17

注：*　$p<0.05$，**　$p<0.01$。

由表 5-3 所示的两种不同情境被试情绪唤起的主观报告结果可知，高冲突情境下，被试主观报告的愉快、平静和兴趣三种情绪强度比基线水平时降低，高冲突情境下被试的积极愉快情绪显著消失（$M_{SD}=1.52$，$p<0.05$），焦虑、担心、生气、失望等负面情绪增加，主要引发的是生气的情绪反应，并呈现显著效果（$M_{SD}=2.48$，$p<0.01$）；同理，低冲突情境下，被试主观报告的愉快、平静和兴趣情绪强度比基线水平时下降，被试的愉快情绪显著消失（$M_{SD}=1.44$，$p<0.05$），焦虑、担心、生气、失望等负面情绪增加，主要引发的是担心的情绪反应，并呈现显著效果（$M_{SD}=2.07$，$p<0.01$）。

两种情境下的主观报告差异，说明高冲突主要引发的是生气的情绪反应，

而低冲突主要引发的是担心的情绪反应。比较两者可以发现，情境一唤起的愉快、平静、兴趣的情绪强度比情境二要低，唤起的负面情绪强度比情境二要高，而担心和生气出现显著差异。情境二比情境一报告更高的负面情绪的唤起，但自我报告数据显示差异不显著。

2. 两种情境下，真实反应的自主生理反应测量结果

高低冲突下，真实自主生理反应唤起的动力性及实验结果。两种条件下被试的自主生理指标的均值及其变化均值。所有被试情绪唤起动力性差异：

表 5-4　不同情境下，教师情绪生理唤起的基本情况

情境		心率（次/分）		皮肤电（μS）		血氧（%）		指脉率（次/分）		r-r 间期（s）	
		M	SD	M	SD	M	SD	M	SD	M	SD
高冲突	基线	79.07	9.14	5.29	2.14	97.84	0.64	77.04	9.74	0.81	0.16
	诱发期	86.34	8.71	5.16	2.49	97.77	0.63	79.23	10.74	0.91	0.21
	诱发—基线	5.52	5.04	-0.12	1.22	-0.07	0.22	2.18	3.53	0.10	0.23
	t	5.61**		0.39		0.49		3.28**		1.70	
低冲突	基线	79.36	8.69	4.99	1.84	97.36	9.55	74.27	10.24	0.88	0.33
	诱发期	84.91	9.06	5.70	2.37	95.36	1.81	76.12	9.08	0.80	0.15
	诱发—基线	4.82	2.73	0.70	1.17	0.18	0.90	2.90	3.74	-0.07	0.25
	t	6.20**		2.81*		0.99		0.43		1.38	

注：* $p<0.05$，** $p<0.01$。

两种不同情境下被试情绪唤起的生理数据报告结果显示，两种情境都引发了教师的生理唤起。高冲突情境下，被试的各项生理指标出现了变化，诱发期的心率显著高于基线期（唤起 5.61，$p<0.01$），诱发期的指脉率显著高于基线期（$t=3.28$，$p<0.01$），r-r 间期高于基线期，但没有出现显著差异。皮肤电、血氧的指标比基线期有所下降，但没有出现显著差异（$t=0.39$，$p>0.05$；$t=0.49$，$p>0.05$）。

低冲突情境下，被试的各项生理指标也出现了变化，诱发期的心率显著高于基线期（$t=4.82$，$p<0.01$），诱发期的皮肤电指标显著高于基线期（$t=2.81$，$p<0.01$），诱发期的指脉率、血氧和 r-r 间期都高于基线期，但没有出现显著差异（$t=0.43$，$p>0.05$；$t=0.99$，$p>0.05$；$t=1.38$，$p>0.05$）。心率和皮肤电指标与基线期的显著变化，说明低冲突情境下阅读材料引发了情绪唤起。

（二）两种不同情境的基线阶段的差异

1. 不同情境下，教师基线水平的差异值

由情绪唤起的自我报告和生理报告结果显示，两种情境下均有教师情绪唤起，在情境呈现阶段，教师的各项生理指标与基线阶段相比出现了显著变化，高低冲突情境下，教师基线及唤起的差异性如表5-5所示。

表5-5　不同情境下教师基线及唤起的差异性

生理指标		基线期				诱发期			
		高冲突		低冲突		高冲突		低冲突	
		M	SD	M	SD	M	SD	M	SD
心率（次/分）	t	79.07 0.29	9.14	79.36	8.69	86.34 0.74	8.71	84.91	9.06
皮肤电（μS）	t	5.29 0.28	2.14	4.99	1.84	5.16 0.98	2.49	5.70	2.37
血氧（%）	t	97.84 1.05	0.64	97.36	9.55	97.77 0.88	0.63	95.36	1.81
指脉率（次/分）	t	77.04 0.59	9.74	74.27	10.24	79.23 0.63	10.74	76.12	9.08
r-r间期（s）	t	0.81 1.06	0.16	0.88	0.33	0.91 1.08	0.21	0.80	0.15

高冲突比低冲突情境下，被试出现更高的情绪生理唤起，但不存在显著性差异。高冲突的情境下，收集的被试的各项生理指标均高于低冲突情境下的生理指标，但不存在显著性差异。我们进一步考察生气和焦虑引发的被试生理唤起。

两种情境下的主观报告差异，说明高冲突主要引发的是生气的情绪反应，而低冲突下，主要引发的是担心的情绪反应。两者比较可以发现，情境二唤起的愉快、平静、兴趣的情绪强度比情境一要低，唤起的负面情绪反应比情境二要高，而担心和生气的情绪强度出现显著差异。情境二比情境一报告更高的负面情绪的唤起，但自我报告数据显示差异不显著。

2. 情绪唤起前的人格、教龄与情绪主观报告的关系

被试在情绪唤起前，不同教龄教师的情绪的自我报告如表 5-6 所示，不同教龄的教师基线期的情绪体验报告类型不存在显著性差异，除平静外，这正是我们所期望的状态。我们从表 5-6 可以看出，教龄在 10 年以上的教师正性和中性情绪均高于教龄在 10 年以下的教师，而负性情绪的报告，教龄在 10 年以下的教师自我报告值要稍高，也就是说，教龄越长的教师更多体验到正性和中性的情绪。

表 5-6　教师情绪唤起前，情绪类型报告值

情绪	基线期		教龄（1~10）		教龄（>10）	
	M	SD	M	SD	M	SD
愉快	3.30	1.84	2.56	1.81	2.76	1.20
平静	3.65	1.27	3.09	1.14	3.76	0.85**
兴趣	3.17	1.27	2.90	1.59	3.23	1.23
焦虑	1.65	0.71	1.75	1.56	1.41	0.61
担心	1.47	0.59	1.81	1.95	1.26	0.66
生气	1.21	0.67	1.68	2.02	1.14	0.55
失望	1.17	0.49	1.75	1.00	1.17	0.62

我们知道，教龄不存在情绪基线期的情绪体验报告差异，那么，在情绪诱发前，教师教龄、人格与情绪主观报告值呈现怎样的相关关系呢？结果如表 5-7 所示。

表 5-7　情绪诱发前的人格、教龄与情绪主观报告值的相关系数

情绪	教龄	愉快	平静	兴趣	焦虑	担心	生气
E	0.01	0.23*	0.10	0.06	-0.16	-0.17	-0.25*
N	-0.29**	-0.04	-0.12	0.06	0.08	0.01	0.01
教龄	1.00	0.07	0.32**	0.12	-0.15	-0.19	-0.20

注：* $p<0.05$，** $p<0.01$。

从诱发前的人格、教龄与情绪主观报告值的相关系数可以看出，教龄与神经质呈显著负相关（$r=-0.29$，$p<0.01$），与诱发前的平静呈现显著正相关（$r=0.32$，$p<0.01$）；外倾性与愉快呈显著正相关（$r=0.23$，$p<0.01$），与生

气呈现显著负相关（$r=-0.25$，$p<0.01$），教龄长的被试倾向于神经质得分较高的人，外向型得分高的被试，越不容易报告生气的情绪反应。

3. 不同人格、教龄的教师情绪体验基线期差异性检验

为了考察不同人格、教龄的教师的情绪特点，以生气和担心为因变量，多元检验结果显示，以担心的情绪反应为因变量，教龄与人格不存在交互作用（$F=0.034$，$p>0.05$），人格主效应不显著，教龄主效应不存在显著性差异。以生气为情绪反应因变量，教龄与人格同样不存在交互作用（$F=0.01$，$p>0.05$）。因冲突引发的不同情绪体验，我们分析情绪唤起前的自我报告差异，结果如表5-8所示。

表5-8　不同人格、教龄的教师情绪体验基线期差异性检验

情绪	教龄1~10		教龄>10		外倾		神经质	
	M	SD	M	SD	M	SD	M	SD
生气	1.50	1.73	1.17	0.63	1.10	0.41	1.71	2.02
担心	1.68	1.72	1.25	0.73	1.31	0.60	1.70	1.02

由表5-8所示的生气、担心的情绪报告可知，教龄在1~10年的教师，诱发前自我报告均高于教龄在10年以上的教师，但不存在显著差异，外倾的教师比神经质的教师报告较低的情绪强度，但不存在显著差异。从方差的结果来看，教龄在10年以下的教师的变异性较大，生气和担心的标准差分别为$SD=1.73$，$SD=1.72$，高于情绪自我报告均值。教龄在10年以上的教师的方差变异较小，说明这些经验丰富的教师的自我报告比较集中。神经质被试在生气的自我报告上变异比较大，$SD=2.02$，高于生气自我报告均值，但两者不存在显著差异。

4. 不同情境下的生理指标基线报告

为了考察两种实验条件下的被试基线阶段的生理反应特点，以各个生理指标为基线阶段的均值因变量，以高低冲突为自变量，实验结果表明，实验条件主效应不显著。被试间效应检验显示，基线期的各个生理指标在两种不同实验条件下，基线期心率（$t=0.29$，$p>0.05$）、皮肤电（$t=0.28$，$p>0.05$）、指脉率（$t=0.59$，$p>0.05$）、血氧（$t=1.05$，$p>0.05$）和r-r间期（$t=1.06$，$p>0.05$）都不存在显著差异性，证实了两组被试在生理基础上的等组性。

为了考察不同教龄、人格特质的教师基线阶段的生理反应特点，以各个生理

指标基线阶段的均值为因变量，进行方差分析，多元检验结果显示，教龄与人格不存在交互作用，人格主效应不显著，教龄主效应也不显著，如表5-9所示。

表5-9　不同教龄、人格特质的生理指标的基线特点

生理指标	教龄 1~10		教龄>10		外倾		神经质	
	M	SD	M	SD	M	SD	M	SD
心率（次/分）	85.20	23.24	78.83	9.71	81.01	21.72	84.37	6.51
皮肤电 μS	5.10	2.09	5.47	1.69	4.94	2.03	5.83	1.50
血氧（%）	96.78	2.84	97.80	0.81	97.83	0.64	96.66	2.97
指脉率（次/分）	78.33	8.57	77.92	9.04	77.69	9.75	78.69	7.27
r-r 间期（s）	0.83	0.23	0.82	0.23	0.79	0.15	0.89	0.29

从表5-9可知，教龄与人格特质对心率的主效应不显著，并且交互作用不显著（$F=1.27$，$p>0.05$），教龄与人格对皮肤电的主效应不显著，并且交互作用不显著（$F=0.51$，$p>0.05$），用相同的数据处理方式可知，教龄与人格对血氧饱和度、指脉率和r-r间期的主效应和交互作用都不显著（$F=0.20$，$p>0.05$；$F=1.59$，$p>0.05$；$F=0.05$，$p>0.05$），说明教龄与人格因素对这些生理指标的基线水平影响不大。总体来看，教龄在10年以下的教师的生理唤起比教龄在10年以上的教师要强（除血氧饱和度外），而标准差均比教龄在10年以上的教师要大，说明存在的个体变异比较大。神经质的被试比外倾性的被试的生理唤起要高（除血氧外）。

对心率、皮电、血氧、指脉率及r-r间期进行多元方差分析结果表明，教龄与人格因素对这些生理指标的基础值影响不大，各个生理指标的相关如表5-10所示。

表5-10　教师人格特征、教龄与生理唤起的相关

生理指标	教龄	外倾性	神经质
心率（次/分）	-0.03	-0.20	-0.06
皮肤电（μS）	0.03	-0.16	0.06
血氧（%）	-0.07	-0.03	-0.07
指脉率（次/分）	0.06	-0.04	-0.10
r-r 间期（s）	-0.10	-0.14	0.15

由表 5-10 可知，教龄与基线水平的生理指标相关呈现低负相关，随着教龄的增加，教师的生理唤起越低，在一定程度上符合社会情境情绪理论的推论，随着教龄的增加，教师更倾向于冷静地处理问题；人格特质、教龄的教师背景变量与基线水平的生理数据指标不存在显著相关水平。总体来看，外倾性与生理指标呈现低的负相关，但均未达到显著水平，而神经质与皮肤电、r-r 间期呈现正相关，但没有达到显著水平。

(三) 情绪诱发过程中的情绪变化

1. 高低冲突情境下，情绪诱发阶段生理变化的差异分析

高低冲突情境下的基线情绪不存在显著差异，如表 5-11 所示，高冲突情境会比低冲突情境引发较大的生理唤起，但不存在显著性差异。高冲突下的心率、血氧、指脉率、r-r 间期的唤起比低冲突生理唤起要高，皮肤电小于低冲突生理唤起。那么，其情绪生理变化是否存在显著性差异呢？

表 5-11　高低冲突情境下，情绪诱发变化的生理指标的变异值

生理指标	诱发期—基线期			
	高冲突（23）		低冲突（22）	
	M	SD	M	SD
心率（次/分）	5.52 1.00	5.04	4.82	2.73
皮肤电（μS）	-0.12 2.55*	1.22	0.70	1.17
血氧（%）	-0.07 1.39	0.22	0.18	0.90
指脉率（次/分）	2.18 0.22	3.53	2.90	3.74
r-r 间期（s）	0.10 2.35*	0.23	-0.07	0.25

注：* $p<0.05$，** $p<0.01$。

由表 5-11 所示的研究结果表明，高低冲突情境下，教师情绪生理变化值存在皮肤电、r-r 间期的显著性差异（$t=2.55$，$p<0.05$；$t=2.35$；$p<0.05$），

其余生理指标不存在显著性差异。高冲突情境下，教师皮肤电呈现下降，而低冲突情境下，被试的皮肤电有所上升，两者存在显著差异，这与被试所报告的情绪体验存在相关。在高冲突下，教师的 r-r 间期增大，低冲突下，r-r 间期减小。

2. 情绪唤起时，人格与情绪变化关系

通过情绪诱发过程中人格与情绪变化之间的关系，计算两种不同情境下的情绪诱发变化分数，用情绪诱发后的情绪分数减去基线情绪分数自我报告，将被试分为情绪强度报告增加者（>0）和情绪自我报告减少者（<0）。以基线测得的情绪分数为协变量，分别计算情绪增加和减少者情绪变化分数与人格之间的偏相关，在相同的时间间隔测量所有被试时，人格特质与情绪变化分数显著相关则说明人格预测了每个单位情绪的不同变化速率，偏相关系数及显著性检验结果如表 5-12 所示。

表 5-12　人格与情绪诱发变量的偏相关

情境	情绪变化	外倾性（E）	神经质（N）	教龄
高冲突	生气（△>0）	-0.37*	0.03	0.26
	担心（△>0）	-0.32	0.20	0.05
低冲突	生气（△>0）	-0.20	0.09	0.56**
	担心（△>0）	-0.17	0.15	0.36

注：* p<0.05，** p<0.01。

由表 5-12 中的数据可知，高冲突条件下，生气和担心情绪增加者的变化分数与神经质呈现正相关，但相关不显著（r=0.02，p>0.05；r=0.20，p>0.05），生气的情绪反应与外倾性呈现负相关，并且达到边缘显著水平（r=-0.37，p=0.08）。这说明在高冲突情境下，情绪诱发过程中，越是外倾的人（相对于内倾者）其消极情绪的增加量越少，在相同的时间间隔内其消极情绪增加得越慢，在不同情境下教师的人格特质与情绪变化量之间存在一定的关系。

在低冲突情境下，情绪诱发过程中，人格特质与情绪变化存在相关，外倾性与情绪的变化量之间存在负相关，但不显著（r=-0.20，p>0.05；r=-0.17，p>0.05），神经质与情绪变化量之间存在正相关，也没有达到显著水平（r=0.09，p>0.05；r=0.15，p>0.05）。教龄在高冲突情境下没有呈现与情绪变化量的显著相关，在低冲突情境下，教龄与生气的变化量之间存在显著正相关，且相关系数较高（$r=0.56$，$p<0.05$）。这说明在相同的时间间隔内其生气情绪增加得越快，教龄越长的人（相对于教龄较低）其消极情绪的增加量越少，在相同的时间间隔内其消极情绪增加得越慢，间接证明教师的情绪变化随着教龄的增长而逐渐减小的变化过程。

3. 诱发过程中情绪变化量的教龄差异检验

为了考察教龄与情绪变化量之间的关系，以教龄为自变量，以基线获得的情绪分数为协变量，以情境一和情境二的情绪变化量为因变量，对不同实验条件下的情绪变化量进行协方差分析，检验结果如表5-13所示。

表5-13　诱发过程中情绪变化量的教龄差异检验

情境	情绪变化	教龄1~10		教龄>10	
		M	SD	M	SD
高冲突	生气（△>0）	1.79	1.62	0.56	1.59
	T	3.19（$p=0.08$）			
	担心（△>0）	1.00	1.30	0.56	1.01
	T	0.75			
低冲突	生气（△>0）	1.64	2.42	0.09	3.23
	T	1.61			
	担心（△>0）	1.55	1.50	0.36	1.44
	T	2.84*			

注：* $p<0.05$，** $p<0.01$。

如表5-13所示，在高冲突的实验条件下，教龄在10年以下与教龄在10年以上的教师生气的情绪变化量接近显著性差异（$t=3.19$，$p=0.08$），担心的情绪变化量没有出现显著性差异（$t=0.75$，$p>0.05$），不存在教龄上的显著性差异。

低冲突的实验条件下，教龄在10年以下和教龄在10年以上教师生气的情绪变化量不存在显著性差异（$t=1.61$，$p>0.05$），担心的情绪变化量存在显著性差异（$t=2.84$，$p<0.05$）。

综上所述，教龄在10年以下的教师在高冲突实验条件下对生气的情绪变化量显著高于教龄在10年以上的教师（$p<0.05$）。也就是说，在相同时间间

隔内教龄在 10 年以下的教师消极情绪增加得多，说明教龄在 10 年以下的教师消极情绪增加很快。在情景二的实验条件下，在担心的情绪变化量上存在教龄差异，教龄在 10 年以下的教师显著高于教龄在 10 年以上的教师（$p<0.05$），也就是说，在相同时间间隔内教龄在 10 年以下的教师担心的情绪变化量增加得多，增加得快。综上，无论是哪种情境下，对情绪的变化量来讲，教龄在 10 年以下的教师比教龄在 10 年以上的教师消极情绪增加得快，说明经验在情绪反应强度上存在差异。

4. 诱发过程中的生理反应及影响因素分析

不同教龄、不同人格特质的教师在情绪诱发过程中的生理反应结果如表 5-14 所示，同时表中给出了变化量存在显著差异的三个生理指标的变化趋势。

表 5-14　诱发过程中的心率、指脉率及皮肤电的描述统计值

情境	生理指标	外倾性		神经质		教龄 1~10		教龄>10	
		M	SD	M	SD	M	SD	M	SD
高冲突	心率（次/分）	86.83	9.91	82.47	7.30	86.50	9.44	84.69	9.41
	t	0.72				0.06			
	皮肤电（μS）	5.60	2.22	5.32	1.42	6.17	1.63	4.61	2.12
	t	0.45				3.65* ($p=0.07$)			
	指脉率（次/分）	79.31	12.13	77.87	10.03	77.49	12.59	79.85	10.68
	t	0.10				0.21			
	r-r 间期（s）	0.89	0.28	0.84	0.08	0.93	0.37	0.84	0.14
	t	0.02				0.23			
低冲突	心率（次/分）	78.75	7.10	87.57	8.63	85.64	9.14	81.53	8.87
	t	3.84* ($p=0.08$)				0.02			
	皮肤电（μS）	4.65	2.03	6.22	1.85	6.78	2.03	4.35	1.26
	t	0.70				5.05* ($p=0.04$)			
	指脉率（次/分）	79.88	9.44	69.55	2.91	78.61	9.43	73.12	1.91
	t	3.07*				2.47			
	r-r 间期（s）	0.76	0.14	0.84	0.15	0.80	0.15	0.79	0.13
	t	1.11				0.28			

由上表所示，考察不同教龄、人格特质的教师在情绪诱发过程中的生理

特点，以各生理指标的变化量为因变量，以性别和人格为固定因素，进行多元方差分析，检验结果显示，两种情境下，教龄与人格不存在交互作用。

高冲突的实验条件下，外倾性的被试的心率比神经质的被试的心率要高，但两者并没有显著性差异，10 年以下教龄的教师比 10 年以上教龄的教师的心率唤起要高，但并没有达到显著性水平。教龄和人格特质之间不存在交互作用（$F = 0.38$，$p > 0.05$）。皮肤电的生理唤起方面，外倾性的被试比神经质的被试唤起要高，但两者没有出现显著性差异（$F = 0.45$，$p > 0.05$），教龄在 10 年以下的教师比教龄在 10 年以上的教师皮肤电唤起要高，并且出现边缘显著的教龄差异（$F = 3.65$，$p = 0.07$）。指脉率的情绪唤起方面，外倾性的被试比神经质的被试唤起要高，但两者并没有出现显著性差异（$F = 0.10$，$p > 0.05$），教龄在 10 年以下的教师比教龄在 10 年以上的教师唤起要低，但并没有存在显著性差异（$F = 0.21$，$p > 0.05$）。在高冲突情境下，教龄的皮肤电生理指标存在显著的差异，其他都没有达到统计上的显著性水平，如图 5-4 所示。人格特征与教龄之间的生理指标均未出现交互作用。

高冲突下不同人格特质教师心率唤起的教龄差异（心率，次/分）

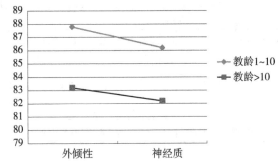

高冲突下不同人格特质教师皮肤电唤起的教龄差异（皮肤电，μS）

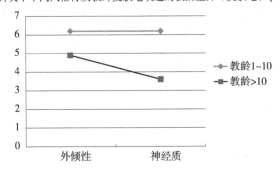

图 5-4　高冲突下，不同人格特质的心率、皮肤电唤起的教龄差异

如图 5-5 所示，在冲突较高的情境下，外倾性的被试，随着教龄的增长，心率、皮肤电、r-r 间期唤起下降，指脉率的生理唤起升高。神经质倾向的被试，随着教龄的增长，心率、皮肤电、r-r 间期唤起下降，指脉率的生理唤起升高。

高冲突下不同人格特质教师指脉率的教龄差异（指脉率，次/分）

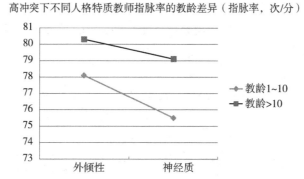

高冲突下不同人格特质的教师 r-r 间期的教龄差异（r-r 间期，s）

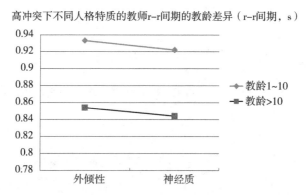

图 5-5　高冲突下，不同人格特质的指脉率、r-r 间期的教龄差异

在低冲突的实验条件下，外倾性的被试的心率比神经质的被试的心率要低，且两者达到边缘显著性差异水平（$F = 3.84$，$p = 0.08$），教龄在 10 年以下的教师比教龄在 10 年以上的教师的心率唤起要高，但并没有达到显著性水平（$F = 0.02$，$p > 0.05$）。教龄和人格特质之间不存在交互作用（$F = 0.98$，$p > 0.05$）；皮肤电的生理唤起方面，外倾性的被试比神经质的被试唤起要低，但两者没有出现显著性差异（$F = 0.70$，$p > 0.05$），教龄在 10 年以下的教师比教龄在 10 年以上的教师皮肤电唤起要高，并且出现显著的教龄差异

（$F=5.05$，$p<0.05$），教龄与人格的皮肤电生理指标不存在显著性差异（$F=0.04$，$p>0.05$）；指脉率的情绪唤起方面，外倾性比神经质的唤起要高，两者不存在显著性差异（$F=3.07$，$p<0.05$），教龄在 10 年以下的教师比教龄在 10 年以上的教师唤起要低，但并没有存在显著性差异（$F=2.47$，$p>0.05$）。人格与教龄的指脉率存在交互作用（$F=5.10$，$p<0.05$），由于人格与教龄存在交互作用，我们做进一步的简单效应检验。对外倾性教师而言，教龄在 10 年以下的教师比教龄在 10 年以上的教师指脉率偏低，对神经质的教师而言，教龄在 10 年以下的教师比教龄在 10 年以上的教师的教师指脉率偏高。指脉率生理指标的交互作用如图 5-6 所示。

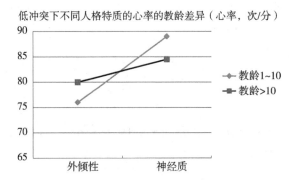

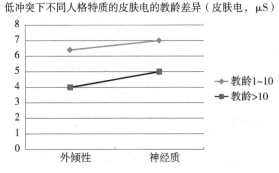

图 5-6　低冲突下，不同人格特质的心率、皮肤电唤起的教龄差异

图 5-7 显示，低冲突下，外倾性人格特质的教师中，教龄在 10 年以下的教师比教龄在 10 年以上的教师指脉率要低，也就是说，随着教龄的增长，外倾性的教师其指脉率有显著上升。低冲突下，神经质人格特质的教师中，教龄在 10 年以下的教师指脉率比教龄在 10 年以上的教师指脉率要高，也就是说，随着教龄的增长，神经质的教师其指脉率有显著下降。

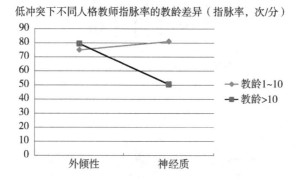

低冲突下不同人格教师指脉率的教龄差异（指脉率，次/分）

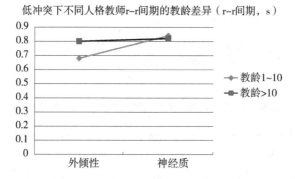

低冲突下不同人格教师r–r间期的教龄差异（r–r间期，s）

图 5-7　低冲突下，不同人格特质的指脉率、r–r 间期的教龄差异

接下来，将两种不同情境诱发阶段的生理指标进行比较可以发现，总体而言，情境一与情境二相比，同样唤起的是负性情绪，但唤起的指标存在差异。情境一与情境二的基线水平的自我报告和生理指标报告不存在显著差异，诱发过程中，情境一是高冲突的课堂行为，引发生气的情绪报告，而情境二是低冲突的课堂行为，引发担心、焦虑等情绪报告。不同情境的人格差异和教龄差异如图 5-8 所示。

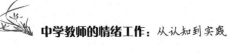
不同情境下教师生理唤起的人格差异（心率，次/分；指脉率，次/分）

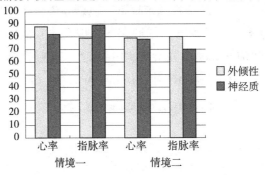

不同情境下教师皮肤电、r-r间期的人格差异（皮肤电，μS；r-r间期，s）

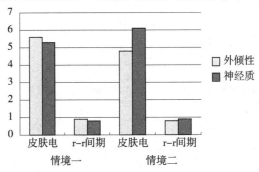

图5-8 不同情境下，被试心率、r指脉率、r-r间期、皮肤电的唤起人格差异

不同情境下教师心率、指脉率的教龄差异（心率，次/分；指脉率，次/分）

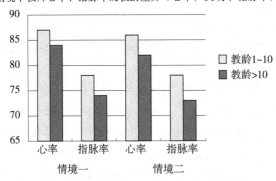

图5-9 不同情境下，被试心率、r指脉率、r-r间期、皮肤电的唤起教龄差异

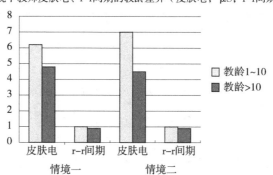

图 5-9 不同情境下，被试心率、r 指脉率、r-r 间期、皮肤电的唤起教龄差异（续）

情境一为高冲突的课堂行为，唤起的是生气的情绪反应，而情境二为低冲突的课堂行为，唤起的是担心的情绪反应。对比两种不同情境，情境一的情绪反应比较突出，唤起较迅速，而情境二的情绪反应为担心、忧虑，强度不大，但泛化性较强。对外倾性的被试而言，在心率、皮肤电的情绪唤起方面，情境一的唤起比情境二的唤起强度大，但指脉率的生理指标中，情境二比情境一的唤起强度要高。对神经质的被试而言，情境二的心率、皮肤电、指脉率的生理唤起均比情境一的生理唤起要高。在担心、焦虑的情绪唤起时，发现神经质的被试唤起较快，外倾性的被试唤起较慢；而情境一生气的情绪唤起中，外倾性的被试唤起比神经质的被试唤起较快。

由教龄的情境比较结果如图 5-9 所示，教龄在 10 年以下的教师心率的唤起深度，情境一的生理唤起比情境二的强度要高，而指脉率和皮肤电均比情境二要低。教龄在 10 年以上的教师，心率、皮肤电、指脉率的生理指标，情境一的生理唤起比情境二的强度均大。总体来讲，情境一和情境二的情绪唤起存在，但两者唤起的指标存在差异。

（四）不同情境下教师情绪恢复的变化过程

1. 不同情境下被试的情绪恢复的比较

我们呈现不同的阅读材料的问题情境，设置三分钟的情绪唤起，之后给被试 1 分钟的情绪恢复时间，不同情境下被试的恢复特点如表 5-15 所示。

表 5-15　不同情境下教师情绪生理恢复的效果

情境		心率（次/分）		皮肤电（μS）		血氧（%）		指脉率（次/分）		r-r 间期（s）	
		M	SD	M	SD	M	SD	M	SD	M	SD
情境一	基线	79.07	9.14	5.29	2.14	97.84	0.64	78.27	9.74	0.81	0.16
	恢复期	82.23	8.69	5.71	2.28	97.92	0.87	80.98	10.37	0.80	0.14
	恢复—基线	3.16	3.95	0.42	1.38	0.08	0.29	2.71	2.28	−0.01	0.18
	t	2.76*		1.89		0.79		2.57*		0.12	
情境二	基线	79.36	8.69	4.99	1.84	95.36	9.55	74.27	10.24	0.88	0.33
	恢复期	82.18	9.63	5.58	2.25	96.96	2.49	79.07	9.76	0.89	0.37
	恢复—基线	2.82	4.42	0.58	1.35	1.60	1.49	4.81	1.82	0.02	0.30
	t	2.99**		2.01		0.79		2.08		0.25	

注：*　$p < 0.05$，**　$p < 0.01$。

由表 5-15 可知，在高冲突的条件下，被试的心率比诱发期有所下降，但在一分钟内并没有恢复到原先的水平，呈现显著性差异（$t = 2.76$，$p < 0.05$）；指脉率在 1 分钟内也有下降，但仍然存在显著性差异（$t = 2.57$，$p < 0.05$），说明没有恢复到基线水平。皮肤电、血氧、r-r 间期的生理数据指标与基线期没有显著性差异，我们可以认为其到达了基线水平（$t = 1.89$，$p > 0.05$；$t = 0.79$，$p > 0.05$；$t = 0.12$，$p > 0.05$）。

由表 5-16 可知，高低冲突情境下，教师情绪生理恢复期的差异不显著。由前面的研究结果可知，教师在高冲突情境下的情绪唤起在皮肤电和 r-r 间期方面存在显著差异。由表 5-16 可知，高低冲突情境下，情绪恢复期不存在显著差异，说明高冲突情境下，生气的情绪反应恢复较快，而低冲突情境下，担心的情绪反应恢复较慢。

表 5-16　不同情境下教师情绪生理恢复变化的差异检验

生理指标	恢复期—基线			
	高冲突（23）		低冲突（22）	
	M	SD	M	SD
心率（次/分）	3.16	3.95	2.82	4.42
	0.26			

续表

生理指标	恢复期—基线			
	高冲突（23）		低冲突（22）	
	M	*SD*	*M*	*SD*
皮肤电（μS）	0.42	1.38	0.58	1.35
	0.58			
血氧（%）	0.08	0.29	1.60	1.49
	0.78			
指脉率（次/分）	2.71	2.28	4.81	1.82
	0.76			
r-r间期（s）	-0.10	0.18	0.02	0.30
	0.16			

2. 不同情境下恢复过程中的人格与教龄差异

不同情境下，教师在情绪唤起的过程中，存在人格和教龄在某些生理指标上的交互作用，那么在设定的1分钟的恢复时间过程中，被试的教龄与人格的变化又会出现什么样的规律性，结果如表5-17所示。

情绪生理恢复过程中的人格和教龄差异如表5-17所示。情境一的条件下，与情绪唤起时相比，外倾性的被试恢复过程中的心率、皮肤电、指脉率等生理指标比神经质的被试要高，唤起时候也要高于神经质的被试。教龄在10年以下的被试恢复过程中呈现与唤起时相同的规律性，心率和指脉率比教龄在10年以上的被试恢复得慢些。情境一的条件下，人格与教龄的交互作用及主效应均不存在显著差异。

情境二的条件下，与情绪唤起时相比，外倾性的被试的生理恢复值比神经质的被试要低，出现与唤起时相同的规律性。教龄在10年以下的教师的心率、皮肤电的恢复比教龄在10年以上的教师恢复的数值偏高，与唤起时呈现相同的规律性。情境二的心率的人格特质存在边缘显著差异（$F = 3.49$，$p = 0.08$），教龄的r-r间期存在边缘显著的差异（$F = 3.49$，$p = 0.07$）。教师在不同情境下生理的各个指标的恢复过程存在不同指标的变化差异，教龄和人格的交互作用不显著，说明教龄和人格对情绪恢复影响不大。

表5-17　不同情境下的教师情绪恢复的人格和教龄差异

情境/生理指标		外倾性		神经质		教龄1~10		教龄>10	
		M	SD	M	SD	M	SD	M	SD
情境一	心率（次/分）	83.18	9.41	78.17	8.57	83.58	10.01	80.16	8.81
	F	0.62				0.72			
	皮肤电（μS）	5.60	2.21	6.46	1.15	5.18	2.42	6.38	1.45
	F	0.62				0.89			
	指脉率（次/分）	79.26	11.55	78.84	10.44	81.12	13.99	77.67	8.49
	F	0.04				0.81			
	r-r间期（s）	0.79	0.13	0.78	0.20	0.78	0.19	0.80	0.12
	F	0.01				0.05			
情境二	心率（次/分）	76.27	6.81	85.69	10.01	83.64	10.12	79.25	9.44
	F	3.49*	(p=0.08)			0.03			
	皮肤电（μS）	4.53	1.29	6.31	1.86	6.52	1.69	4.57	1.45
	F	0.70		3.16	(p=0.09)				
	指脉率（次/分）	75.37	6.15	81.15	10.34	80.51	7.29	76.65	10.18
	F	1.24				0.10			
	r-r间期（s）	0.83	0.18	0.95	0.56	1.05	0.53	0.71	0.11
	F	1.28		3.52*	(p=0.07)				

注：*　$p < 0.05$。

　　由图5-10、图5-11可以看出，不同情境下被试的恢复过程中，高冲突下，外倾性的被试随着教龄的增长，心率的恢复值降低，神经质的教师被试，随着教龄的增长，心率的恢复值迅速下降。而皮肤电生理的恢复过程则出现了不一致的地方，外倾性的被试随着教龄的增长，皮肤电的数值在升高。低冲突下，外倾性的被试在恢复的过程中，随着教龄的增长，数值都在上升，而神经质的被试变化速率较快。外倾性的被试与神经质的被试皮肤电的生理恢复速率几乎相同。

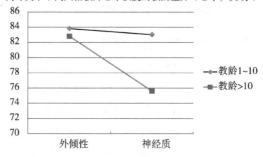

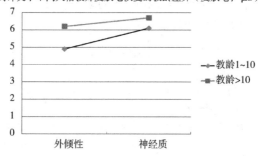

图 5-10　高冲突下，不同人格特质被试心率、皮肤电恢复的教龄差异

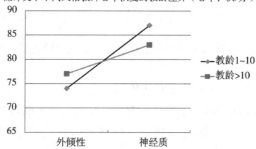

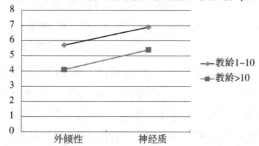

图 5-11　低冲突下，不同人格特质被试心率、皮肤电恢复的教龄差异

（五）不同情境下情绪唤起和恢复的情绪反应动力性变化

情绪反应是一个随着时间而改变的动态过程，为了考察情绪诱发过程中的各个生理指标的变化情况，每隔一定时间取一个值，依据时间顺序作出一系列均值的时间序列图，直观地呈现各生理指标的变化趋势。两种不同情境下，每隔20s取一个值，各获得9个值，恢复期设置时间长度为1min，取3个点作为恢复期的时间序列分析，因而在整个唤起及恢复的过程中，共12个值来考察情绪唤起和恢复的动力性变化，如图5-12所示。我们在这一部分中，分析不同情境下教师情绪唤起和恢复的动力性变化过程，并分析不同情境下情绪动力性变化的人格和教龄差异。

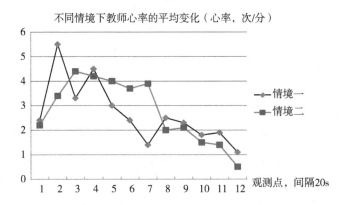

图5-12　不同情境下教师心率在诱发和恢复阶段的平均变化

不同情境下教师的心率平均变化的时间序列出现不同的趋势，在高冲突的实验条件下，被试唤起的是生气的情绪反应，而在低冲突的实验条件下，被试唤起的是担心、焦虑的情绪反应，情绪反应的类型不同，两者从唤起到恢复的过程中出现不同的变化。从图5-12中可以看出，生气的情绪反应在第二个时间序列出现峰值，在高冲突的阅读材料呈现40s后心率达到最大值，而低冲突的实验情境下，呈现60s出现最大值。在情境一的实验条件下，上升的变化持续40s之后，在第4个点开始下降，说明生气的情绪反应持续40s，之后持续下降，在情绪反应的恢复期间，将呈现显著下降的趋势。情境二的实验条件下，60s之后，被试心率达到最大值，这种担心、焦虑的情绪持续到80s之后，开始出现下降趋势，也就是在第7个点开始下降，恢复期间心率有所反复，但仍然没有在1min时间内恢复到基线水平，仍然高于基线水平。整体来看，情境一的情绪唤起要高于情境二的情绪唤起，但变化和持续时间存在差异。两者在恢复期间的变化趋势基本一致，只是在数值上，情境一恢复得较慢。

我们接着来看，不同情境下教师皮肤电生理指标的时间序列变化，皮肤电均值在整个诱发期都在持续下降，只是变化趋势不完全一致，如图5-13所示。

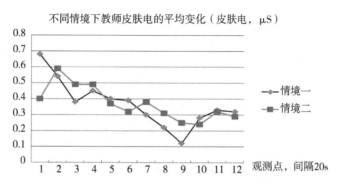

图5-13　不同情境下教师皮肤电生理指标的平均变化

不同情境下教师的皮肤电平均变化的时间序列出现不同的趋势，在高冲突的实验条件下，从图中可以看出，生气的皮肤电在持续下降，直至第3个时间点，而后出现上升的趋势，在第80s时，皮肤电的变化开始持续下降，并且保持较平缓的速率。在恢复期间，皮肤电生理变化开始回升，皮肤电的变化呈现降—升—降—升的变化性。在高冲突的变化情境下，被试皮肤电在60s左右迅速下降，说明在此处被试处于紧张状态，之后在整个诱发的过程中，逐渐上升，而后又保持一定的恢复状态，在恢复期间，皮肤电保持一定的平稳水平。

在低冲突的阅读材料呈现20s后，皮肤电上升，此时被试会在阅读材料，而后出现下降，在此过程中，下降比较平缓，到第9个点开始一直持续下降。从整体来看，情境一的唤起要高于情境二的唤起，但变化和持续时间存在差异。情境一的皮肤电理变化幅度比较大，而情境二的皮肤电生理变化幅度相对于生气的情境状态较小，两者在恢复期间的变化趋势基本一致，只是在数值上出现差异，但没有达到显著水平。

教师在不同情境下指脉率的时间序列变化如图5-14所示。在高冲突的情境下，教师的指脉率波动较大，而低冲突实验条件下，教师的指脉率变化较小，我们从图 5-14 中可以很明显得看出，两者的变化基本趋于一致。情境二的皮肤电生理变化更具有弥散性，在整个诱发过程中均保持平缓，而高冲突下的皮肤电生理变化则有大的波动，两者在整个变化过程中保持波浪式变化。

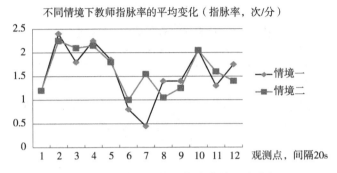

图 5-14　不同情境下教师指脉率的平均变化

注：情境一为高冲突，情境二为低冲突

　　由前文可以知道，情境一的被试在诱发和恢复的过程中，心率、皮电、指脉率及 r-r 间期不存在人格的显著性差异，而皮肤电的生理变化在唤起时候存在显著的教龄差异，教龄在 10 年以下的教师明显比教龄在 10 年以上的教师唤起较高，而在恢复的过程中，收集的各个生理指标都不存在显著的人格和教龄差异。在情境二的实验条件下，在心率的情绪唤起过程中存在边缘显著的人格差异，神经质的被试比外倾性的被试的心率唤起要高，而情境二在恢复的过程中，神经质明显恢复较慢，也存在显著的人格差异。

　　情境二的条件下教师的皮肤电唤起存在教龄差异，而恢复过程中也存在显著的差异，教龄在 10 年以下的教师比教龄在 10 年以上的教师的皮肤电生理唤起要高。情境二的条件下教师指脉率的电生理唤起方面存在显著的人格差异，而在恢复过程中人格差异消失。我们将分析情境一的皮肤电的唤起和恢复的教龄的变化性，同时分析情境二条件下，心率和指脉率的情绪反应的人格差异，皮肤电变化的教龄差异，结果如图 5-15 所示。

高冲突下皮肤电平均变化的教龄差异（皮肤电，μS）

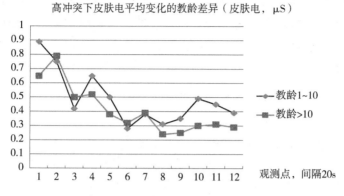

图 5-15　高冲突下教师皮肤电的平均变化教龄差异

由图 5-15 可知，在情境一的条件下，教龄在 10 年以上的教师皮肤电生理唤起比教龄在 10 年以下的教师要高，并且两者的变化趋势基本一致。教龄在 10 年以下的教师的变化速率比较大，而教龄在 10 年以上的教师则变化比较平缓。

在低冲突下，教师心率诱发和恢复过程中的情绪反应动力性的人格特质的差异，时间序列如图 5-16 所示。在低冲突下引发的是担心、焦虑的情绪反应，两种不同人格特质的被试的情绪变化性变化趋势基本相同，神经质的被试在第二个时间点出现高峰值，而外倾性的被试在第三个时间点出现高峰值，两者的变化趋势相同，但外倾性的被试的变化结点在 120s 内，均比神经质的被试推迟一个单位的变化，基本的变化趋势相同。

低冲突下教师心率的平均变化的人格差异（心率，次/分）

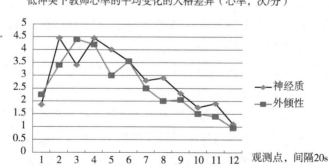

图 5-16　低冲突下教师心率的平均变化的人格差异

低冲突情境下，情绪诱发和恢复期具有外倾者被试和神经质被试指脉率的平均变化序列图如图 5-17 所示。可以看出，外倾者被试和神经质被试指脉率的平均变化趋势基本一致，只是神经质被试指脉率均值增大幅度或减小幅度都大于外倾者被试。由此，可以认为消极条件下神经质在指脉率振幅上的变化大于外倾者。

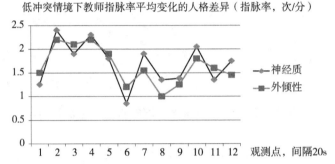

图 5-17　低冲突情境下教师指脉率平均变化的人格差异

第二节　教师情绪工作的动力性特征分析

一、情绪体验和生理唤起的情境差异

实验研究结果表明，在阅读不同的课堂问题材料时，产生了两种不同类型的情绪反应——高冲突的课堂情境产生了生气的情绪反应，低冲突的课堂情境产生了担心的情绪反应。在情绪诱发阶段，心率、皮肤电、指脉率、r-r 间期、血氧饱和度六个生理指标在两种不同情境下发生了不同的变化。本研究结果显示，在高冲突的问题情境下，心率显著增加，皮肤电均值下降，指脉率振幅均值增加，其他指标变化不明显；低冲突的问题情境下，皮肤电均值显著减小，心率显著增加，指脉率显著增加，其他指标变化不明显。在一定程度上可以表明，不同实验材料引发不同的情绪类型和有相应的情绪唤起。

就消极情绪而言，皮肤电反应系统受到自主神经系统的交感神经的控制，因此皮肤电变化被认为是情绪唤起的一个重要指标。皮肤电在本研究中，无论是高冲突的情境，还是低冲突的情境，均引发了皮肤电的显著增大。[布鲁姆（Bloom）和特劳特（Trautt），1977] 认为，指脉率是标定紧张的有效指标，在紧张时指脉率变小。我们可以看到不同情境下，引发不同的情绪体验和生理唤起。高冲突情境下，引发生气的情绪反应，心率的上升、皮肤电下降；低冲突情境下，引发担忧的情绪反应，心率上升，皮电反而下降，说明被试这时并非处于紧张状态下，而是一种弥散的放松状态，与担忧的情绪体验相吻合。

情境一是高冲突的情境，引发生气的情绪反应。人类情绪是分化的，生气、担忧等情绪都是从消极状态中分化出来的。生气是目标受阻情境中出现的一种情绪类型，虽然是一种负性情绪，但是促使个体抗争，从而保护自己免受伤害（埃克曼）。福克斯（1991）认为生气是一种体现趋近倾向的情绪。这种趋近倾向反映在行为上，生气可能和趋近行为相联系 [科汉斯卡（Kochanska），科伊（Coy），杰伯克斯（Tjebkes）和胡萨维克（Husarek），1998；刘易斯和拉姆齐，2005]，同时，反映趋近倾向的生气过多，也不利于努力控制的发展，导致问题行为的产生。生气与问题行为存在相关，外倾性问题行为与生气相联系。情境二引发的是担忧的情绪反应，内向性问题行为与伤心、焦虑和害怕相联系 [艾森伯格（Eisenberg），1994]，教师面对低冲突情境特征时，身处压抑的氛围中，产生了一种威胁意识，导致焦虑或者担心，比如低的课堂刺激情境，无序的课堂纪律等。两种不同问题情境作为情绪工作的前因变量，引发不同的情绪体验和生理唤起，而这种情绪生理变化的特点在一定程度上显现情绪工作的情境特征。高低冲突的问题情境都诱发了情绪唤起，高冲突的问题情境下，教师产生生气的情绪反应，引发心率、指脉率的显著唤起；而低冲突的问题情境下，教师产生担心的情绪反应，引发心率、皮肤电的显著唤起。

二、不同情境下，教师情绪变化的人格和教龄差异

大量研究表明，神经质、外倾性人格特质与情绪存在密切的联系。本书研究结果显示，在自主生理反应方面，在高低冲突情境下被试的皮肤电、指脉率振幅、r-r 间期、心率指标的基线值不存在显著差异，这一结果证实了两种情境下的生理基础值上的对等性。

教师的情绪体验自我报告与生理报告不存在情境的差异，说明教龄、人格特质等因素对基线水平影响不大。本书将问题情境作为情绪工作前因变量，结果发现：在高冲突的情绪唤起下，外倾性的情绪唤起大于神经质的情绪唤起，但没有显著差异；皮肤电存在教龄差异，说明教龄在 10 年以上的教师其紧张感下降，这与以往研究相同。在低冲突的情绪唤起下，神经质的心率唤

起比外倾性的要高，并存在教龄差异，外倾性被试的指脉率比神经质被试要高。

本书研究的结果出现了问题情境的人格差异性，在高冲突的问题情境下，引发生气的情绪反应，外倾性的被试反而比神经质的被试唤起更大。这是因为，指向他人的问题行为严重干扰他人的课堂，对教师来说是很难容忍的，生气的情绪时，外倾性的教师唤起要更高。生气的情绪是一种趋近倾向的情绪，对于外倾性的老师来说，是一种情绪的正效应［埃夫里尔（Averill），1982］，供给老师精力、能量，作为自我防御的资源，当任务变得困难的时候，它能提供持续力，包含一种潜在能量。

在低冲突的问题情境下，神经质教师的担心、焦虑的情绪唤起比外倾性的教师要高，这种负性情绪与神经质的被试存在相关。低冲突的问题情境不足以让教师采取措施防御自我，但又处于一种情绪低落的弥漫状态，这种情绪状态的唤起正与神经质的特征相符合，黄敏儿等人（2003）的研究发现，高外倾者有更多的正性情绪，高神经质者有更多的负性情绪［埃蒙斯（Emmons）和迪耶纳（Diener），1986］。外倾者的情绪唤起比神经质要低，神经质与负性情绪呈现正相关，这与本书研究存在差别。在恢复阶段，高低冲突情境下的情绪唤起均没有在1min内恢复，高冲突下，外倾性的被试随着教龄的增长，心率的恢复值降低，神经质的被试，随着教龄的增长，心率的恢复值迅速下降，神经质的被试恢复变化速率较快，这与以往的研究保持一致。

而皮肤电生理的恢复过程则出现了不一致的地方，外倾性的被试，随着教龄的增长，皮肤电的数值在升高。低冲突下，外倾性的被试在恢复的过程中，随着教龄的增长，心率、皮肤电、血氧饱和度等各项生理指标的数值都在上升，外倾性的被试与神经质的被试皮肤电的生理恢复增长速率几乎相同。教龄在10年以上的教师，其经验丰富，其情绪变化唤起和恢复都较慢。

三、不同情境下，教师情绪工作动力性的变化

研究结果显示，不同问题情境下，教师情绪工作的动力性变化体现在情绪反应的变化，高低冲突情境下所引发的生理唤起，在皮肤电和r-r间期上存在显著性差异。高冲突情境下，唤起自主生理反应与基线阶段相比，心率、指脉率出现了显著增加，而低冲突情境下，唤起自主生理反应与基线阶段相比，心率、皮肤电出现了显著增加。高低冲突情境下，生理唤起出现了显著

差异，但唤起的指标存在不同。

在情绪诱发过程中，越是神经质的被试，其消极情绪的增加量越多，那么在相同的时间间隔内其消极情绪增加越快，越是外倾的人其消极情绪的增加量越少，那么在相同的时间间隔内其消极情绪增加得越慢。在消极情绪状况下，其消极情绪变化量存在教龄差异，教龄低于10年的教师情绪变化量大于教龄在10年以上的教师。在相同时间间隔内，教龄在10年以下的教师消极情绪增加得很多，则说明教龄在10年以下的被试消极情绪增加得很快。

在情绪诱发过程中，皮肤电、心率、指脉率、r-r间期都发生了或多或少的变化，不同教龄、人格特质的教师在某些生理指标上的变化量上均有显著的差异。在生气的消极情绪反应面前，教龄低的教师r-r间期增大。为了考察各个指标随着时间的变化趋势，我们通过时间序列图，发现不同实验条件下的变化均有起伏，在诱发期，皮肤电的总趋势是持续增大的。这一变化趋势与原有的研究是一致的［哈姆（Hamm），2003］。消极条件下r-r间期均值在大部分时段是减小的。但是在诱发阶段的效果检验中，变化不显著，诱发期间取均值与基线期间去比较，掩盖了诱发过程中的各指标的正向、负向的变化。在考虑生理指标变化时，不能一概而论取一个时段的均值作为其代表值，应该全面地考察其情绪变化过程。

研究结论显示：不同情境下唤起的情绪反应不同，高冲突情境下唤起的是生气的情绪反应，低冲突的问题情境下唤起的是担心的情绪反应，皮肤电和r-r间期存在唤起的情境差异；在不同情境下，被试的情绪反应动力性的变化呈现不同的特点，高冲突下，情绪在短时间内唤起较快，但持续时间较短，恢复得较快，而低冲突情境下，情绪唤起得较慢，持续时间较长，恢复得较慢。教师的情绪反应动力性变化的过程表现出一定的人格和教龄的变化。高冲突下，外倾性人格唤起较快，而低冲突下，神经质人格唤起较快；在不同情境下，教龄在10年以下的教师比教龄在10年以上的教师情绪唤起要快，恢复得慢。

高冲突的问题情境引发生气的情绪唤起较快，持续时间较短，在恢复阶段较慢；低冲突的问题情境引发担忧的情绪反应，持续时间较长，在恢复阶段较慢。问题情境的情绪变化趋势相同，但其情绪变化的峰值、持续时间及恢复阶段存在差异，高低冲突的情境特征对情绪变化有影响，而这种问题情境与情绪工作的恰当性是我们需要进一步分析的问题。

第六章

教师情绪工作策略的适用性实验研究

第一节　教师情绪工作策略的适用性

在前面实验研究的基础上，我们分析了教师在面临不同课堂情境时，其情绪唤起的动力性作用机制，然而情绪变化动力性的特征与情绪工作存在怎样的关系？问题情境与情绪工作的适当性是我们进一步探讨的问题。

我们通常采用的情绪工作就是表层工作和深层工作，这两种情绪工作表现在教师如何调节问题情境引发的情绪变化性特征上，一个是通过改变外在表现而进行情绪控制，以符合情境要求，另一个是通过改变认知调整自己的情绪失调，情绪工作的目的是满足组织情绪需求。马淑蕾、黄敏儿（2006）结合情绪调节和双任务的实验范式，以指导语引起不同的情绪工作，测量情绪工作过程中悲伤情绪的变化及情绪工作策略使用的恰当性，其研究结果表明，情绪工作都引发了情绪唤起，且在悲伤的情绪状态下，表达正性的情绪，深层工作比表层工作要好。行动理论研究者扎普夫提出，表层工作可能较多地发生于习惯性的常规过程，这些过程较多处于半自动化的状态，不需要太多的意志努力，不需要付出太多的认知努力。表层工作付出较少的心智努力，深层工作需要相当部分的意识参与，需要动用和消耗较多的心理资源，从这个角度来看，不同问题情境下，采取不同情绪工作策略的调节，通过第二任务的完成情况来推理情绪工作的恰当性是可行的。

布拉泽里奇和利（2002）的资源保存模型则从另外一个角度来分析，他们认为表层工作需要进行伪装，虚假的情绪表达，减弱了自我真实感，表层工作需要付出更多的心智资源，他们更容易陷入心理的疲劳。而深层工作在内心体验和表情之间有更多的一致性，可以提升个人成就感，属于资源获得的过程。与表层情绪工作相比，由于体验到内心与外部表达的不一致导致心理资源更多的消耗，对真实感有更大的副作用。行动理论和资源保存理论从不同的角度解释典型情绪工作方式的心理资源消耗并做出预测，我们将结合第二任务及情绪工作过程中的情绪成分进行分析，可以得到一些新的发现。

情绪引发不同，其情绪变化性也存在差别，那么在不同问题情境下，教师情绪工作的情绪变化性的特点如何，哪种情绪工作是恰当的情绪表达呢？本书采用双任务的方式，将第二任务、情绪工作过程中的真实感也考虑为检测情绪变化的重要方面，对于了解其资源变化结果及这两种情绪工作方式的实际作用有重要的意义。我们需要探讨的问题是：

（1）不同问题情境下，教师采用不同情绪工作对教师情绪变化性的影响。

（2）不同问题情境下，教师采用情绪工作的适用性。

（3）在情绪工作动力性作用过程中，分析不同类别教师的情绪工作动力性差异及教师人格与教龄的变化特点。

一、教师情绪工作策略的适用性假设

（1）不同问题情境下，教师情绪工作策略的使用均降低了负性情绪的唤起。

（2）高冲突的问题情境下，表层情绪工作自我真实感下降，后续第二任务成绩下降；表层情绪工作可以引发更大的生理激活，在生理反应和主观报告方面可能引起更多的情绪激活，自主报告和生理反应出现差异，解释情绪工作效果的差异。

（3）低冲突的问题情境下，深层情绪工作自我真实感下降，后续第二任务成绩下降；深层情绪工作可以引发更大的生理激活，在生理反应和主观报告方面可能引起更多的情绪激活，自主报告和生理反应出现差异，解释情绪工作效果的差异。

（4）不同问题情境下，教师情绪工作策略下，教师情绪变化的人格与教龄存在差异。

二、研究方法

（一）研究被试

被试选择北京师范大学天津附中的初中教师，以及天津师范大学教育硕士班共 70 名学员。研究数据分为两部分，一部分为量表类数据，主要测查基本信息、人格特征，还包括生理数据的收集。删除了两部分数据不全的被试，有效被试为 66 名。教师的基本信息描述及外倾性和神经质的描述同研究二。参加研究的被试基本状况如表 6-1 所示。

表 6-1　被试的基本信息表

性别		年龄		教龄		学科		学历		班级数		班主任		课时量	
男	9	20~30	25	1~5	17	文科	35	专科	0	1个	5	是	25	1~3	51
女	57	30~40	28	6~10	16	理科	31	本科	56	2个	43	否	41	>3	15
		>40	13	>10	34			硕士	10	3个	18				
合	66		66		66		66		66		66		66		66

我们设计了 3 个 Block 程序，第一个 Block 中的被试，高冲突情境下表层工作同研究二中的低冲突负性情绪表现的被试相同；第二个 Block 中的被试，低冲突情境下的深层工作同研究二中的高冲突负性情绪展现的被试相同；第三个 Block，21 人同时参加了两种情境，但情绪工作策略不同。在接下来的分析中，因重复测量的 21 名被试量较少的缘故，我们不进行重复测量分析。

（二）实验仪器与设备

采用美国 BIOPAC 公司生产的 MP150 型多导生理记录仪，其包括三个部分：①DELL 台式电脑一台，采用 Suplab2.0 软件编程，通过电脑屏幕文字呈现刺激；②BIOPAC 数据采集系统；③联想笔记本电脑一台，内装 AcqKnowledge3.9 软件，用于记录不同通道的波形，采样频率为 1000Hz。

（三）实验材料与问卷

1. 教师基本状况测查

艾森克人格量表（中国简式版），龚耀先（1983）修订的成人问卷，选择外倾性和神经质维度45题目组成新问卷，测量外倾和神经质维度。量表证明具有良好的信效度。

2. 问题情境的材料

问题情境的材料同研究二，研究二根据情绪工作情境性特点编制6个不同高低冲突情境的事件，作为情绪唤起的诱发材料。

（四）实验设计

本书为探讨不同情绪工作在情境下的适用性，采用双任务的实验范式，通过对情绪工作进行控制，分析其情绪变化性特点及第二任务完成效果，从情绪工作的行动理论和资源保存模型来解释情绪工作的效果。

研究采用2（问题情境：高冲突、低冲突）＊2（情绪工作：表层工作、深层工作）实验设计。我们采用Suplab2.0软件编程，编制三个不同Block的程序，探讨情绪工作对情绪变化及第二任务的影响。不同组别的分组情况如表6-2所示。

表6-2　两组被试分组情况

组别	情绪劳动	人数
高冲突	表层工作	21
	深层工作	22
低冲突	表层工作	23
	深层工作	21

（五）研究程序

每次有一名被试参加实验，实验流程如图6-1所示，实验分为三个阶段。表6-1填写被试基本状况等，之后进入正式实验。阶段一，实验开始有白场阶段，测查被试的生理基线水平，被试可以利用这个时间让自己平静和放松下来（2分钟），表6-2填写初始的情绪量表。阶段二，情境一的指导语之后，阅读材料呈现3分钟，之后表6-3填写唤起后的情绪报告、指导语执行状况及自我真实感等。阶段三，呈现第二任务的记忆材料，并要求被试写下来，填表6-4。在此期间，记录被试每个阶段任务执行过程中的情绪生理各项指标。被试测试时间平均持续15分钟。

实验结束后，给每个被试发放纪念品。

下面为不同情绪工作的指导语：

深层工作组：以下将呈现一个发生在课堂上的事件。仔细阅读材料的内容，请务必努力感受文字中的积极信息或尽可能地体验其中让人愉快的情绪。

表层工作组：以下将呈现一个发生在课堂上的事情。无论阅读材料的内容如何，请您在观看的过程中，控制自己的面部肌肉，嘴角翘起保持笑容，让别人觉得您是心情愉快的。

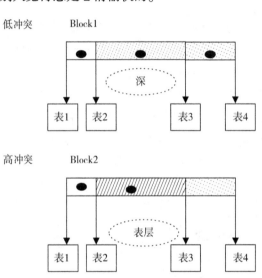

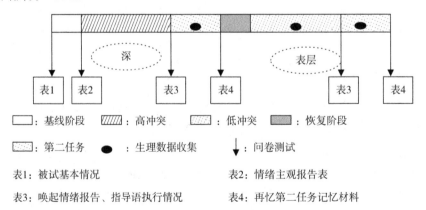

图6-1　实验设计及数据收集流程图

（六）数据分析

1. 数据收集

研究数据来源于主观感受报告、生理水平及第二任务的完成状况、指导语执行程度检验、执行难度及生理反应指标记录。

生理反应数据分三个阶段：基线—指导语—故事片段，后面阶段的数据减去基线数据为阶段数据变化值。情绪主观感受数据包含前测量、后测量两部分，后测量减去基线阶段作为阅读故事期间主观体验变化值。

指导语难度测量，被试在完成任务过程中的困难程度，5 点 Likert 量表，从 1（没有）到 5（非常）。

指导语执行程度检验，被试在完成任务过程中的执行情况评定，5 点 Likert 量表，从 1（完全没有执行）到 5（完全执行）。

自我真实感的检验，被试在实验过程中根据自我感觉真实程度的测量做出评定，5 点 Likert 量表，从 1（一点也不真实）到 5（非常真实）。

2. 生理数据收集

BIOPAC Systems MP150 型多导生理记录仪（16 导）测量并记录心率、皮肤电、血氧饱和度、指脉率四项生理指标。各项生理指标的含义如下：

心率（heart rate）：通过心率的变化可以反映情绪的效价。心率单位为（次/分）。实验中使用心电描记放大器（ECG100），用 EL501 可粘贴的一次性使用的扣式电极以 I 导连的方式与被试连接，记录被试实验过程中心率的变化。

皮肤电反应（galvanic skin response）：本实验中记录被试左手中指和无名指指端的皮肤电活动。皮肤电反应单位为微西（μS）。实验中使用皮肤电反应放大器（SKT100C），通过 TSD203 皮肤电阻传感器连接被试左手中指和无名指指腹。

血氧饱和度（SpO_2）：个体处于紧张、焦虑等情绪状态时，血氧饱和度会降低。实验中，血氧饱和度的单位为百分比（%）。实验中使用光电容描记放大器（PPG），用 TSD203 光敏传感器连接于被试左手拇指，记录器血氧饱和度的变化情况，同时可得到指脉率的变化情况。

指脉率（finger pulse rate）：体温升高时，指脉率会加快。人体在受到外界刺激或应激状态下，以及处于紧张、恐怖、喜悦、激动等情绪状态下时，脉率均会有所加快。指脉率单位为（次/分）。

r-r 间期（r-r interval）：反映心跳和心跳之间的时间间隔，单位为秒。这个指标是通过心电记录波计算得来的。间期值越大，则说明生理唤起越大。

3. 第二任务

本书的第二实验任务采用一分钟数字记忆，所有数字都来自随机数字表。给被试呈现一分钟的记忆任务，要求被试在记忆过程中观察数字特征，实验结束后，研究者记录被试回忆的数字的正确率。研究统计使用 SPSS16.0 录入并进行统计处理。

三、教师情绪工作的适用性分析

（一）不同情境下教师情绪工作策略执行程度检验

1. 指导语执行程度分析

检验不同冲突情境下教师的情绪工作策略的使用效果，我们要通过指导语来分析，在每个不同的单元测试中，被试都根据一定的指导语来实现对工作策略的使用。首先我们来看，教师被试对指导语执行程度的检验，结果如表 6-3 所示。

表 6-3　高冲突下教师情绪工作策略的执行程度检验

情绪工作	难度		执行程度	
	M	SD	M	SD
表层工作	1.78	1.52	3.68	1.32
深层工作	1.87	1.56	3.59	1.27

根据表 6-3，从被试在表层工作和深层工作策略的执行难度上看，深层工作稍难，但在执行程度上，表层工作执行程度更高一些。总的来说，如图 6-2 所示被试在表层工作策略和深层工作策略的使用上，执行难度较低，执行程度较高，为进一步的分析提供了可能。

从表 6-4 可知，在低冲突情境下，被试在表层行为和深层行为执行程度和难度上，深层工作都表现略高，被试很好地执行了指导语操作，为进一步分析提供可能。从不同情境下的比较来看，如图 6-2 所示，深层行为执行难度比表层工作要高，高冲突下表层工作执行程度比深层工作要好，而低冲突情境下，深层工作比表层工作执行程度要高。

表6-4　低冲突的指导语执行程度

情绪工作	难度		执行程度	
	M	SD	M	SD
表层工作	1.28	0.64	3.43	1.02
深层工作	1.56	0.89	3.65	0.88

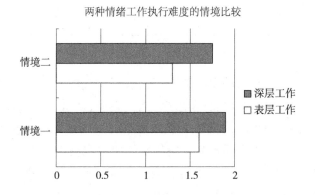

图6-2　不同情境的情绪工作的执行程度和难度比较

2. 高低冲突情境下，不同情绪工作策略情绪强度主观报告结果

在不同情境下，教师表层和深层情绪工作唤起后的情绪自主报告结果如何，是考察情绪工作效果的主观报告证据，我们可以通过与基线期的自我报告数据的比较来看，结果如表6-5所示。

表 6-5　两种情境下，表层和深层的情绪自主报告结果

情绪		基线期		表层（21）		表—基		深层（22）		深—基	
		M	SD	M	SD	M	SD	M	SD	M	SD
高冲突	生气	1.47	0.59	2.85	1.42	1.28 / 2.49*	0.52	2.27	1.2	0.82 / 2.28*	1.68
低冲突	担心	1.14	0.36	1.71	0.9	0.57 / 2.67*	0.97	2.26	1.09	0.78 / 3.02**	1.24

注：* $p<0.05$，** $p<0.01$。

由研究二可知，在高冲突的情境下，被试唤起的是生气的情绪反应，低冲突情境下唤起的是担心的情绪反应，因而在此，我们仅以这两种情绪反应的类型为主，分析两种不同情境下被试情绪的主观报告。报告结果显示，高冲突情境下，被试采用表层行为策略的生气的主观报告值为 2.85，而深层行为的主观报告生气的强度值为 2.27，表层与深层行为的主观报告值均与基线值存在显著性差异（$t=2.49$，$p<0.05$），深层行为策略下的情绪报告也同基线水平存在显著差异（$t=2.28$，$p<0.05$）；低冲突情境下，被试唤起的是担心的情绪反应，在不同的情绪工作策略的调节下，情绪自我报告均有上升，说明存在情绪唤起，采用深层工作策略，教师的担心的情绪较高，表层行为后的情绪自我报告与基线水平存在显著性差异（$t=2.67$，$p<0.05$），深层行为后的情绪自我报告与基线水平也存在显著性差异（$t=3.02$，$p<0.05$）。高冲突情境下，表层工作的情绪唤起变化大于深层工作报告，而低冲突情境下，深层工作情绪唤起变化大于表层工作情绪报告。

（二）高冲突情境下，不同情绪工作策略的情绪反应动力性变化

1. 高冲突下，不同情绪工作策略的情绪反应变化

高冲突下，表层和深层情绪工作策略对情绪反应动力性的影响，两种条件下被试的自主生理指标的均值及其变化均值，结果如表 6-6 所示：

表6-6 高冲突情境下，表层和深层的情绪生理反应报告结果

情境		心率（次/分）		皮肤电（μS）		血氧（%）		指脉率（次/分）		r-r间期（s）	
		M	SD	M	SD	M	SD	M	SD	M	SD
情境一	基线	78.86	8.60	5.09	1.81	95.59	9.70	75.91	10.05	0.85	0.25
	表层期	84.84	8.86	5.18	2.31	97.56	0.67	82.66	9.38	0.96	0.37
	表层—基线	5.98	6.38	0.09	1.52	1.96	0.67	6.76	9.82	0.11	0.25
	t	4.29**		0.27		0.93		3.16**		1.70	
情境一	基线	77.78	9.28	5.72	1.84	97.62	0.85	75.65	9.11	0.87	0.33
	深层期	85.47	8.70	5.98	2.15	97.38	0.97	77.87	8.86	0.97	0.49
	深层—基线	3.10	2.24	0.26	0.73	0.14	2.78	2.62	0.28	0.09	0.27
	t	5.38**		1.37		2.20*		3.85**		2.63*	

注：* $p<0.05$，** $p<0.01$。

两种不同情境被试情绪唤起的生理数据报告结果显示，两种情境都引发了教师的生理唤起。高冲突情境下，被试的各项生理指标出现了变化，表层工作期的心率显著高于基线（$t=4.29$，$p<0.01$）。表层工作期的指脉率显著高于基线期（$t=3.16$，$p<0.01$），r-r间期高于基线期，但没有出现显著差异。皮肤电、血氧的指标比基线期有所下降，但没有出现显著差异（$t=0.27$，$p>0.05$；$t=0.93$，$p>0.05$）。

深层行为的工作策略下，被试的各项生理指标也出现了变化，深层期的心率高于基线期，存在显著性差异（$t=5.38$，$p<0.05$），深层期的皮肤电指标显著高于基线期（$t=1.37$，$p<0.01$）、诱发期的指脉率、血氧和r-r间期都高于基线期，均出现显著差异（$t=3.85$，$p<0.05$；$t=2.20$，$p<0.05$）。皮肤电与基线期不存在显著差异（$t=1.37$，$p>0.05$），心率和其他生理指标与基线期的显著变化，说明情绪工作策略有效抑制了情绪的生理唤起。

从情绪工作的生理变化值来看，表层工作的生理变化如心率、指脉率、r-r间期的值大于深层工作期的变化值，皮肤电的变化小于深层工作期，说明高冲突下，表层工作引发了较大的生理唤起，结果如图6-3所示：

高冲突情境下表层工作组和深层工作组与基线的变化如图6-3所示：

高冲突下，不同情绪工作的心率、指脉率变化（心率，次/分；指脉率，次/分）

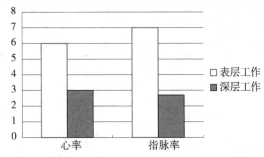

高冲突下，不同情绪工作的皮肤电、r–r间期变化（皮肤电，μS；r–r间期，s）

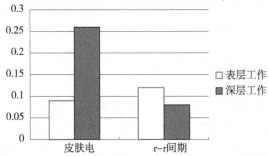

图6-3　高冲突下，不同情绪工作下心率、指脉率、皮肤电、r–r间期与基线期的变化

由图6-3所示，表层工作组的心率和指脉率大于深层工作组，研究结果显示，存在显著性差异（$t=3.81$，$p<0.01$；$t=2.37$，$p<0.05$）。这表明在高冲突的情境下，表层工作引发了更大的生理唤起。

2. 高冲突下，数字记忆任务的完成及生理指标的变化

实验中，第二任务的完成情况作为情绪调节能量消耗的指标是实验中的重要因变量结果。研究主要考察记忆数字任务的正确记忆成绩和真实感测验作为考核指标，表6-7展示了两种不同情况下各组分别完成任务的情况。

表6-7　高冲突下第二任务期间的被试生理变化及完成状况分析

情绪工作	指脉率		皮电		正确记忆数目		真实感测验	
表层工作	80.45	10.37	6.11	2.28	8.43	3.92	3.81	1.24
深层工作	76.71	8.94	6.42	2.02	12.45	3.51	3.92	1.25

对各组完成任务的状况进行简单的因素分析结果可以得出，在正确记忆的数字上面，两组达到显著水平（$t=3.76$，$p<0.01$）。可以看出，深层工作的正确的题目数显著多于表层工作的正确数目。在完成第二任务的过程中，表层工作的指脉率和皮电比深层工作要高，但两者未达到统计学上的显著性差异（$t=1.23$，$p>0.05$；$t=0.56$，$p>0.05$）。

在第二任务结束后的真实感自我报告中，表层行为的真实感比深层行为的真实感要低，说明被试在使用表层工作的时候，其内心的真实感受和指导语不一致的时候教师感受了更多的冲突，真实感比深层行为要低，通过第二任务记忆成绩及真实感测验的结果可以得出，在高冲突的情境下，想要展现正性情绪反应，深层工作比表层工作效果要好。

（三）低冲突情境下，情绪工作策略对情绪反应动力性的变化

1. 低冲突下教师情绪工作策略的情绪生理变化

表层和深层情绪工作策略对情绪反应动力性的影响，两种条件下被试的自主生理指标的均值及其变化均值。所有被试情绪唤起动力性差异：

表 6-8　低冲突情境下，不同情绪工作的情绪反应动力性变化

情境		心率（次/分）		皮肤电（μS）		血氧（%）		指脉率（次/分）		r–r 间期（s）	
		M	SD	M	SD	M	SD	M	SD	M	SD
情境二	基线	76.75	8.85	5.73	1.95	97.57	0.86	76.12	9.18	0.83	0.13
	表层期	80.25	7.92	6.43	2.21	97.52	0.86	78.41	8.92	0.84	0.28
	表层—基线	3.5	2.92	0.7	0.83	0.14	0.29	2.29	2.43	0.05	0.29
	t	5.49**		3.89**		0.69		4.32**		0.09	
情境二	基线	79.07	9.14	5.29	2.14	97.84	0.64	77.04	9.74	0.81	0.16
	深层期	83.23	7.82	6.11	2.2	97.7	0.68	78.62	10.07	0.89	0.3
	深层—基线	4.15	6.59	0.83	1.36	0.13	0.37	1.58	2.59	0.08	0.30
	t	3.02**		2.92**		1.71		2.92**		1.28	

注：* $p<0.05$，** $p<0.01$。

两种不同情境被试情绪唤起的生理数据报告结果显示，两种情境都引发了教师的生理唤起。低冲突情境下，被试的各项生理指标出现了变化，表层期的心率显著高于基线（$t=5.49$，$p<0.01$），表层期的指脉率显著高于基线

期（$t=4.32$，$p<0.01$），皮肤电的生理指标也显著高于基线期（$t=3.89$，$p<0.01$）；r-r间期高于基线期，但没有出现显著差异。血氧的指标比基线期有所下降，但没有出现显著差异（$t=0.09$，$p>0.05$）。

深层工作策略下，被试的各项生理指标也出现了变化，深层期的心率略高于基线期，但不存在显著性差异（$t=0.65$，$p>0.05$），深层期的皮肤电指标显著高于基线期（$t=2.81$，$p<0.01$）、诱发期的指脉率、血氧和r-r间期都高于基线期，但没有出现显著差异（$t=0.44$，$p>0.05$；$t=0.99$，$p>0.05$；$t=1.37$，$p>0.05$）。心率和皮肤电指标与基线期的显著变化，说明深层行为的工作策略有效抑制了情绪的生理唤起。

低冲突情境下表层工作组和深层工作组的生理变化如图6-4所示：

低冲突下教师情绪工作的心率、指脉率变化（心率，次/分；指脉率，次/分）

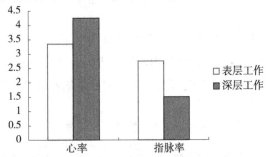

低冲突下教师工作策略的皮肤电、r-r间期差异（皮肤电，μS；r-r间期，s）

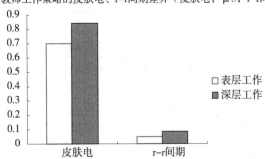

图6-4　低冲突下教师情绪工作的心率、指脉率、心率、皮肤电变化

由图6-4所示，低冲突下，深层工作组的心率、皮肤电、r-r间期变化大于表层工作组，指脉率的变化小于表层工作组，差异检验结果显示，心率、指脉率不存在显著性差异（$t=0.97$，$p>0.05$；$t=1.34$，$p>0.05$），r-r间期存在显著差异（$t=5.19$，$p<0.05$）。这表明在低冲突的情境下，深层工作引发

了更大的生理唤起。

2. 低冲突下，数字记忆任务的完成及生理指标的变化

实验中，第二任务的完成情况作为情绪调节能量消耗的指标是实验中的重要因变量结果。本书主要考察记忆数字任务的总数和正确计算结果作为考核指标，表6-9展示了两种不同情况下各组别完成任务的情况。

表6-9 低冲突下第二任务期间的被试生理变化及完成状况分析

情绪工作	指脉率		皮电		正确记忆数目		真实感测验	
	M	*SD*	*M*	*SD*	*M*	*SD*	*M*	*SD*
表层工作	77.90	9.07	6.30	2.14	12.09	3.34	3.90	0.83
深层工作	79.64	10.29	6.32	2.54	8.78	2.82	3.74	0.92

低冲突情境下，对各组完成任务的状况进行简单的因素分析结果可以得出，在正确记忆的数字上面，两组达到显著水平（$t=4.20$，$p<0.01$）。可以看出，表层工作的正确的题目数显著多于深层工作的正确数目。在记录第二任务的结果状况的同时，我们记录了不同情绪工作过程中，完成第二任务过程中的生理变化，表层工作的指脉率和皮电比深层工作要低，但没有达到显著性差异（$t=0.46$，$p>0.05$；$t=0.26$，$p>0.05$）。结果显示，低冲突情境下，表层工作比深层工作第二任务完成较好。

表层行为和深层行为对后续自我报告的真实感的影响中，表层行为后的真实感测验更高，而深层行为的真实感较低，说明在进行第二任务的过程中，深层行为参与了更多的认知任务，消耗了更多的认知资源，而对于低冲突的任务来看，如上课不听讲、不参与等任务时，教师如果采用深层工作的行为策略，反而会降低真实感，在第二任务结束后的真实感自我报告中，深层工作的真实感反而降低，而对教师而言，在使用表层工作策略的时候，其内心的真实感受及情绪唤起不需要太多的认知资源消耗，因而其负荷值较低，因而在第二任务测试的过程中，得到了较高的正确记忆成绩，我们可以认为，在低冲突的情境下，调节担忧的情绪反应，教师采用表层工作更为有效。

（四）高冲突情境下，不同情绪工作的教龄和人格差异

高冲突的情境下，表层工作和深层工作的基线阶段的生理和情绪自我报

告不存在差异，而在指导语之后的情绪工作策略的调节中，则出现了变化。在高冲突的实验条件下，教师采用表层工作策略的人格教龄差异，在情绪变化量的自我报告方面差异如下所示：

在呈现高冲突的阅读材料的过程中，情绪工作调节过程中人格与情绪变化之间的关系，计算两种不同情境下的情绪调节变化分数，用情绪调节之后的情绪分数减去诱发阶段的分数自我报告，将被试分为情绪强度报告增加者（△>0）和情绪自我报告减少者（△<0）。以基线测得的情绪分数为协变量，分别计算情绪增加和减少者情绪变化分数与人格之间的偏相关，在相同的时间间隔测量所有被试时，人格特质与情绪变化分数显著相关则说明人格预测了每个单位情绪的不同变化速率，偏相关系数及显著性检验结果如表6-10所示：

表6-10　高冲突下人格与情绪调节变量的偏相关

情绪工作	情绪变化	外倾性（E）	神经质（N）	教龄
表层行为	生气（△>0）	−0.30	0.43（p=0.07）	−0.28
	担心（△>0）	−0.11	0.14	−0.14
深层行为	生气（△>0）	−0.15	0.11	−0.01
	担心（△>0）	−0.77	0.29	−0.38

△>0　情绪强度报告增加者　　　△<0　情绪自我报告减少者

由表中数据可知，高冲突条件下，表层工作组的被试生气情绪增加者的变化分数与神经质被试呈正相关，且达到边缘显著水平（$r=0.43$，$p=0.07$），担心的情绪增加者的变化分数与人格特征的外倾性被试呈负相关，与神经质被试呈负相关，没有达到显著水平（$r=-0.11$，$p>0.05$；$r=0.14$，$p>0.05$），生气的情绪增加的变化分数与教龄呈负相关。也就是说，在表层工作组中，生气的情绪变化分数与人格特征呈中等相关，而与担心呈低相关，随着教龄的增长，被试的生气和担心的变化分数逐渐减少。

深层工作组，生气的情绪变化与外倾性被试呈负相关，与神经质被试呈正相关，均没有达到显著相关水平（$r=-0.15$，$p>0.05$；$r=0.11$，$p>0.05$），生气的变化与教龄呈负相关，相关不显著。

总的来说，在高冲突情境下，情绪调节过程中，越是外倾性的人其情绪的增加量越少，在相同的时间间隔内其生气情绪增加得越慢。高冲突下，采用表层行为时，其情绪的变化量与神经质被试显著相关，而在采用深层工作时，则这种变化消失。

那么低冲突情境下，又呈现什么样的关系呢？

表6-11 低冲突下人格与情绪变化量的偏相关

情绪工作	情绪变化	外倾性（E）	神经质（N）	教龄
表层工作	生气（△>0）	-0.37	0.16	0.10
	担心（△>0）	-0.47*	0.53*	-0.37
深层工作	生气（△>0）	-0.42*	0.26	0.19
	担心（△>0）	-0.22	0.36	-0.06

注：* $p<0.05$，** $p<0.01$。

在低冲突情境下，教师情绪工作调节中，人格特质与情绪变化存在相关，表层工作组，生气的外倾性被试与情绪的变化量之间存在负相关，但不显著（$r=-0.37$，$p>0.05$），而担心的情绪变化与外倾性被试呈现显著负相关（$r=-0.47$，$p<0.05$），与神经质被试呈显著正相关（$r=0.53$，$p<0.05$）；深层工作组，生气的情绪变化与外倾性被试呈显著负相关（$r=-0.42$，$p<0.05$），与神经质被试相关不显著（$r=0.26$，$p>0.05$）。在深层行为组中，担心的情绪变化与神经质被试相关不大，表层工作与深层工作两种不同情绪调节下，被试情绪自我报告的变化与教龄的相关不显著，教龄与生气的情绪变化呈正相关，而与担心的情绪变化呈负相关，也就是说，随着教龄的增加，教师生气的数据变化在减小，而担心的情绪变化在增加，教师随着经验的更加丰富，逐渐开始变得对学生的问题行为不再有强烈的情绪唤起，既然教龄不显著，在此，接下来，我们不再探讨教龄与情绪变化量的关系。

总的来说，低冲突情境下，表层行为组的被试，越是外倾性的被试，单位时间内"担心"情绪变化量越少，越是神经质的被试，单位时间内"担心"情绪的增加越大，担心的情绪变化表现出与人格特质的相关性。那么，对于不同情境下的被试来讲，情绪变化与人格又存在什么样的关系呢？我们可以对比同一种情绪工作，发现情绪变化量与人格相关的紧密程度变化。表层工作的策略下，随着冲突程度的增加，担心的情绪变化量与人格的显著相关消失，而神经质与生气的情绪变化出现显著相关；深层工作的策略下，随着冲突程度的增加，外倾性和生气的情绪变化量的显著相关消失。也就是说，当处于一般的课堂问题情境时，人格与担心、生气等的情绪变化相关比较明显，如果课堂冲突比较大时，人格失去了作用，更多的是一种课堂情绪操控能力，这更凸显了情绪工作策略的重要性，这也是我们研究的目的所在。

（五）高冲突情境下，教师不同情绪工作下的生理指标的变化的人格和教龄差异

由表6-11可知，在高冲突的情境下，教师使用表层和深层工作过程中，生理变化的教龄和人格存在一定的关系，我们可以看到，表层工作的r-r间期的变化存在教龄的边缘显著水平（$F=3.47$，$p=0.08$）。深层工作策略的皮肤电存在人格的边缘显著差异（$F=4.53$，$p=0.06$），指脉率、r-r间期等不存在显著的人格和教龄差异。在高冲突下，教师采用表层策略时，教龄在10年以上的教师比教龄在10年以下的教师的心率变化更快，说明这些老师更不适用表层工作，或在表层工作时适应不好。深层工作策略时的教龄差异消失，并且皮肤电的人格差异变得凸显。

由表6-12可知，教师在高冲突情境下，人格特质对其情绪工作的生理唤起影响不大，r-r间期的教龄差异显著，教龄在10年以上教师其r-r间期变化唤起较小，与教龄在10年以下的教师唤起存在显著差异（$t=3.47$，$p=0.08$），达到边缘显著水平。高冲突下，深层工作的皮肤电出现了人格差异，表层工作的教龄出现了r-r间期的唤起差异。

表6-12　高冲突下教师情绪工作生理唤起的人格和教龄差异

情境/生理指标		外倾性		神经质		教龄1~10		教龄>10	
		M	SD	M	SD	M	SD	M	SD
表层工作	皮肤电（μS）	4.47	1.40	5.42	1.59	5.53	1.57	4.26	1.24
	t	1.35				2.74			
	指脉率（次/分）	81.91	11.06	81.04	9.80	82.52	10.34	80.72	10.74
	t	0.19				0.41			
	r-r间期（s）	0.86	0.18	0.98	0.41	1.01	0.16	0.79	0.34
	t	0.02				1.47			

续表

情境/生理指标		外倾性		神经质		教龄1~10		教龄>10	
		M	SD	M	SD	M	SD	M	SD
深层工作	皮肤电（μS）	7.28	1.64	5.35	2.29	6.31	2.48	6.73	1.62
	t	4.53 (p=0.06)				1.57			
	指脉率（次/分）	76.07	10.20	80.96	7.28	80.49	6.55	74.78	11.76
	t	0.04				0.32			
	r-r间期（s）	1.20	0.76	0.80	0.13	1.02	0.13	0.80	0.59
	t	3.27				1.82			

由图6-5可见，高冲突下，教师皮肤电的教龄和人格差异显示，外倾性的被试，随着教龄的增长，其皮肤电唤起降低，神经质的被试，出现上升的趋势。高冲突下，表层工作的情绪唤起中，出现了教龄差异，外倾性的被试，随着教龄的增长，r-r间期呈现下降的趋势。

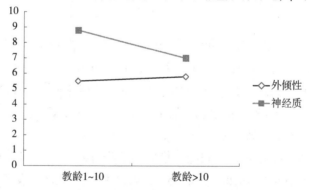

高冲突下教师皮肤电变化的教龄和人格差异（皮肤电，μS）

图6-5　高冲突下深层工作，教师皮肤电的人格和教龄差异

（六）低冲突下，教师不同情绪工作下的生理指标的变化的人格和教龄差异

低冲突下，教师不同情绪工作下的生理变化的人格和教龄的状况如表6-13所示：

表6-13　低冲突下，不同情绪工作的人格和教龄生理变化

情境/生理指标		外倾性		神经质		教龄1~10		教龄>10	
		M	SD	M	SD	M	SD	M	SD
表层工作	皮肤电（μS）	6.75	2.72	6.86	1.52	7.53	2.67	6.36	1.70
	t	0.28				0.99			
	指脉率（次/分）	77.66	8.97	82.01	7.01	81.01	7.41	75.12	9.69
	t	0.10				0.88			
	r-r间期（s）	0.78	0.25	0.74	0.85	0.87	0.97	0.72	0.34
	t	0.04				1.31			
深层工作	皮肤电（μS）	6.19	2.08	7.26	1.17	6.11	2.37	6.72	1.66
	t	1.43				0.01			
	指脉率（次/分）	79.61	12.41	75.57	8.43	80.04	15.80	77.57	8.42
	t	0.10				0.88			
	r-r间期（s）	0.88	0.24	0.77	0.16	0.92	0.33	0.81	0.14
	t	2.63				0.13			

　　由表6-13可知，在低冲突的情境下，教师使用表层和深层工作过程中，生理变化的教龄和人格存在一定的关系，我们可以看到，表层工作和深层工作的皮肤电生理变化方面，神经质被试均高于外倾性被试。在教龄的变化上，10年以上教龄在两种工作策略上均高于10年以下的教师组。低冲突下的教师情绪工作的方式对生理指标的影响不存在人格和教龄的差异。总的来看，表层工作中，神经质的被试皮肤电、指脉率的指标均高于外倾性的被试，但没有达到显著水平（$F=0.28$，$p>0.05$；$F=0.10$，$p>0.05$）。表层工作组的生理指标中，教龄在10年以上的教师数据均低于教龄在10年以下的教师，但没有达到显著水平（$F=0.99$，$p>0.05$；$F=0.87$，$p>0.05$）。

低冲突下教师浅层工作对皮肤电影响的人格和教龄的差异（皮肤电，μS）

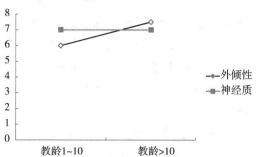

低冲突下深层工作对指脉率影响的人格和教龄差异（指脉率，次/分）

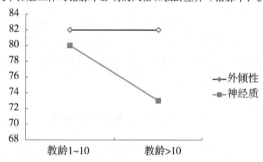

图6-6　低冲突下教师情绪工作对皮肤电、指脉率的人格和教龄差异

低冲突的深层工作组中，外倾性被试的电生理指标均大于神经质的被试，随着教龄的增长，生理指标的唤起呈现下降的趋势，在r-r间期的指标上，存在人格和教龄的边缘显著的交互作用（$F=3.67$，$p=0.07$），我们可以做进一步的简单效应检验，结果如图6-7所示：

低冲突下教师深层工作对r-r间期影响的人格和教龄差异（r-r间期，s）

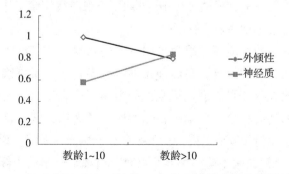

图6-7　低冲突下深层工作对 r-r 间期影响的人格和教龄的差异

由图 6-7 可知，低冲突的课堂问题情境中，深层工作策略的使用对教龄和人格存在不同的影响，外倾性的被试，随着教龄的增长，深层工作对 r-r 间期的唤起影响较小，对于神经质的被试而言，深层工作对其生理的唤起影响变大。也就是说，深层工作的策略使用要根据人格特质而定，当教龄增长时，外倾性的被试可以更多地采用深层工作，而神经质的被试则需要较小地采用深层工作的策略调整。

其他生理指标均不存在显著的交互作用，在此不再讨论低冲突下教师情绪工作策略对情绪反应动力性的人格和教龄差异。从不同情境来看，表层工作的电生理指标随着冲突的降低呈现下降的趋势，不受人格的影响；深层工作的电生理指标随着冲突的下降呈现上升的趋势，说明深层工作在冲突降低时候，反而引起更大的生理唤起。对于不同情绪工作的被试而言，深层工作引发更大的情绪唤起，而表层工作引发较低的情绪唤起，与人格特质存在一定的关系。

（七）不同情境下，采用不同工作策略对情绪反应动力性的影响

由前文介绍，情绪反应是一个随着时间而改变的动态过程，为了考察情绪诱发过程中的情绪工作策略对各个生理指标的变化的影响情况，每隔一定时间取一个值，依据时间顺序做出一系列均值的时间序列图，直观地呈现各生理指标的变化趋势，我们分别分析在同一种情绪工作策略下，表层和深层工作策略的情绪反应动力性的变化；在不同的情境下，教师采用同一种情绪工作策略对第二任务过程中记忆任务生理唤起的影响。情绪工作策略的使用也是 3 分钟的时间，每隔 20s 取一个值，各获得 9 个值，第二任务设置时间长度为 1 分钟，取 3 个点作为第二任务的时间序列分析，因而在整个情绪工作作用的过程及第二任务完成的过程中，共 12 个来考察情绪工作作用和第二任务完成中的生理指标动力性变化。

同样是高冲突的情境下，教师采用不同的情绪工作策略中心率平均变化的时间序列存在一定的差异，在高冲突的实验条件下，被试唤起的是生气的情绪反应，从图 6-8 中可以看出，生气的情绪反应在第二个时间序列出现峰值，在高冲突的阅读材料呈现 40s 后心率达到最大值，两种情绪工作策略均相同，上升的变化持续 40s 之后，在第 4 个点开始出现下降，说明生气的情绪反应持续 40s，之后持续下降，第 8 个点时，出现了心率的小幅上升，也就是在刺激呈现情境快要结束的前 20s 左右，表层情绪工作的情绪比深层情绪唤

起要高，并且变化幅度较大，在第二任务的完成过程中，表层工作比深层工作情绪唤起较高，在第二任务的测量时，深层工作后的再忆成绩显著好于表层工作后的再忆成绩。

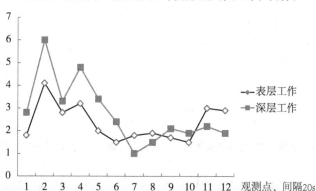

高冲突下教师情绪工作策略对心率变化的影响（心率，次/分）

图6-8　高冲突下教师表层和深层工作及第二任务完成的心率的平均变化

我们接着来看，低冲突情境下教师情绪工作对心率变化的时间序列表，由前文的计算可知，深层工作同样在低冲突情境下的情绪唤起较高，但在第二任务完成的过程中处于较高的情绪唤起状态，其第二任务的再忆成绩稍低。

从图6-9中可知，低冲突下，教师表层工作和深层工作的时间序列变化存在差异，表层工作的情绪调节下，教师的心率比真实的情绪体验有所下降，基本趋势保持不变，表层工作和深层工作在情绪调节的过程中基本趋势保持一致，深层工作比表层工作的唤起更大，但在第二任务完成的过程中，我们惊奇地发现，深层工作的情绪唤起依然很活跃，而表层工作的唤起在降低。从后续的第二任务的再忆成绩来看，表层行为的成绩较好，而深层工作因前期消耗过多的认知资源，出现了成绩的消减。我们认为，在低冲突下，教师采用表层情绪工作更有效。

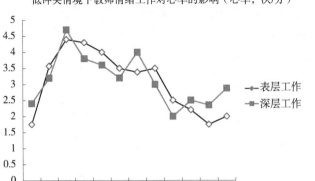

低冲突情境下教师情绪工作对心率的影响（心率，次/分）

图6-9　低冲突情境下教师表层和深层工作及第二任务过程中心率的平均变化

表层工作在高低冲突两种情境下对后续的第二任务的影响不同，高冲突下的表层工作降低了第二任务中的成绩，而在低冲突中反而第二任务的成绩变好。深层工作策略在两种不同情境下对后续的第二任务的影响同样存在差异，高冲突下的表层工作引发了被试更大的生理唤起，促进了第二任务的影响，而低冲突下，深层工作引发了被试较大的生理唤起，第二任务的成绩不如表层工作策略好。

如图6-10所示，在高冲突下，教师采用表层工作和深层工作的皮肤电平均变化的时间序列出现不同的趋势，在高冲突的实验条件下，从图中可以看出，生气的皮肤电在持续下降，表层工作的皮肤电持续下降，到第3个时间点时候有小幅回升，持续时间为60s，而深层工作的皮肤电持续下降，直到第5个点才出现大幅回升，持续时间为100s，在情绪工作作用时间内，皮肤电出现短暂回升之后，又有所下降，表层和深层工作呈现相同的趋势，在之后的第二记忆任务过程中，表层工作有较低的皮肤电波动和唤起，深层工作有较多的皮肤电波动和生理唤起，对第二任务成绩的影响是，表层工作后的第二任务成绩比深层要差，在高冲突情境下，教师采用深层工作效果较好。总体来讲，高冲突下，教师情绪工作的皮肤电的平均变化之间不存在显著性差异，整体趋势保持一致。

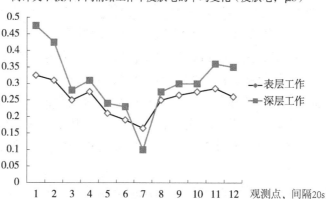

图6-10 高冲突下教师表层和深层工作及第二任务完成中的皮肤电生理指标的平均变化

我们来分析，低冲突下，教师采用表层和深层工作的皮肤电反应的变化，如图6-11所示：

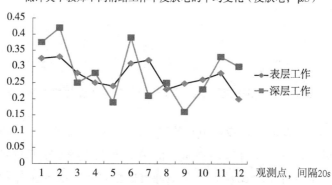

图6-11 低冲突情境下教师不同情绪工作中皮肤电生理的平均变化

从图6-11中可以看出，在低冲突情境下，教师采用不同情绪工作策略的皮肤电的平均变化，表层工作和深层工作的变化趋势相似，但存在一些差异。低冲突情境下跟基线水平的皮肤电呈现显著性差异，在第二个点皮肤电有所下降，下降趋势持续40s，深层工作表现出比表层工作更大的变化速率，在单位时间内皮肤电的生理变化比较明显，在第100s时，皮肤电有所上升，之后出现下降直至呈现阅读文本材料结束。在第二任务的呈现中，低冲突下的教师皮肤电唤起在后30s时候才出现下降，两者的下降不同，深层工作的皮肤电高于表层工作，但下降速率较低，而表层工作下降较快。表层工作在整个皮肤电的过程中呈现升—降—升—降的变化趋势，深层工作也有呈现相似的升降趋势，表层工作在每个升降的节点都有时间持续，而深层工作则变化较快。低冲突下的第二任务的执行过程中，表层工作的生理唤起依然表现出平缓的上升—下降趋势，深层的情绪工作较多的皮肤电变化，从之后的第二任务的成绩来看，教师采用表层工作的后续成绩较好，而深层工作的后续成绩较差。因此，对于低冲突的情境而言，教师采用表层的工作策略较好，更有利于之后的认知任务的完成，并分配较少的资源来参与课堂管理的工作。

高冲突，深层工作的皮肤电平均变化的人格差异如图 6-12 所示：

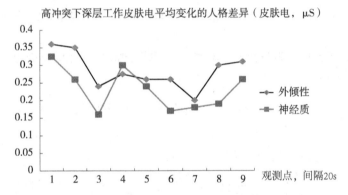

图 6-12　高冲突下，深层工作皮肤电平均变化的人格差异

高冲突下，深层工作皮肤电平均变化的人格差异如图 6-12 所示，外倾性被试的皮肤电水平高于神经质被试，但神经质的教师在唤起过程中，单位时间内的皮肤电生理变化比较大。在高冲突的情境中，表层工作的各项生理指标不存在教龄和人格特质的交互作用，因此，不再分析教龄与人格的变化动力性分析，深层工作的皮肤电变化存在人格差异，结果显示，深层工作的调整下，外倾性的教师比神经质的教师皮肤电的唤起要高。在低冲突的情境中，无论是表层工作还是深层工作的情绪调节下，均不存在人格特质和皮肤电反应交互的差异性变化。

第二节　教师情绪工作效果检验

一、表层和深层情绪工作的执行难度和后续工作成绩

从指导语的执行难度和执行程度测量结果来看，表层工作和深层工作在不同情境下存在差异，但没有显著差异。从不同情境的结果来看，高冲突情境下，表层工作比深层工作执行难度要低，执行程度的自我报告显示，表层工作执行程度比深层执行程度高。低冲突情境下，深层工作执行难度较大，执行深层情绪工作程度较高。在一定程度上，说明教师在执行过程中的努力程度。也就是说，这两种情绪工作都付出了一定努力，深层工作执行难度较高，或许可以解释这两种情绪工作对后续作业成绩及自我真实感的作用，这跟问题情境的冲突高低存在一定的关联，研究结果基本验证了假设。

高冲突的情境下，教师产生了生气的自我报告，采用不同情绪工作策略后，情绪唤起较自主负性唤起时有所下降，说明两者均对情绪反应的唤起起到了一定的调节作用。在高冲突的情境特征中，问题行为对组织干扰目标的严重性，生气是一种趋近行为，与努力控制存在相关，在成人身上，表现为指向外部的问题类型［斯图尔特（Stewrt），等，2008］，伴随生气，个体可能产生的是攻击行为，但并非一定，而这时候采用深层工作策略，从认知调控和重评的角度进行情绪调整，会降低攻击的倾向性，只有高强度的生气才会跟攻击行为相联系［埃森伯格（Eisenberg），法贝斯（Fabes），伯恩斯韦希（Bernzweig）和皮努拉斯（Pinuelas），1994］。从生气的情绪类型来看，生气激发克服困难的意识，从认知上调整可以降低其生气强度，并降低攻击行为。从后续的记忆成绩来看，深层工作的情绪工作，尽量让被试感受环境中的积极信息，比仅仅表面上的微笑，成绩更好一些。从第二任务完成的过程中的情绪唤起来看，被试在第二记忆任务过程中，表层工作生理唤起更大，对个体来说，认知失调引发的被试感知上的矛盾，使其在第二任务过程中，表现较高的生理唤起，降低了第二任务的成绩。

这个结果与布拉泽里奇和利（2002）的资源保存理论预测一致。按照资源保存理论，当人们根据工作要求进行应对时，无论采用什么策略都会耗费一定的内部能量或者资源，而这种内部心理资源的耗费将导致个人心理上的

不适，使得自我真实感下降或者减弱，影响后续成绩。表层工作因为引起外在表情与内心体验更大的不一致，将引起更大的心理资源消耗，工作绩效出现更大的下降。深层工作是调整认知与组织表达的情绪，在表现上是一致的，因此对后续的工作影响应该少一些。

低冲突下，教师主要报告了担忧的情绪反应，这种担忧实际是教师焦虑的一种弱化情绪，采用不同的情绪工作后，情绪唤起较自主生理唤起有所下降，说明情绪工作在一定程度上起到了情绪调节的作用。从担忧的情绪类型来看，并非是一种对抗性的情绪类型，而是一种心境弥散性的忧虑情绪，针对内向性的问题行为，这种担忧是个体觉察到的引起威胁的关联性情境的趋向或者趋势，通过转入焦虑的状态应对这种情境，是一种不安、担心和精神不振的主观体验，通过神经系统持续有力的强化作用、心率加快和持续出汗等症状表现出来。焦虑也是一种有用的情绪，焦虑也可以为个体提供动力，但如果焦虑过高，可能会产生心律失常、头疼、慢性疼痛、高血压等。焦虑会使教师判断力下降，从而影响教师教学效果［阿拉金耶夫（Alasheev）和贝科夫（Bykov），2007］。从后续的第二任务成绩来看，表层情绪工作的实验组比深层情绪工作组的成绩要好，说明表层工作在调节焦虑的情绪唤起时，比深层情绪工作效果要好。我们惊喜地发现，并非深层工作在任何情境下都是好的，而表层工作在低冲突的问题情境中，其情绪工作的效果稍好。

这个结果与扎普夫的行动理论的预测正好一致，行动理论指出，表层工作不需要调用内在的认知资源，只需要表面的调整，因而消耗较少的认知去操作，对于担忧的情绪，教师想要保持微笑和平静，尽量保持面部微笑的具身情绪就可以做到，还可以达到较好的效果，这是我们最为兴奋的结果。具身情绪其实就是一个人的脸部的情绪表达，牵动内在的情绪感受，进而引进快乐的心情。该研究的结论可以填补情绪工作作用模型解释的内在机制，并对教师职业、服务性组织情绪工作者提供必要的帮助和指导。

二、不同情境下，表层和深层情绪工作的自我真实感

高冲突情境下，教师对深层工作的自我报告真实感较高，在低冲突下，教师对表层情绪工作者的主观报告真实感较高。深层行为在很大程度上利用了认知改变，利用认知改变使个体的情绪体验达到最大限度上的情绪表达要求，深层工作对高冲突的情境来说，通过对第二任务的研究结果发现，其作用效果比表层工作要好。深层工作不仅仅要展现环境所需表情，还要努力去

感受和发现在情境中与所需表情行为一致的信息，其自我失真的感觉相对较弱。这种自我真实感主要与情绪表达之间是否一致有关。高冲突的情绪工作下，教师直接引发的是生气的情绪反应，教师为了阻止自己情绪失控，一般都会自我暗示，从认知调节角度来调控，才会达到效果，一般的面部假装对他们来说，可能会引发更大的失调，更低的真实感。表层工作在该过程中，情绪表达和体验存在很大的不一致，而个体为了消除这不一致的内部状态，需要耗费意志上的努力，利用有意识的控制来达到组织要求，降低了真实感。

表层行为的真实感在低冲突下变得更为真实，深层行为反而因为冲突的变小而让老师们感觉"小题大做"，反而增加了不真实的感觉。而在第二任务执行的过程中，被试依然需要调动认知资源去思考需要表达的情绪感受问题，降低了第二任务成绩。在低冲突下，如果采用深层工作，个体需要利用对环境、工作、人物、关系等进行二次认知加工从而加大了教师的认知负荷，在这一个过程中，先认知改变情绪体验最大限度上符合要求，而后改变情绪表达，这种表现真实感对于担忧的情绪而言，并非效果最佳，教师在调节自己担忧、焦虑的情绪时，努力想要从认知角度去调整情绪感受、同时还要面部表情情绪调节，这是很困难的。因而降低了低冲突下深层工作的真实感，将引起更大的心理资源消耗，使自我真实感和工作绩效出现更大的下降。

三、不同情境下，表层和深层情绪工作与情绪的变化

研究结果表明，情绪工作的使用对有效降低情绪反应动力性在一定程度上都降低了情绪反应动力的大小，我们通过比较可以得出，表层工作和深层工作在不同的冲突情境中的作用不同，表层工作在使用的过程中，低冲突的情境下，教师采用此工作策略时，情绪唤起较低，对于教师的生理健康，低的生理唤起对身体损害较小。深层工作策略总是需要个体消耗另外的认知资源来进行反应调节性的任务，在个体的自我暗示的作用下，被试更容易调动更大的生理唤起，而这种情绪的唤起对情绪的有效调整起到重要的作用，因此深层工作的规则总是跟组织所需要表达的情绪保持一致，在高冲突的情境下，被试最容易唤起的是生气的情绪反应，这种生气的情绪反应需要通过认知上的反应调节来控制，对之后的任务完成起到较好的作用，高冲突的情境，比如学生之间的冲突、言语等行为，教师面对这些问题时，会产生生气的情绪反应，控制在一定的时间内并不会对身体有太多的伤害，因此需要深层的认知调控期望在短时间内达到情绪调控的目的，尽量减少高强度、损伤性大

的负面情绪的持续存在。

在低冲突的情境下，深层工作和表层工作中各个生理指标的情绪反应动力性变化及第二任务过程中的生理唤起存在差异。低冲突情境下，比如学生做小动作、发呆、不参与等课堂事件出现时，教师会在短时间内产生焦虑、担心等泛化性情绪，如果教师采用认知调整的方式去调节，无疑会增加心理认知的负荷，反而对后续的工作没有太多的作用，但采用表层工作，表情上表现出假装发怒的课堂管理策略，一方面，不会分散对认知任务的注意力分配，同时也可以起到管理课堂的效果。两者对比发现，情绪工作策略的使用跟问题情境有关，跟问题情境唤起的情绪反应强度有关，当高强度情绪唤起，在伤害性较大的情境中，教师需要在短时间情绪反应后，做尽快的工作策略调整，避免最大的身体心理伤害。在低冲突的弥散性的情绪反应唤起后，面对这个问题情境，可以采用表层工作策略方式来完成。

研究结论显示：在高冲突的情境下，想要在生气的情绪状态下保持微笑，采用深层情绪工作比表层工作效果好；在低冲突的情境下，想要在担忧的情绪状态下保持微笑，采用表层工作比深层工作效果好；不同情绪工作下，教师表层和深层情绪工作的情绪反应动力性存在人格和教龄的差异。高冲突下，表层工作情绪变化量与神经质显著相关，随着教龄的增长，相关变得不显著，深层工作与人格不相关；低冲突情境下，情绪工作不存在人格和教龄的显著差异；高冲突情境下，表层工作表现出较大的情绪唤起，唤起时间较短，持续时间短，在第二任务过程中，表层工作组表现更大的情绪唤起，第二任务成绩，深层工作比表层工作成绩要好；在低冲突情境下，深层工作表现出较大的情绪唤起，唤起时间较慢，持续时间长，在第二任务过程中，深层工作组表现更大的情绪唤起，第二任务成绩，表层工作比深层工作成绩要好。

第七章

学校教师情绪工作的实践探索

第一节　教师情绪工作的校本培训

一、学校教师情绪工作的思路

　　情绪工作的概念源于组织行为学，说明服务业从业工人在工作中为了满足组织和工作的要求，不得不抑制或者调动自己的感受，产生特定的表情，情绪适当表达也成为他们被支付劳动的重要内容。在教师的日常工作中，面对学生、家长、同事及领导时，教师也需要调整自己的情绪，达到教师教学、工作、家校沟通的特定情绪。公众对教师的期待和学校组织对教师的要求，意味着教师必须按照某种特定的要求来管理自己的情绪感受和表达。当情绪工作成为一项必需的工作时，情绪的内在体验和外部表达的失调很有可能成为一种长期持续的状态，影响教师的身心健康。为了消除或者降低情绪工作对教师心理负面的影响，在学校中，我们需要分析教师情绪的来源，教师总会选择适当的情绪工作策略，调整自身的情绪。

　　教师的情绪来源很多，一方面是生活中的情绪，另一方面是工作中的情绪。我们期望在学校中分析教师情绪工作的来源，并对关键指标做适度的干预，起到认识压力、缓解焦虑的作用。我们将教师对生活的感知分为主观幸福感及生活满意度；另外，我们还要分析教师工作的情绪知觉：工作压力状态及职业行为表现，分析压力程度、压力来源、职业认同及职业倦怠等。开展教师情绪辅导与培训，通过改变教师对情绪事件或者情境的认知，来调整情绪。也可以用团体辅导活动这种形式，让教师在活动中，学习采用认知重评的方法来处理情绪事件。为了符合职业角色的要求，教师选择通过调整自己的认知来调节情绪，而不是依靠单纯的情绪伪装来应对。依据学校实际调研，我们建构下列教师情绪工作辅导的整体思路如图 7-1 所示：

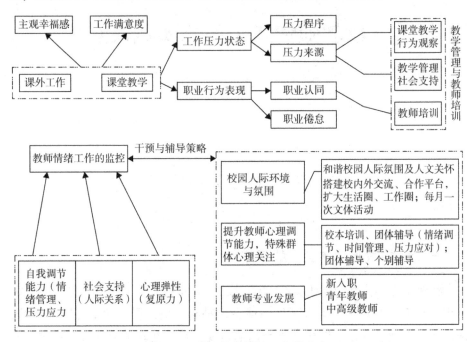

图 7-1　学校教师情绪工作的内容

二、学校教师情绪工作的主要路径

在当前基础教育改革背景下，教师的职业素养有了新的内容和要求，良好的情绪调控能力成为衡量教师专业素养的标准之一。教师在课堂教学和教育工作中进行一定的情绪调节和控制，表达具有积极意义的情绪外显行为。认知重评是提升教师的情绪工作的一种有效调节情绪的方式。它是通过个体对情绪事件的解读，改变对事件的看法达到对情绪的调节。情绪工作中的深层行为，是通过改变内在的情绪感受及认知来影响情绪的表达，以符合组织的要求。在学校实践中，我们将开展研究教师课堂情绪的工作，这对提升教师职业素养，实现教师专业化发展具有重要的实践意义。

（一）学校整体优化教师结构，推动系统功能最大化

学校每一位老师提升自己的育人能力，以学科教研组为基本单位，打造名师，培养区学科带头人，骨干教师，关注青年教师培养，做好传帮带，学科队伍优化，系统功能最大化。教师专业能力提升行动，主要针对以学科素养为基础的专业课堂教学行为，提升课堂教学效果。具体来说：

（1）岗前培训（新入职教师），职业体验学习阶段。学校每年都会对新入职大学生，在入职之前开展为期3个月的岗前培训，通过跟岗听课、学习、校园文化介绍、参与学校部分活动熟悉课堂，重在强化教师角色适应，增强职业认同，适应角色情绪工作需求。

（2）新教师（教龄1—3年），是基础性培养阶段。培养工作从"应知应会"着手，使青年教师掌握教育教学的常规要求和教学技能。引导青年教师全面、全方位参与学生教育教学管理，熟悉教育教学工作，管理和控制课堂情绪，保持积极工作状态。

（3）骨干教师（教龄在3年以上，年龄在35周岁以下）是发展性培养阶段。按照每个青年教师个性发展的特点，为他们创造成长的舞台，促使他们有目标地自我发展。骨干教师加强理论学习，主持课题研究，发挥骨干模范带头作用。在情绪工作策略选择上，能认知自己的情绪工作状态并做出适当调整。

（4）中老年教师（年龄35周岁以上）是成就性培养阶段。打造学校名师工程，提升学校影响力。评校园名师，积极发挥骨干教师、学科带头人的作用，开展校园名师评选。中老年教师拥有丰富的教学经验和教学技能，在情绪控制和管理方面也更加灵活，能清晰地认识自己的情绪工作状态，并选择适当的情绪工作。

（二）加强教师管理与辅导能力，指导班主任的教师情绪工作策略

班主任是班级管理工作的直接管理者和第一责任人，对学生的影响是深远和持久的。根据教师职业的特点，从责任上激励班主任，创造一种竞争奉献的氛围，可强化班主任的角色意识和对工作职责的认识，激励和鞭策班主任敬业乐业。

（1）以老带新，以老促新，重在培养年轻、优秀、骨干、特色班主任。学校可开展"师徒帮带结对子"的岗位责任培训，充分发挥有经验的老

班主任的"传帮带"作用。班主任参加班级管理，经常接触学生，了解学生思想、学习和生活情况，不断提高科学管理的能力。学校对班主任进行师德修养、业务水平、组织能力、参与管理等方面的综合考评，从中挑选出年轻、优秀、骨干、特色的班主任，大胆地给他们指路子、压担子，重点培养。

（2）开班主任经验交流会，树典型、立标兵，使班主任学有榜样，干有方向。

学校每年举办班主任经验交流会，宣传班主任好的工作方法，先进事迹，为"评优"打好基础，请工作有成绩、有特色的班主任介绍经验。同时不定期地组织班主任学习教育理论、兄弟学校的班级管理办法，在充分研讨的基础上形成共识，取别人之长补己之短。

（3）建立班主任工作量化考核制度，对班主任的"德、能、勤、绩"进行考核，完善一年一度的评选制度。

学校要对班主任工作效绩进行科学、公正的评价，并把评价结果作为奖惩、职务晋升的依据，这样就会对班主任产生积极的促进效应。采取调查、问卷、汇报等多种方式，广泛听取教师、学生及家长的意见，进行多方面考核。责任激励把竞争引进了班主任队伍建设中，造成了一种既富挑战性，又有一定群体压力的情景和氛围，激发士气和活力，强化了班主任的岗位责任意识。

（三）提升学校干部服务和情绪管理能力，引领学校发展

学校干部是学校管理的中坚力量，干部队伍决定学校办学水平。加强干部队伍建设和培养，引领学校高位优质持续发展。

（1）加强干部队伍学习能力建设，强化终身学习意识，向书本学习，不断提高自主学习能力；利用每周领导例会时间，安排集中学习，参会领导轮流准备学习内容和主持，并做好笔记；向实践学习、向先进学校学习经验。按照上级部门的要求，积极安排校级领导及中层干部和后备干部参加各级各类外出培训，开阔视野，提升高度。

（2）强化服务意识，提高业务指导能力。淡化干部的行政长官意识，强化领导集体的自身建设，时时处处体现服务意识，密切干群关系，提高凝聚力和向心力；中层以上领导每人深入一个教研组，参与集体教研和备课活动以及听评课活动，不断提高科研能力和业务指导能力。

（3）提升干部队伍执行力、战略思考力、感召力、创新能力。提升中层干部在负责工作领域的战略思考、工作执行及设计能力；在工作中大胆创新，

突破局限，在学校各种大型主题活动中做到：有计划、有步骤、有落实、有反思，提升工作效率，有号召力、影响力。可以组织干部走出去培训、学习、参与论坛等，提升综合素养。

（四）聚焦情绪工作策略科研课题研究，实现教师专业化发展。

教师的科研能力是一个长期的知识沉淀，不断内化、逐渐发展的过程，只有平时不断积累，才能形成良好的科研能力。教育科学研究是教师专业化发展的要求，也是教育创新的要求，大力实施"科研兴校"战略，鼓励教师开展科研工作，提高教师的科研能力，促进教师的专业发展。

（1）加强教师的理论学习，夯实专业基础，提高教师理论素养。教育理论是科研的首要条件，吸收理论营养，培养发现问题、解决问题的能力。学习本学科理论和专业知识，以及与之相关的学科理论和专业知识，通过各种渠道和途径，提升科研素质。

（2）深化认识，转变观念。重视科研，以先进的理念指导工作。有的教师对于培训与科研认识存在一些误区，认为科研是科研部门、专家学者的事，引导教师转变观念，参与培训，对难点问题做深入思考和研究，在培训中将自己的科研成果充实到教学环节中，做到"教学出题目、科研做文章、成果进课堂"。

（3）完善科研制度，提升教师科研能力。学校加大对科研课题的支持，构建竞争有序、运行高效的科研环境、激发教师的科研激情。在制度建设上，继续完善教育科研常规工作制度、科研工作计算方法、科研经费管理制度、调研服务制度及科研奖励制度，形成科研管理体系，使科研落到实处。

（五）加强教师心理健康教育能力，做"全人心育"的当代教师

"面向全体，促进学生全面发展"是 21 世纪教育工作强调的重点，即推进"以人为本""以心育德""以情育德"的个性化教育理念，充分尊重学生的情感、需要及意志，引导学生身心和谐发展。

（1）提高全员教师心育能力，指导教师情绪工作的使用。中学心理健康教育课程在当今教育发展中扮演着至关重要的角色，其目标的界定程度直接影响心育的操作与实施。我们将学生心理健康教育目标分解为三个层次：终极目标、发展目标和基础目标，并且三个不同层次的目标对应不同的结构形成一个目标层次结构图，如图 7-2 所示：

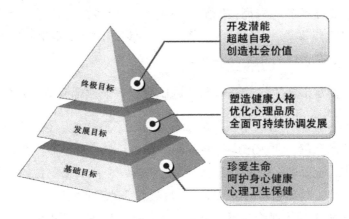

图7-2　教师心育能力提升层级目标

心理健康教育的基础目标是实现提高心理素质和潜能开发的前提。基础目标是教师珍爱生命价值、呵护心理健康，学会求助，做好心理卫生保健，落实健康第一、生命教育的思想。开展心理健康教育的发展性目标是塑造健康人格，优化心理品质，实现全面持续协调，促进资源再生性发展。心理健康教育的终极目标就是开发潜能，超越自我，学会自主选择，创造社会价值。放大心理健康教育的目标有利于个体承担更高的责任去开发自我的潜能，实现自我，超越自我价值的追求，有利于创造宇宙独特的精神价值服务于人类社会的发展。

（2）加强教师心理健康教育能力。在素质教育的要求下，教师的心理健康问题在学校教育中变得越来越重要，教师不仅要传道授业解惑，还应该成为学生心理健康的维护者和促进者。教师的心理健康教育能力，即"心育能力"。可以通过多渠道、多领域、体验式学习辅导增强教师对学生的认识和心理辅导。加强心育队伍建设、提供支持保障，讲座、论坛、读书交流、特色专题活动等方式提升全员教师心育能力，作"全人心育"的当代教师。

（六）引导教师内源性发展，提升教育创新能力

自主和创新是一种内源性的专业发展，它强调教师在专业发展上的自主性，在逐渐积累过程中突破优秀，强化优势。教育创新是指整个教育事业和教育体系运行机制的创新，包括教育观念的创新、教育内容的创新和教师素质的创新。

（1）引导教师自主发展，学校引导教师做好3年发展规划，在分析自我

优势与不足后，做好三年规划目标。引导深刻的教师自主，善于觉察，在课堂教学中能独立探究、灵活运用知识、享有一定的自由，在平时活动中自主获取资源，自我规划、自我管理，自我超越；引导教师积极的自我体验，让教师能在学校教育教学中产生自主的积极体验；引导教师自觉地自我控制，教师能够完善教师自主，促使自己自发遵守规则，自主探索发展。

（2）提升教师创新能力。教育创新是指整个教育事业和教育体系运行机制的创新，包括教育观念的创新、教育内容的创新和教师素质的创新。加强创新理念培训，组织教师反复深入学习现代化教学思想和创新教育理念；建立以尊重、理解和宽容为内涵的新型师生民主，引导学生自主学习，独立探索，解决问题，教学相长；加快观念转变，使教师教育观念现代化，通过专业知识培训，学习创造教育理论和方法，培养教师的创造心理素质，发展他们的研究精神，强化创新意识。

三、教师情绪工作：教师表层和深层行为调节

在学校中倡导学生敬爱师长、感念师恩，营造尊重教的社会氛围，提升教师的职业幸福感，推动尊师重教的良好风尚在每一个学生心中、家长心中、在全社会深深扎根。

（一）唤起学生心中的爱，教师深层情绪工作内涵

1. 在校生"尊师爱师"主题活动

学校是学生学习、成长的地方，老师为学生的健康成长付出了辛勤的汗水和劳动。尊师重教是中华民族的传统美德，也是每一名学生所应具备的基本素质。学校面向在校生开展一系列"尊师爱师"主题教育活动，增强教师教书育人的荣誉感和责任感。（1）德育教育渗透尊师爱师，行为规范传递爱与尊敬。（2）每年九月开展"尊师爱师"主题教育月活动，具体体现在"教师节"学校组织专题活动，学生手制贺卡、感恩卡片，教师组织庆祝大会；国旗下的讲话，倡导学生以实际行动，尊敬师长；班级开展"尊师爱师"主题班会，学生通过视频、短剧、诗歌赞颂等方式表达感情；学生手绘黑板报、"尊师爱师"主题征文、手抄报、"老师，我想对你说"等方式传递"尊师爱师"的中华传统美德，营造浓郁的氛围。（3）大力宣传"尊师爱师"的典型榜样。通过各个渠道，大力宣传媒体报道中尊师爱师的人物形象、古今中外典型事例、校刊专栏，也可以发现身边的师生故事，通过教师榜样、学生榜

样等树立形象，通过师生良好互动，建立和谐的师生关系。（4）课堂教学中渗透"尊师爱师"理念。在学科课程中渗透知识的传承，对知识的尊重、对老师的爱戴。比如政治课中有专门对构建师生关系的解读，可以创新课堂组织形式，开展形式多样的课内、校外的活动。

2. 毕业生"感念师恩"系列活动

"铁打的学校，流水的学生"，学生在校园中学习生活成长，而后升学离开学校，每年的毕业生都会成为学校最新的校友，学校可以组建校友会，学长团，组织毕业的学长定期和学校联系、创办活动，为学校和老师做实事，通过校友会和广大毕业生感谢师恩，引导社会形成尊师重教的好风尚。

（1）校友会在高三成人礼专题活动的时候，学长团倡导广大毕业生感恩老师，为老师做实事，倡导离开校园的毕业生用视频、微信、电话、短信等方式沟通，用爱心做一件实事。

（2）在学校主题活动日邀请毕业生回校。开放日、教师节专题日、运动会、学生手工制作义卖会、高考结束后邀请毕业生回母校，也允许自发前来探望老师的学生回到校园，为他们提供一些方便。

（3）学校校友会中成立理事会，各行各业毕业校友们回归母校，在学校开学、周年纪念等特别日子，宣传典型校友案例，邀请他们回到学校，共叙情谊。

（二）建设"家长—老师"沟通平台，展现家长"尊师爱师"

"亲其师，信其道"，老师的成就感来自学生的进步，他们和家长的目标是一致的。在学习生活中，需要家长理解，家长帮助，但根本的还是需要家长真诚的尊重。

（1）学校成立"家长—学校委员会"，建设"家长—老师"网页、公众号等沟通平台，班级成立家长微信群、学校组织定期在宣传专栏刊登家长—老师沟通的故事，家长"尊师爱师"的报道，宣传和谐的家校关系，传递正能量。

（2）学校主题活动日邀请家长参加学校活动。如学校开放日、学期家长会、运动会、教师节、主题教育活动、家长—学校定期学习活动，请家长观摩教师课堂、聆听教师故事，增加家长教师沟通渠道，让家长了解教师职业，尊重教师。

（三）教师中传承"尊师爱师"，体验职业幸福感

广泛开展教师间互敬互爱、互帮互助活动，增加教师本身对自身职业的热爱、职业承诺、职业认同。让教师间互相关爱的精神在学生中传递、在社会中传递，教师成为学生真正羡慕的职业。

（1）学校提供沟通服务平台，让教师享受集体的幸福。可以利用教师节祝福、生日祝福、节假日联谊会、座谈会、茶话会、参观学习旅行等活动，安排教师与教师对话、教师与干部沟通，在尊重和赏识中教师感受肯定、尊重和集体的幸福。

（2）引导教师专业成长，教师享受自我实现的幸福。人类的需求层次以自我实现为目标，学校教师发展中心有规划、有目的地开展一系列活动，如拜师会、青年教师交流会、师徒交流会、专业论坛学习会，搭平台，创机会，适度激励、满足教师专业发展的需要，让教师享受成长的幸福。

（3）营造社会支持、创造幸福校园。号召年轻教师尊重关爱老教师，在职教师尊重关爱离退休教师等活动，让教师能感受到职业的温暖。为有困难的老师提供帮助，让爱心在校园、在社会中发扬光大。

第二节　教师情绪工作策略的辅导

良好的情绪智力是教师专业化必备的素质，提升教师情绪工作的整体水平，加强教师队伍的专业化建设，制定科学系统的辅导方案，提高教师对从事职业本身的认识、强化教师教育教学技能，提高课堂教学管理能力，满足教师职业工作需求。

一、教师情绪工作的内容设计

教师情绪工作是一把双刃剑，一方面情绪工作可以满足学校教育工作需求，另一方面，高负荷的情绪工作容易导致情绪衰竭和职业倦怠，影响教师身心健康。为了表达出组织所期望的情绪，个体在表达情绪时需要用到的方法称为情绪劳动策略。前面的实验研究表明情绪工作具有一定的情境适应性和个体差异性，我们期望在学校中对教师开展情绪工作策略的辅导，教师能客观认识情绪工作，适当地选择情绪工作策略，增强教师因教

学绩效提高而产生的教学效能感，从而有效调节情绪工作对职业倦怠的消极影响。

教师情绪工作是教师根据社会及学校组织的要求，为了实现教育教学目标，顺利完成教学任务，在教育教学过程中合理地调整自己的内在情绪、表现外在情绪的劳动方式。教师的情绪工作是教师为了实现教育教学目的而采用的工作策略。影响教师情绪工作主要有内因和外因两个方面。内因主要与教师的人格、教龄、情绪智力等有关，外因主要包括教师职业的表达规则、学校环境等因素。提升教师情绪工作包括情绪认知与调节、职业规则与表达、情绪工作策略与选择三个主要专题。情绪认知与调节主要从情绪觉察与感知、情绪智力、人格特质、自我认知与调节的角度来探索教师情绪工作的感知能力；职业规则与表达从社会、学校、职业的角度来探索教师情绪工作的内在本质，如教师职业、职业承诺与认同、社会对教师的期望以及学校内环境对教师情绪表达要求、教师人际社会适应等；情绪工作策略与选择从情绪工作策略、教学效能感及职业倦怠的角度探索教师情绪工作策略的适用性，提高教师情绪工作能力，提高教师的满意度和自我效能感，降低教师职业焦虑，缓解职业倦怠，提升教师的幸福感。

（一）情绪认知与调节专题

情绪认知与调节专题旨在教师在充分的自我认知基础上，能够觉察和识别情绪、认识和处理自身的情绪困惑，了解自我的情绪来源，降低情绪负荷，学会调节和梳理情绪，实现自我成长。情绪自我认知是个体对自身及其与周围世界关系的心理表征，表现为认识、情感、意志三种形式，即包括自我认识、自我体验和自我调节三个部分，这些成分的积极发展是个体人格健全发展的基础。

表7-1　教师情绪认知与调节专题内容

主题	主要内容	干预点
情绪认知	1. 情绪觉察和识别 2. 情绪的信息表达 3. 情绪事件认知	情绪觉察（自我与他人）、等级评估特征 情绪信息内涵（言语和非言语信息表达） 情绪启动、认知过程（正、负向情绪事件）

续表

主题	主要内容	干预点
自我认知	1. 自我认识 2. 自我体验 3. 自我调节 4. 情绪与人格认知	认识自我，体验生命存在的独特性 情绪的体验与认知 自我情绪反应模式 人格特质与情绪表达方式
情绪调节	1. 情绪调节 2. 合理情绪 ABC 3. 情绪转化 4. 情绪与健康	情绪的跨文化特征 情绪产生机制，调节方法与策略 萨提亚情绪天气预报互动，体验情绪转化 情绪压抑与身心健康，接纳和适当表达情绪

（二）职业规则与表达专题

情绪研究最早出现在组织行为学中，员工为了满足组织绩效的需要，在与顾客实践的社会互动交往中，按照企业组织的要求管理自己的情绪，表现出符合组织要求的情绪。教师作为专业性、技术性工作者中的高情绪工作者，在其工作和生活中难免会产生不同的消极情绪，在一定程度上迫切要求对教师情绪以及情绪表达规则进行研究，从而帮助教师在认识自身情绪的基础上了解社会、学校对职业的要求，营造融洽的工作氛围，推动教育教学顺利开展，实现学校的培养目标。情绪工作规则表达本质上是一种社会适应，社会适应（social adaption）即个体的观念、行为方式随社会环境发生变化而改变，以适应所处社会环境的过程。

表7-2　教师职业规则与表达专题内容

主题	主要内容	干预点
职业认同	1. 社会职业认识 2. 教师职业特征 3. 社会支持与公正	深层工作策略的认知基础 教师对行业认识、特征、社会支持等调节变量的深度觉察与辅导
职业规则	1. 学校组织规则 2. 学校环境与氛围 3. 不同工作群体的任务特征	不同组织的规则、组织氛围 不同接触对象的认知特征
职业表达	1. 组织与工作效能 2. 人际与环境适应 3. 职业效能与反馈	组织工作效能 社会人际、环境适应辅导干预 职业反馈和成就感、职业效能

（三）情绪工作策略与选择专题

由于公众对教师的期待，教师在工作环境中，感受到情绪与学校要求的不一致的时候，为了符合职业角色要求，教师在工作中需要修正和控制自己的情绪。教师所需要的情绪受到职业规范的情绪表达要求，情绪多样性，互动频率以及个体自我规范的情绪伪装、情绪内化等情绪工作。教师需要清晰认知自己的情绪工作状态、了解不同情绪工作策略及表现，情绪工作的差异性和情绪工作效果，提升教师情绪管理和情绪工作能力。

表 7-3　教师工作策略与选择专题内容

主题	主要内容	干预点
情绪工作程度	1. 情绪失调 2. 情绪工作强度 3. 情绪工作事件认知	教师情绪工作状态识别 情绪工作强度大小感知 情绪工作时间、频率识别
情绪工作表现	1. 假装表达情绪 2. 压抑表达情绪 3. 认知重评 4. 深层工作策略	情绪工作的不同表现方式，假装，压抑，认知重评，深层工作等
情绪工作差异性	1. 师生情绪工作 2. 家长情绪工作 3. 教师情绪工作 4. 情绪工作情境性	教师与不同群体接触时，情绪工作策略选择与差异性特征的干预与辅导
情绪工作运用效果	1. 教师效能感 2. 教师职业认同 3. 教师职业倦怠 4. 教师幸福感	教师情绪工作教学效能感、职业认同、职业倦怠和幸福感提升等后果变量的干预与辅导

二、教师情绪工作策略的辅导方式

我们期望能采用积极心理学视角下团体心理辅导的工作方式及流程，以积极心理学的理论体系作为支撑，从积极的视角，创设积极的情境，通过团体模式的积极互动和分享，发展良好的人际关系，形成积极的情绪体验，完善人格成长，激发内心自我体验和动力，满足学校组织的需要，我们将采用团体辅导活动解决教师面临的情绪困扰。

（一）教师情绪工作的团体辅导

团体辅导是一种适合集体开展的辅导方式，能针对团体普遍存在的问题，使团队成员互相支持，来共同寻求解决问题的方法，以促进教师心理成长。团体辅导是动态的、持续性的、相互影响的变化过程，都会经历从启动、过渡、成熟到结束的发展过程。每个阶段有各自的特点和重要性，决定着团体辅导的成功与否。积极取向的团体辅导一般经历下面几个阶段：主题选择、设计方案、招募甄选成员、辅导实施（开始、转换、工作、结束）、评估反馈（效果和过程和追踪评估）、总结提升。

1. 教师情绪工作的主题选择

团体辅导的主题选择是辅导效果的关键点，在一定程度上决定了团体的任务和功能导向，事先了解参与教师的特征如年龄、性别、年级、教育背景、情绪状态、家庭关系等。积极心理学团体辅导强调积极理念的导向，我们在主题设定的时候关注师生的积极引导，避免消极暗示。在积极导向的主题选择中，我们要注意两点：一是清晰主题目标。我们需要考虑的是积极团体辅导的目的是什么？哪些人来参与？从中选择一个适当性的主题，进行团体心理辅导方案的设计。二是主题团体名称要有吸引力，积极正向，并能够体现本团体的目的。团体名称不要使用容易出现理解歧义的词句，题目太小或太大都不切合实际。活动名称要符合对象的年龄特点，使人容易接受。比如我们期望对学业成绩不佳的学生进行团体辅导，尽量避免使用"教师心理焦虑辅导小组"，而尽量使用"教师心理资本提升小组"这样的名称，避免消极词汇，体现积极正向的引导。

2. 做好情绪工作整体方案设计

设定方案时，要紧紧围绕主题，列出与主题相关的内容，确定全景计划❶。如在教师情绪工作效果辅导中，我们可以设置团体辅导内容：职业倦怠的问题呈现、职业倦怠的原因分析、职业倦怠的认知调整与职业愿景与激励。

在教师团体辅导中，我们要充分考虑教师的特点，有时候因时间、次数等客观时间安排，会选择适当的 1~2 个主题开展。整个方案的设定包括对主

---

❶ 全景计划就是画出辅导主题的思维导图，列出与主题相关的所有话题，依据实际的需要做出阶段性、深入程度等相应的取舍，从而使得每次的团体辅导活动科学有效。

题的预期、主题活动次数、单元目标与达成、单元主题间的逻辑关系等方面的考虑。一般而言，团体产生积极改变的因素需要时间，也就是说，团体经由创始期、成熟期到结束期要有一个发展的过程。团体持续时间太短，效果受影响；但持续时间过长，成员易产生依赖，领导者和参加者的时间、精力也不允许。一般认为 8~15 次为宜。活动间隔时间多长，看法不太一致，每周 1 次或每周 2 次都可以，每次时间 1.5~2 小时。

表7-4 情绪工作团体辅导方案设计

团体名称		
领 导 者	带领者：	
	协作者：	
	督导员：	
成员性质	规模：	
	背景：	
团体时间	次数及每次时间	
团体理念		
团体目标		
团体评估	过程和结果评估	
	团体互助状况和个别成员评估：	
	备注	

3. 确定团体活动的场所

团体辅导的活动场所，一般而言，一间宽敞、清洁、空气流通、气温适当的房间，最好有隔音条件，没有固定的桌椅为最理想。团体活动中成员可以在地毯（板）上席地而坐，随意坐成大圈，或分组坐成小圈；或用折椅比较灵活，围圈而坐可以使团体成员都有面对面谈话的机会。基本要求有：（1）为避免团体成员分心，也就是要使团体成员在没有干扰的条件下集中精神投入团体活动。（2）有安全感，能够保护团体成员的隐私，不会有被别人偷窥、监视的感觉。（3）有足够的活动空间，可以随意在其中走动、活动身体、围圈坐。（4）环境舒适、温馨、优雅，使人情绪稳定、放松。

4. 团体成员选择的条件

团体领导者在筹划团体辅导时，就应该根据团体的目标明确服务对象。通常，参加团体辅导的成员可以是背景、问题相似的人，也可以是背景不同的人。从团体辅导的特点看，参加团体的成员应具备以下三个条件：（1）自愿报名参加，并怀有改变自我和发展自我的强烈愿望。（2）愿意与他人交流，并具有与他人交流的能力。（3）能坚持参加团体活动全过程，并遵守团体的各项规则。那些性格内向，羞怯，孤僻，自我封闭的人，和有严重交往障碍的人不宜参加团体辅导与治疗。

（二）团体辅导的组织与实施

任何一个团体辅导都会经历一个启动、转换、工作、结束的发展过程。在整个过程中，每个阶段是连续的，相互影响的。我们需要对团体的发展阶段及特征有一个清晰的了解，才能把握团体辅导的方向，有效引导团体向健康、既定目标的方向前进，而不至于出现混乱和焦虑。同时，我们还需要知道哪些会影响团体动力，巧妙地利用团体的积极因素，为团体成员的改变创造良好的、适宜的动力环境。本书中，我们把团体辅导阶段分为下面4个阶段：

（1）团体启动阶段。在这一阶段，小组成员初入团体，对团体的成员有陌生感，对团体也不甚了解，不知道自己该做什么，由此会产生很多疑惑与焦虑。这一阶段的任务是澄清目标（即向成员解释训练营的目的），通过活动让小组成员消除陌生感，逐步认识和了解团体成员，从而开始建立起信任感。工作重点是组建小组，增进小组成员的了解与信任。如可以引导团体成员说出期待，请大家从情绪卡片中抽取自己此刻的感受，说说此刻的心情和自己的观察，并清晰表达自己的期待与担心，成员自由分享等。

（2）团体转换阶段。经过第一阶段的热身，小组成员间有了初步的认识和了解。随着活动的深入，成员互动更加频繁，从身体的接触逐步到心灵的沟通与交流，小组的自然"领袖"就会产生；同时成员们也会表现出"真实"的自我，由此会出现如抗拒、冲突等不利于团体进一步发展的行为，随着这些问题的解决，小组成员互相接纳，信任感进一步增强，团体凝聚力也会得到进一步巩固和发展。这一阶段的工作重点是为成员提供鼓励，增进成员的互动，解决成员的冲突与抗拒行为，建立起坦诚而互相信赖的团体气氛。

（3）团体工作阶段。经过第二阶段的努力，成员已经彼此信任，团体也有很强的凝聚力。这一阶段的任务是，在充满信任、理解、真诚的团体气氛下，鼓励成员探索个人的态度、感受、价值和行为，深化对自己的认识。工作重点是解决成员的问题，促使成员的行为改变。

（4）团体结束阶段。这一阶段的主要任务是让成员面对即将分离的事实，协助成员整理、归纳在团体中学到的东西，鼓舞信心，将学习到的东西应用于日常生活中去，促使态度与行为进一步改变。工作重点是：促使态度与行为的迁移，处理惜别情绪。

在实际操作过程中，团体辅导的过程还会受心理辅导理论取向的影响❶。不同的理论取向产生不同性质的辅导团体，其辅导的过程、辅导的重点也会有不同。我们采取积极心理学导向的团体辅导积极情绪——积极特质——积极社会支持——应用实践几个阶段。

三、教师深层情绪工作的辅导案例

（一）确定活动的目标及活动名称

活动目标：经过调查和心理测验发现，教师工作压力很大，有部分教师情绪低落，出现工作动力不强，有些倦怠的现象发生。所以，我们决定对教师情绪状态做一梳理，并寻找教师内在的工作动力，提升教师幸福感，活动的名称为："做幸福的自己。"

---

❶ 不同理论导向的团体辅导因核心理念不同，辅导重点、技术、过程会不同，比如个人中心理论取向的团体其发展历程包括困惑探索—信任接受—自我探索—变化成长四个阶段；比较常用的团体辅导理论导向还有理性情绪取向、精神分析取向、焦点解决取向、绘画艺术取向、舞动辅导取向等不同理论导向。

(二) 设计具体的活动方案及程序

活动主题：做幸福的自己——团体心理辅导活动

活动目标：探讨教师幸福感的内在动力，找到幸福的几个要素

活动人数：20 人

活动所需材料：空教室、贴纸、彩色笔、轻音乐、课件、投影

活动程序：带领老师自我介绍，导入活动。幸福感的基本介绍及国内外幸福指数的排行，背景性介绍。

(1) 热身活动：全体围成一个大圈，分发"寻人启事"表格，表格上有描述个体的各种特征，如爱吃辣、家里养着宠物、坐地铁上下班、对自己满意、热爱运动、昨晚零点后入睡等内容。大家阅读表格，并准备寻找其他人联结。

(2) 初步联结：每个人拿着这张表格，去寻找符合此特征的人，请他在此表格中填写自己的名字，每格只能写一个名字，不能重复。

表 7-5 热身活动："寻人启事"

（每格只能写一个名字，不能重复）

爱吃辣	经常表扬孩子	有女儿	对自己满意
热爱公益活动	喜欢听音乐	我喜欢的一本书	最近两周带孩子看过电影
戴眼镜	热爱运动	孩子爱好绘画	一周至少有两顿饭在餐馆吃
家里养宠物	昨晚零点后入睡	幸福感很高的人	坐地铁上下班

注：描述特征的词可以随着团体人员特征变化而有所变化。

(3) 进一步联结：让每个人拿着签名单，与签字的老师交谈对此特征的一些感受和想法，并交流背后的心理历程、对某个特征有什么特别的感受或者有没有什么新的发现之类的内容。每个人至少与周围 3 个老师来分享感受，并找到对哪个描述的看法等内容。

(4) 接纳与澄清：在该阶段，小组团体内分享，大家发现共同的特征，并对这些特征做深入分析和深度分享，目标在积极理念深化——大家找到共

同的联结，感受分享的喜悦，并意识到自己的行为负责的态度。

（三）情绪工作识别与表达活动深入

通过对教师群体情绪状态的觉察，发现日常教育教学工作中的情绪事件，并对情绪事件做出认知判断和深层工作调整，提升教师幸福感。通过教师自我探索，找到情绪困扰来源，并做出深层工作策略认知调整，做出幸福行动计划并付诸实践。深层工作策略认知调整如图7-3所示：

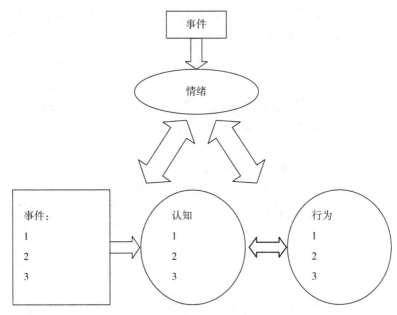

图7-3　深层工作策略认知调整

（四）反思提升阶段

在最后反思提升阶段，我们可以将情绪工作策略进行升华反思，找到消极情绪表现，分析表现背后的深层认知，做出积极的改变，学会寻求支持和帮助，发现幸福事件，做出幸福行动，并采用深层情绪工作创造积极幸福。

表7-6　深层工作策略提升计划

	消极情绪表现	一些困扰自己的想法	我该如何改变	我还可以求助
1				
2				
3				

第三节　教师情绪工作的研究展望

教师在日常教育教学工作中，部分教师会真实地表达情绪，也有老师采用表面行为作为情绪工作策略，一直以来，对于教师的关注与培训多集中在教师教学技能和职业道德等方面，而对教师的情绪调节关注较少，教师作为高情绪工作者，面对不同的工作群体，学生、家长、同事及领导等，经常需要耗费心力进行情绪工作，使自己的情绪表现符合职业和组织的要求。我们应对教师情绪工作给予更多的辅导与支持。

一、教师情绪工作的研究视角

情绪工作是霍克希尔德（1979，1983）在组织行为学中提出来的，一开始应用于服务业领域中，是伴随着服务型社会的崛起和发展的。许多管理者相信员工的友善和积极情绪与顾客满意度强烈相关，并且能提高顾客的信赖与忠诚，从而影响组织利润。为了确保员工进行适当的情绪表达，组织制定了清晰的表达规则，包括情绪表达规则，作为员工手册的常见说明。教师是一个特殊的职业，承载不同于其他行业的使命"教书育人"，之前的教师心理研究一直关注认知领域，如教师的教学技能、教师思维，而教师情绪很少涉及，教师情绪工作的研究既是对情绪研究领域的补充，也是对组织行为学情绪工作对象的扩张，从一个新的视角，将教师作为一个服务领域的个体，探讨其情绪工作的恰当性，提供一些理论参考。

作为高情绪工作的中学教师，如何能做好情绪工作的使用恰当性，是每个教育工作者不可忽视的问题。社会习俗抑制了情绪表达，社会期望人们隐藏真实的情绪体验，而表达出符合社会期望的情绪。情绪表达规则是人们如何调节情绪表达，使之适合社会要求的表现特点，因而具有整合性。从情绪工作的过程来看，情绪表达规则贯彻情绪工作始终。情绪表达规则对情绪工作起着非常重要的作用。迪芬多夫和弋瑟兰德（2003）曾提到为什么在组织中，有的人遵守，有的人不遵守，既然存在情绪规则，个体如果没有对其认知和理解，那么表达规则就不会发生作用。表达规则的知觉比规则本身更重要，个体对情绪表达规则的内化程度会影响情绪工作。

拉法埃利和萨顿针对不同的职业进行质性研究，这些研究引起了研究者对情绪工作的关注。情绪工作的研究被试基本集中在服务业一线员工，如服务员（超市、快餐店等）[贝利（Bailey）和麦科洛（McCollough），2000；陶立齐（Tolich），1993；特蕾西（Tracy），2000]、专业医疗人员或助人工作者（医生、社会工作者、护工）、助理或秘书 [威克罗斯基（Wichroski），1994；莱夫利（Lively），2000]、刑警或急难救助人员 [波格莱宾（Pogrebin），1988；斯腾罗斯和克莱曼，1989；舒勒（Shuler）和塞弗（Sypher），2000]。教师作为非盈利性组织中的个体，并未涉及，情绪工作的对象扩张到教师行业，从一个侧面反映出社会对教师行业的重新审视，教师接受更多的检测和挑战。

教师在不同的状况和时空下，要面对不同的学生、同事和家长，使教师体验不同的情绪，并且需要展现不同的外在表现，教师应该能在工作特别是人际互动中很快地从自己的生理反应、经验及想法中，觉察出自己的情绪究竟是什么，区辨出矛盾、复杂的、多重的情绪，觉察自己为什么会产生这种情绪，这种情绪对个人的所思、所言乃至工作表现会产生什么样的影响，这对于教师而言，非常重要，教师的这种情绪胜任素质在日益多变的社会中，往往成为决定成败的关键，所以师资培训机构有必要重新审视教师课程培养安排，注意培养有情绪胜任素质的教师。本书针对教师访谈，对教师职业领域进行了深入访谈，总结该领域的职业特殊性，从互动对象、接触频率及重复性、情绪展现规则及情境性等方面进行了概括总结，对该领域的情绪工作有形象的描述和解释。

教师情绪工作能力的研究，是教师有效地提高教育教学效能必须具备的能力和特征，一方面，可以帮助教师对自己的教育教学表现作出正确的价值判断，以提高教学绩效；另一方面，也可以有效地减轻教师情绪劳动负荷，提高教师的工作生活质量，学校和师资培训机构也可以借此来对教师的情绪胜任素质进行评价，并指导相应的培训和生涯管理活动，促进教师情绪素质的提升。

二、情绪诱发有效性的研究进展

由于情绪本身的复杂性,心理学涉及情绪的研究,最大困难在于被试情绪的诱发问题。本书在实验室的状况下,采用模拟情境诱发的方式进行情绪唤起,主要考虑到对于教师而言,情绪唤起与教师对材料的参与度有关,采用文本阅读的方式,教师可以结合自己的实际情况,想象情绪事件发生在自己身上后,这种情绪的唤起真实感较强。真实课堂的事件采样率比较低,在实际听课被关注的课堂上,学生往往会因为被关注而有所收敛,而教师被关注下,可能也会出现失真状况。控制虚拟的情绪事件课堂,因技术水平的限制,还难以完成。就本研究而言,文本阅读方式,可操作性很强,但也会受教师参与执行指导语程度的限制,因而我们在指导语之后,通过情绪形容词评定表检验了情绪材料操作的有效性。本书中后续的检验结果表明,高低冲突情境下,教师情绪生理和主观报告结果都有效地唤起了被试不同类别的情绪反应,从而为进一步的情绪工作研究提供了可能。

在实验室中研究情绪的可行性,在很大程度上依赖于情绪的诱发程序,情绪研究中常用的诱发情绪有,通过假定的实验情境,使被试受其感染,诱发特定的情绪(班杜拉)、使用面部肌肉反馈技术,被试要求控制自己的面部肌肉,诱发特定情绪埃克曼(1983)、通过想象来诱发情绪[达马西奥(Damasio),等,2000;金布雷尔(Kimbrell),等,1999]、通过影像或照片诱发特定情绪[雷恩(Lane),1997;菲利普(Phillips),等,1997]等。本书中通过想象来诱发情绪,通过回忆过去有体验的生活事件引发情绪,更能体现个体在面对自己的课堂场景的真实性。研究者通过对被试的情绪进行操作后都用各种方法检验了操作的成功性。检验的手段包括情绪形容词评定表、情绪标准量表等来检验情绪操作的有效性,也属于自我报告法。沃特森(Watson)认为情绪的自我报告有着良好的准确性。虽然,被试在想象使用时不太容易,对被试配合的要求较高,但同其他方法相比,这种文字阅读的方式能够唤起教师回忆真实的课堂场景,跟自己的实际情绪状况结合起来,具有操作简便,易于控制的优点,并且经过研究后续的验证,被证实能够引发情绪的唤起。

三、教师情绪工作的动力性特征

教师因其职业的特殊性，被认为是高情绪工作者（霍克希尔德）。研究情绪与认知的最大不同在于，情绪是有动力性特征的。情绪反应动力性的特点涉及情绪工作中情绪变化性的部分。情绪工作本身是一个既有外在情绪表达特征，又有动态性的变化性的特点，关注人际交互和具体情境的分析，将组织行为学中的冲突概念引入，作为情绪工作的前因变量分析。国内对情绪工作的研究较少，散见几篇情绪工作的评述性文章，当前关于情绪工作的研究主要集中在以下几个方面，情绪工作的定义、结构、测量工具、情绪工作的影响因素、情绪工作的效果变量、调节变量和中间变量等（阿什福思和汉弗莱，1993；迪芬多夫，2003；刘衍铃，2007；吴宇驹，2008；王静，2009），对教师情绪工作的情境性的探讨，局限于一些质性分析和评述，而情绪工作过程中，其情绪变化性的研究几乎没有。

本书通过界定情绪工作的问题情境，将冲突概念引入课堂行为情境中，分析在问题情境引发的情绪变化性的特点，分析负性情绪展现的情绪动力性特征，为进一步情绪工作的使用奠定研究基础，研究结果表明不同问题情境下教师情绪反应动力性存在模式上的差异，并且在不同情境下存在情境、人格和教龄的交互作用。高冲突的问题情境引发了生气的情绪反应，低冲突的问题情境引发担忧的情绪反应。在此过程中，人格是一个关键的变量，很多研究表明人格与情绪变化性之间存在较大的关联，本书的实验研究中，高冲突情境下存在情绪唤起的人格差异，为进一步的情绪工作效果性分析提供参照。

情绪动力性的时间序列分析是情绪研究的最大特点，也是情绪和认知的最大区别，在此，不同问题情境下的情绪反应动力性的特点反映了教师被试对问题情境的情绪反应的敏感性。情绪变化性是情绪体验的一个重要方面，情绪体验的程度和速度是反应的两个指标。情绪动力论认为，情绪是一个由多种成分组成的相互作用的动力性系统，体现在情绪指向上的稳定性、强度、频率、发动时间及情绪变化的速率上。研究不同问题情境下的情绪工作动力性特定，主要分析课堂问题情境对教师的情绪体验唤起及自主神经反应的动力性特点。高低冲突的课堂情境，因其情绪工作前因变量的不同而产生情绪体验类别的差异，高冲突情境会引发教师生气的情绪反应、低冲突的课堂情境会引发教师担忧的情绪。

　　两者比较，同样唤起的都是负性情绪，因负性情绪的类别不同，其情绪唤起的时间、恢复和持久性存在差异。回顾有关自主神经活动和情感反应关系的文献，研究结果缺乏一致性，很难将内脏反应与情绪区别开来。埃克曼（1983）首次提供了不同情绪引发不同自主神经反应数据揭示，采用面部活动任务和想象任务引发的六种情绪状态，愤怒比快乐引起更多的心率加快、厌恶比快乐的皮肤电升高。本书研究的结果表明，高低冲突情境下，生气和担忧情绪反应所唤起的生理指标存在差异，皮肤电与 r-r 间期存在变化的差异，高冲突下的皮肤电诱发期间下降，r-r 间期增大，而低冲突下皮肤电有所上升，r-r 间期减小，这跟情绪反应类型报告也有相关。

　　皮肤电是机体受到刺激后，皮肤所发生的电传导变化，是皮肤的一种生理反应，主要是植物性神经中的交感神经系统控制的诸多生理活动中的一种，反映了皮肤电阻或者电导的变化，随着汗腺机能的变化而改变。汗腺分泌过多，就会出现交感神经活动兴奋，可以感受到情绪活动强烈。

四、情绪工作策略在不同情境下的适用性分析

　　研究结果表明，并非所有的深层工作的情绪策略都是好的，也并非所有与情感表达不一致的情绪工作策略都是差的，通过实验设计和控制，我们发现，不同的情绪工作是有一定的适用性的。

　　高冲突的问题情境，使用深层的情绪工作对情绪反应动力性及第二任务的影响来看，这种情绪工作策略是有效的。低冲突的问题情境，采用表层的情绪工作对情绪动力性及第二任务的影响来看，表层情绪工作是有效的，两种不同问题情境下，教师情绪工作策略的适用性分析，都有其情绪工作作用机制的解释。高冲突情境下，情绪工作作用结果与布拉泽里奇和利（2002）的资源保存理论预测一致。按照资源保存理论，人们总是试图维持有价值的资源，并损失最小的资源，以达到资源的平衡。个体付出情绪努力会导致资源的损失，获得报酬可以实现资源弥补。当人们根据工作要求进行应对时，无论采用什么策略都会耗费一定的内部能量或者资源，而这种内部心理资源的耗费将导致个人心理上的不适，使自我真实感下降或者减弱，影响个体接下来从事的认知任务的完成效果。表层工作因为引起外在表情与内心体验更大的不一致，将引起更大的心理资源消耗，工作绩效出现更大的下降。深层工作是调整认知与组织表达的情绪，在表现上是一致的，因此对后续的工作影响应该少一些。

低冲突情境下，教师情绪工作的作用效果与扎普夫的行动理论的预测正好一致，扎普夫（2002）的行动理论指出，表层工作可能较多地发生于行为模式中的灵活水平。也就是说，表层工作可能更多地发生于习惯性的常规过程。这些过程比较多地处于半自动化状态，不需要太多的意识加工，不需要付出太多的情绪努力。而深度行为需要心智加工，需要比较多的情绪努力，所以需要调用足够的心理资源才能完成。可见，深层工作比表层工作更加难以操作。教师在低冲突情境下，教师引发担忧的情绪反应，担忧焦虑的情绪反应是一种强度较低的情绪，不同情绪工作策略的使用会产生不同的结果。表层工作不需要调用内在的认知资源，只需要表面的调整，因而消耗较少的认知去操作，对于担忧的情绪，教师想要保持微笑和平静，尽量保持面部微笑的具身情绪就可以做到，还可以达到较好的效果，这是我们最为兴奋的结果。具身情绪其实就是一个人的脸部的情绪表达，牵动内在的情绪感受，进而引起快乐的心情。该研究的结论可以填补情绪工作作用模型解释的内在机制，并对教师职业、服务性组织情绪工作者提供必要的帮助和指导。

五、对教师专业发展的启示

情绪工作是个体在工作中情绪的调节，调节的方向是工作需要的适宜情绪。对中小学教师而言，学校教育教学工作需要的适宜情绪是正性情绪，那么情绪工作的作用就是调整中小学教师的负性情绪体验。情绪工作与教师的工作紧密联系。情绪工作是一把双刃剑，对教师既有积极影响，也有消极影响。一方面，教师的情绪工作会帮助教师控制和管理情绪，表现出适合教学的情绪，顺利完成工作；另一方面，研究发现高负荷的情绪工作对个体的负面影响也是比较大的。由于情绪工作需要付出较多的能量，许多执行高负荷的情绪工作容易引发情绪失调和情绪衰竭，从而降低情绪工作的满意度，引起职业倦怠和离职意向［普格利斯（Pugliesi），1999；马斯拉奇（Maslach）和沙菲力（Schaufeli），2001］。教师情绪工作也可能降低教师工作满意度，失去工作热情和兴趣，产生情感冷漠和人际疏离［伯恩（Byrne），1993］。我们期望能够从情绪工作的角度出发，提高教师情绪工作，从而促进教师的心理健康。

教师在课堂教学中，难免会遇到很多冲突的课堂情境，会有消极情绪的伴随，生气、焦虑、担心等情绪反应。人们常说"怒伤肝、思伤脾、悲伤肺、恐伤肾"等，在一定程度说明高冲突情境对教师的身心损坏。这就要求教师能够区分情境，表达恰当的情绪工作策略，为教师身心健康服务，这跟教师教龄等相关。根据姜勇、阎水金（2006）的研究，从教师自主的视角将教师发展分为 5 个阶段，新手—动机阶段（工作 1 年内）、适应—观念困惑阶段（工作 2~5 年）、稳定—行动缺乏阶段（工作 6~10 年）、停滞—缺乏动力阶段（工作 11~15 年）、更新—动机增强阶段（工作 16 年以上）。马淑蕾、黄敏儿（2006）研究的结果表明，深层工作是一种更为积极的情绪工作，更有利于个体的身心健康。幼儿教师从"养家糊口"的浅表层认识，向关怀儿童发展、关怀教育发展的深层次理念过渡。在此，我们关注停滞—缺乏动力阶段（工作 10 年以上）的教师的心理需求，工龄在 10~15 年可能是情绪工作方式的关键阶段。管理者应该重视该阶段的幼儿教师的心理状态和需求，在培训中应该关注这部分教师继续教育和继续培训。

教学是教师教与学生学的师生互动活动，在这一活动中，教师的情绪状态是否稳定，是否积极、乐观，将影响到教师的教学效果，有关课堂气氛的研究已经揭示了教师良好的情绪能够创造亲和、平等、融洽的课堂气氛，这种课堂气氛将增加课堂学习的兴趣和信心，激发学生的潜能和积极性，有利于激活学生的思维。学生的心理健康与教师的心理健康联系紧密，学生从教师那里学习知识、技能，也从教师那里感受情绪，学习情绪管理和表达的技能。如果教师不能控制情绪，不能解决自己的工作压力，会带来心理健康的问题，一旦教师产生了心理健康的问题，则势必会影响其对学生的态度和教学，从而影响学生的心理健康。如果教师对待学生充满怒气、厌恶、憎恨、歧视、冷漠、抑郁等消极情绪，则会导致师生的关系紧张，不利于学生的学习热情、豁达、诚恳的交往态度和健康的交往方式，导致学生的社会性发展受损。

学校领导应该创建和谐、宽松的心理氛围、要不断加强和教师的情感交流，及时了解教师生活、工作、思想上的问题，主动为教师排忧解难，帮助教师摆脱不良情绪或从源头上防止教师焦虑和抑郁的产生，促进教师的心理健康。

情绪工作经历从情绪工作的内在感受、到重视情绪工作外在行为、到重视情绪工作的情境（人际交互的情境）、到重视情绪工作的内在心理加工（强调心理调节加工）的过程（孙俊才）。情绪工作包含静态—动态的特征，每个行业都有自己特殊的情绪规则，情绪规则是静态的，而个体在工作中的情绪工作的动力性变化则是动态的。情绪工作是与情绪密切相关的，而情绪与认知最大的不同，就在于其动态性的变化过程，从情绪工作的界定来看，情绪工作本身就是静态和动态的结合，本书研究从情绪工作的内部动力性过程出发，探讨情绪工作的动态性变化，能发现情绪工作更为本质的内容。

在情绪工作的作用机制中，情绪的变化性反映了情绪动力性的核心特征，以往有关情绪工作的测量，只是问卷调查的方式。但从情绪工作概念的界定来看，情绪工作不仅仅涉及可观测的外在表现，更关注个体的内心的动力性过程，因情绪唤起本身就是具有动力性的特征，仅仅采用问卷调查的方式往往忽略了很多行为背后的生理变化过程。以往的研究通过自我报告的效果变量进行情绪工作效果分析，而对情绪工作策略对其情绪变化性的动力性特征没有考察，从情绪变化性特征到可观测的心理变量，如工作满意度等中间做了太多的推论，无法还原情绪工作效果的本质。

我们采用16通道多导生理记录仪来测量被试在情绪唤起及恢复的过程中的情绪反应动力性的生理指标，弥补了情绪测量只绝对性信任被试主观报告。我们可以将主观报告和生理报告相结合来做进一步的分析。广义上讲，情绪工作是具有文化差异的，情绪工作本身是与问题情境相结合的。教师情绪工作涉及人员中，学生是频率最高的互动对象，而学生的问题行为则是教师情绪困扰的主要来源，先前的研究得出教师知觉到的问题行为的10种最常见的类型，并对问题行为的归因、应对策略作了相应的分析，但这些问题行为会不会引发教师的情绪反应，情绪变化的特征如何则没有涉及，厘清教师面对这些问题行为的情绪变化是进一步研究情绪工作策略恰当性的前提。本书将情绪工作的情境性特征分离，探讨高低冲突情境下的情绪变化性特点及情绪适用性特征，填补了教师情绪工作情境性分析的内容，丰富了情绪工作的研究领域。

本书从"员工关注"的角度对情绪工作进行研究：①通过访谈，总结教师在不同情境下的情绪工作状态；②重点关注了高低冲突情境下，情绪工作过程中情绪变化、情绪工作效果性分析。进一步的研究，期望能在以下三个方面进行拓展：

（1）从组织关注的角度，考虑教师工作特性，开发学校为焦点的教师情绪工作量表，解释不同角度测评教师情绪工作的具体问题；

（2）进一步深入分析教师情绪工作过程中，从问题情境、情绪唤起、情绪调节、情绪表达，情绪工作的效果等不同阶段的影响因素，丰富情绪工作的研究内容；

（3）本书研究探讨了教师情绪工作策略的情境性研究，得出了在不同情境下的情绪工作策略使用的有效性，接下来将结合中小学教师实践，对教师情绪工作策略进行培训和干预，以促进教师有效教学和师生身心健康。

参考文献

［1］ Ackner B. Emotions and the peripheral vasomotor system: A review of previous work ［J］. Journal of Psychosomatic Research, 1956, 1 (1): 3-20.

［2］ Abraham R. Emotional dissonance in organizations: antecedents, consequences and moderators ［J］. Genet Soc Gen Psychol Monogr, 1998, 124 (2): 229-246.

［3］ Ashforth B E., Humphrey R H. Emotion in the workplace: A reappraisal ［J］. Human Relations, 1995, 48 (2): 97-125.

［4］ Brotheridge C M, Grandey A A. Emotional labor and burnout: Comparing two perspectives of "peoplework" ［J］. Journal of Vocational Behavior, 2002, 60 (1): 17-39.

［5］ Brotheridge C M, Lee R T. Testing a conservation of resources model of thedynamics of emotional labor ［J］. Journal of Occupational Health Psychology, 2002, 7 (1): 57-67.

［6］ Brockner J, Higgins E T. Regulatory Focus Theory: Implications for the Study of Emotions at Work ［M］. Organizational Behavior and Human Decision Processes, 2001, 86 (1): 35-66.

［7］ Baker J A. Teacher-student interaction in urban at-risk classrooms: Relationship quality, and student satisfaction with school ［J］. The Elementary School Journal, 1999, 100 (1): 57-70.

［8］ Burgess E S, Haaga D A F. Appraisals, Coping Responses, and Attributions as Predictors of Individual Differences in Negative Emotions Among Pediatric Cancer Patients ［J］. Cognitive Therapy and Research, 1998, 22 (5): 457-473.

［9］ Butler E A, Egloff B, Wilhelm F H, Smith N C, Erickson E A, Gross J. The social-consequences of expressive suppression ［J］. Emotion, 2003, 3 (1): 48-67.

［10］ Butler E A, Lee T L, Gross J J. Emotion regulation and culture: Are the social consequencesof emotion suppression culture-specific ［J］. Emotion, 2007, 7 (1): 30-48.

［11］ Beach R, Pearson D. Changes in preservice teachers' perceptions of conflicts and tensions. ［J］. Teach. Teacher Educ. 1998, 14 (3): 337-351.

［12］ Chechlacz M, Rotshtein P, Klamer S, Porubská K, Higgs S, Booth D, et al. Diabetes dietary management alters responses to food pictures in brain regions associated with motivation and emotion: a functional magnetic resonance imaging study ［J］. Diabetologia, 2009, 52 (3): 524-533.

[13] Cheung F, Tang C. Quality of Work Life as a Mediator Between Emotional Labor and Work Family Interference [J]. Journal of Business and Psychology, 2009, 24 (3): 245-255.

[14] Craig W. A note on Darwin's work on the expression of the emotions in man and animals [J]. Journal of Abnormal Psychology and Social Psychology, 1921, 16 (5-6): 356-366.

[15] Clarke C, Hope-Hailey v. Kelliher C. Being Real or Really Being Someone Else: Change, Managers and Emotion Work [J]. European Management Journal, 2007, 25 (2): 92-103.

[16] Cukur C S. The Development of the Teacher Emotional Labor Scale (TELS): Validity and Reliability [J]. Educational Sciences: Theory and Practice, 2009, 9 (2): 559-574.

[17] Diefendorff J M, Richard E M, Yang J. Linking emotion regulation strategies to affective events and negative emotions at work [J]. Journal of Vocational Behavior, 2008, 73 (3): 498-508.

[18] Emmer E T. Toward an understanding of the primacy of classroom management and discipline [J]. Teaching. Education. 1994, 6 (1): 65-69.

[19] Emmer E T, Stough L M. Classroom management: Acritical part of educational psychology, with implications for teacher education [J]. Educational Psychology, 2001, 36 (2): 103-112.

[20] Epstein S. Emotion and self-theory [M]. Lewis M, Haviland J M (eds.), Handbook of Emotions Guilford Press, New York, 1993: 313-326.

[21] Fisher C D. Mood and emotions while working: Missing pieces of job satisfaction? [J]. Journal of Organization Behavior, 2000, 21 (2): 185-202.

[22] Fisher C D, Ashkanasy N M. The emerging role of emotions in work life: Anintroduction [J]. Journal of Organization Behavior, 2000, 21 (2): 123-129.

[23] Ford M. Motivating Humans: Goals, Emotions, and Personal Agency Beliefs [M]. Sage, Newbury Park, CA, 1992.

[24] Fox S, Spector P E, Miles D. Counterproductive Work Behavior (CWB) in Response to Job Stressors and Organizational Justice: Some Mediator and Moderator Tests for Autonomy and Emotions [J]. Journal of Vocational Behavior, 2001, 59 (3): 291-309.

[25] Fredrickson B L. The Value of Positive Emotions: The emerging science of positive psychology is coming to understand why it's good to feel good [J]. American Scientist, 2003, 91 (4): 330-335.

[26] Gosser and R H, Diefendorff J M. Emotional display rules and emotional labor: The

moderating role ofcommitment ［J］. Journal of Applied Psychology, 2005, 90 （6）: 1256-1264.

［27］ Greenberg L S, Santor D A. Emotion-Focused Therapy: Coaching Clients to Work Through Their Feelings ［J］. Canadian Psychology, 2003, 44 （1）: 76-77.

［28］ Giardini A, Frese M. Reducing the Negative Effects of Emotion Work in Service Occupations: Emotional Competence as a Psychological Resource ［J］. Journal of Occupational Health Psychology, 2006, 11 （1）: 63-75.

［29］ Goossens M E, Kindermans H P, Morley S J, et al. Self-discrepancies in work-related upper extremity pain: Relation to emotions and flexible-goal adjustment ［J］. European Journal of Pain, 2010, 14 （7）: 764-770.

［30］ Gavrilyuk I P, Hackbusch W, Khoromskij B N. H-Matrix approximation for the operator exponential with applications ［J］. Numerische Mathematik, 2002, 92 （1）, 83-111.

［31］ Groves J M. The Road Less Traveled: Emotions and Morality in Public Controversies: A Response to Brian Lowe ［J］. Qualitative Sociology, 2002, 25 （1）, 125-128.

［32］ Gray B. The emotional labour of nursing-Defining and managing emotions in nursing work ［J］. Nurse Education Today, 2009, 29 （2）, 168-175.

［33］ Grandey A A. Emotional regulation in the workplace: A new way to conceptualize emotionallabor ［J］. Journal of Occupational Health Psychology, 2000, 5 （1）: 95-110.

［34］ Gross J J. The emerging field of emotion regulation: An integrative review ［J］. Review of General Psychology, 1998, 2 （3）: 271-299.

［35］ Gross J J, Jazaieri H. Emotion, emotion regulation, and psychopathology: An affective science perspective. ［J］. Clinical Psychological Science, 2014, 2 （4）: 387-401.

［36］ Mcrae K, Ochsner K N, Mauss I B, et al. Gender Differences in Emotion Regulation: An fMRI Study of Cognitive Reappraisal ［J］. Group Process Intergroup Relat, 2008, 11 （2）: 143-162.

［37］ Hargreaves A. The emotional politics of teaching ［J］. Teaching and Teacher Education, 1998, 14 （8）, 835-854.

［38］ Hughes K, Coplan R, J. Exploring processes linking shyness and academic achievement in childhood ［J］. School Psychology Quarterly, 25 （4）: 213-222.

［39］ Hargreaves A. Mixed emotions: Teachers' perceptions of their interactions with students. ［J］. Teaching & Teacher Education, 2000, 16 （8）: 811-826.

［40］ Heuven E, Bakker A B, Schaufeli W B, Huisman N. The role of self-efficacy in performing emotion work ［J］. Journal of Vocational Behavior, 2006, 69 （2）, 222-235.

［41］ Holman D, Chissick C, Totterdell P. The Effects of Performance Monitoring on Emotional Labor and Well-Being in Call Centers ［J］. Motivation and Emotion, 2002, 26

(1)，57-81.

[42] Hayes S, Kleiner B H. The managed heart: the commercialisation of human feeling-and its dangers [J]. Management Research News, 2001, 24 (3/4): 81-85.

[43] Hodapp V, Neuser K W, Weyer G. Job stress, emotion, and work environment: Toward a causal model [J]. Personality and Individual Differences, 1988, 9 (5), 851-859.

[44] Hunter B. Conflicting ideologies as a source of emotion work in midwifery [J]. Midwifery, 2004, 20 (3), 261-272.

[45] Hunter B. Emotion work and boundary maintenance in hospital-based midwifery [J]. Midwifery, 2005, 21 (3), 253-266.

[46] Jefferson H G. Statistical note on work in emotion [J]. Journal of Applied Psychology, 1924, 8 (3), 350-353.

[47] Isenbarger L, Zembylas M. The emotional labour of caring in teaching [J]. Teaching & Teacher Education, 2006, 22 (1): 120-134.

[48] Johnson S K. I second that emotion: Effects of emotional contagion and affect at work on leader and follower outcomes [J]. The Leadership Quarterly, 2008, 19 (1), 1-19.

[49] Krischer M M, Penney L M, Hunter E M. Can Counterproductive Work Behaviors Be Productive? CWB as Emotion-Focused Coping [J]. Journal of Occupational Health Psychology, 2010, 15 (2), 154-166.

[50] Kelly J R, Barsade S G. Mood and Emotions in Small Groups and Work Teams [J]. Organizational Behavior and Human Decision Processes, 2001, 86 (1), 99-130.

[51] Larson R, Verma S, Dworkin J. Men's Work and Family Lives in India: The Daily Organization of Time and Emotion [J]. Journal of Family Psychology, 2001, 15 (2), 206-224.

[52] Little J W. The Emotional Contours and Career Trajectories of (Disappointed) Reform Enthusiasts [J]. Cambridge Journal of Education, 1996, 26 (3): 345-359.

[53] Howie L D, Pastor P N, Lukacs S L. Use of medication prescribed for emotional or behavioral difficulties among children aged 6-17 years in the United States, 2011-2012. [J]. Nchs Data Brief, 2014, 148 (148): 1-8.

[54] Maslach C, Jackson S E, Leiter M P. The Maslach burnout inventor (3rd ed.) [M]. Palo Alto, CA: Consulting Psychologists Press, 1996.

[55] McCoyd J L M. Discrepant Feeling Rules and Unscripted Emotion Work: Women Coping With Termination for Fetal Anomaly [J]. American Journal of Orthopsychiatry, 2009, 79 (4), 441-451.

[56] McCarthy K S, Barber J P. Emotion-Focused Therapy: Coaching Clients to Work

Through Their Feelings [M]. Leslie R, 2004.

[57] Mesquita B, Markus H R. Culture and emotion: Models of agency as sources of cultur-alvariation in emotion. In A. S. R. Manstead, N. Frijda, & A Fischer (Eds.), Feelings and emotions: The Amsterdam symposium [M]. New York: Cambridge University Pres, 2004.

[58] Mesquita B, Markus H R. Culture and Emotion: Models of Agency as Sources of Cultural Variation in Emotion. [J]. Jun-2001, 2004, 47: 3134-3139.

[59] Mischel W, Ayduk O. Willpower in a cognitive-affective processing system: The dynamics of delay of gratification. [J]. 2004.

[60] Muraven M, Slessareva E. Mechanisms of self-control failure: Motivation and limited resources [J]. Personality and Social Psychology Bulletin, 2003, 29 (7): 894-906.

[61] Morris J A, Feldman D C. The dimensions, antecedents, and consequences of emotional labor [J]. Academy of Management Review, (1996), 21 (4): 986-1010.

[62] Morris M W, Keltner D. How emotions work: The social functions of emotionalexpression in negotiations [J]. Research in Organizational Behavior, 2000, 22 (00): 1-50.

[63] Mumby D K. Modernism, Postmodernism, and Communication Studies: A Rereading of an Ongoing Debate [J]. Communication Theory, 2010, 7 (1): 1-28.

[64] Muraven M, Tice D M, Baumeister R F. Self-control as limited resource: regulatory depletion patterns [J]. Journal of Personality & Social Psychology, 1998, 74 (3): 774.

[65] Melissa Newberry, Heather A. Davis. The role of elementary teachers' conceptions of closeness to students on their differential behaviour in the classroom [J]. Teaching & Teacher Education, 2008, 24 (8): 1965-1985.

[66] Nias J. Thinking about Feeling: the emotions in teaching [J]. Cambridge Journal of Education, 2006, 26 (3): 293-306.

[67] Nurmi J, Salmela-Aro K, Koivisto P. Goal Importance and Related Achievement Beliefs and Emotions during the Transition from Vocational School to Work: Antecedents and Consequences [J]. Journal of Vocational Behavior, 2002, 60 (2), 241-261.

[68] Orini M, Bailón R, Enk R, Koelsch S, Mainardi L, Laguna P. A method for continuously assessing the autonomic response to music-induced emotions through HRV analysis [J]. Medical and Biological Engineering and Computing, 2010, 48 (5), 423-433.

[69] Ochsner K N, Gross J J. Cognitive Emotion Regulation [J]. Current Directions in Psychological Science, 2008, 17 (2): 153-158.

[70] O'Conner K E "You choose to care": teachers, emotions and professional identify [J]. Teaching and Teacher Education, 2008, 24 (1): 117-126.

[71] Peterson Z, Janssen E. Ambivalent Affect and Sexual Response: The Impact of Co-Oc-

curring Positive and Negative Emotions on Subjective and Physiological Sexual Responses to Erotic Stimuli [J]. Archives of Sexual Behavior, 2007, 36 (6), 793-807.

[72] Pugliesi K. The Consequences of Emotional Labor: Effects on Work Stress, Job Satisfaction, and Well-Being [J]. Motivation and Emotion, 1999, 23 (2): 125-154.

[73] Ria L, Se¤Ve C, Saury J, et al. Beginning teachers' situated emotions: A study of first classroom experiences [J]. Journal of Education for Teaching, 2003, 29 (3): 219-234.

[74] Rinke C R. Understanding teachers' careers: Linking professional life to professional path [J]. Educational Research Review, 2008, 3 (1): 1-13.

[75] Rosemary E. Sutton, and Karl F. Wheatley. Teachers' Emotions and Teaching: A Review of the Literature and Directions for Future Research [J]. Educational Psychology Review, 2003, 15 (4): 327-358.

[76] Richards J M, Butler E A, Gross J J. Emotion regulation in romantic relationships: The cognitive consequences of concealing feelings. [J]. Journal of Social & Personal Relationships, 2015, 20 (5): 599-620.

[77] Schmeichel B J, Baumeister R F. Self-regulatory strength. [J]. Handbook of self-regulation, 2004: 84-98.

[78] Schmidt M. Role theory, emotions, and identity in thedepartment headship of secondary schooling [J]. Teaching and Teacher Education, 2000, 16 (8): 827-842.

[79] Schutte N, Manes R, Malouff J. Antecedent-Focused Emotion Regulation, Response Modulation and Well-Being [J]. Current Psychology, 2009, 28 (1): 21-31.

[80] Schwartz J. Comment on "negative emotions and acute cardiovascular responses to laboratory challenges" [J]. Annals of Behavioral Medicine, 1999, 21 (3): 225-226.

[81] Seery B, Corrigall E, Harpel T. Job-Related Emotional Labor and Its Relationship to Work-Family Conflict and Facilitation [J]. Journal of Family and Economic Issues, 2008, 29 (3): 461-477.

[82] Spector P E, Fox S. An emotion-centered model of voluntary work behavior: Some parallels between counterproductive work behavior and organizational citizenship behavior [J]. Human Resource Management Review, 2002, 12 (2): 269-292.

[83] Sutton R E, Wheatley K F. Teachers'emotions and teaching: A review of theliterature and directions for future research [J]. Educational Psychological Review, 2003, 15 (4): 327-358.

[84] Sutton R E. Teachers' Emotions and Classroom Effectiveness: Implications from Recent Research [J]. Clearing House, 2005, 78 (5): 229-234.

[85] Sutton R E, Harper E. Teachers' Emotion Regulation [M] // International Handbook

of Research on Teachers and Teaching. 2009.

[86] Sutton R E. Emotional regulation goals and strategies of teachers. [J]. Social Psychology of Education, 2004, 7 (4): 379-398.

[87] Sutton R E. Chapter 15-Teachers' Anger, Frustration, and Self-Regulation [J]. E-motion in Education, 2007: 259-274.

[88] Swanson G E. The Powers and Capabilities of Selves: Social and Collective Approaches [J]. Journal for the Theory of Social Behaviour, 2010, 15 (3): 331-354.

[89] Tickle L. New teachers and the emotions of learning teaching. [J]. Cambridge Journal of Education, 1991, 21 (3): 319-329.

[90] Tsai J L, Levenson R W, Mccoy K. Cultural and temperamental variation in emotional response. [J]. Emotion, 2006, 6 (3): 484-497.

[91] Vohs K D, Baumeister R F. Handbook of Self-Regulation: Second Edition: Research, Theory, and Applications [J]. Psychiatric Services, 2004, 57 (4): 585-586.

[92] Wierzbicka A. Language and metalanguage: Key issues in emotion research. [J]. E-motion Review, 2009, 1 (1): 3-14.

[93] Wolkomir M, Powers J. Helping Women and Protecting the Self: The Challenge of E-motional Labor in an Abortion Clinic [J]. Qualitative Sociology, 2007, 30 (2), 153-169.

[94] Weiss E M. Perceived workplace conditions and first-year teachers' morale, career choicecommitment, and planned retention: a secondary analysis [J]. Teaching and teacher Education, 1999, 15 (8): 861-879.

[95] Wild B, Erbb M, Bartelsa M. Are emotions contagious? Evoked emotions while viewing emotionally expressivefaces: quality, quantity, time course and gender differences [J]. Psychiatry Research, 2001, 102 (2): 109-124.

[96] Zapf D. Emotion work and psychological well-being: A review of the literature and some conceptual considerations [J]. Human Resource Management Review, 2002, 12 (2): 237-268.

[97] Zembylas M. Constructing genealogies of teachers' emotions in science teaching [J]. Journal of Research in Science Teaching, 2002, 39 (1): 79-103.

[98] Zembylas M. "Structures of feeling" incurriculumand teaching: Theorizing the emotionalrules [J]. Educational Theory, 2010, 52 (2): 187-208.

[99] Zembylas M. Caring for teacher emotion: Reflectionson teacher self-development [J]. Studies in Philosophy and Education, 2003, 22 (2): 103-125.

[100] Zembylas M. Interrogating "teacher identity": Emotion, resistance, and self-formation [J]. Educational Theory, 2015, 53 (1): 107-127.

[101] Zembylas M. The emotional characteristics of teaching: An ethnographic study of one teacher [J]. Teaching and Teacher Education, 2004, 20 (2): 185-201.

[102] Zimmer-Gembeck M, Lees D, Bradley G, Skinner E. Use of an analogue method to examine children's appraisals of threat and emotion in response to stressful events [J]. Motivation and Emotion, 2009, 33 (2): 136-149.

[103] 曹新吾, 张耀庭. 教师心理教育能力培养与提高 [M]. 合肥: 安徽教育出版社, 2004.

[104] 黄敏儿, 郭德俊. 原因调节与反应调节的情绪变化过程 [J]. 心理学报, 2002, 34 (4): 371-380.

[105] 李永鑫. 谭亚梅医护人员的情绪劳动与工作倦怠及工作满意度的关系 [J]. 中华护理杂志, 2009 (6): 506-509.

[106] 黄敏儿, 郭德俊. 外倾和神经质对情绪的影响 [J]. 心理科学, 2003, 26 (6): 1047-1051.

[107] 傅跟跃, 陈昌凯, 等. 测谎问题中的"情绪成分"对皮肤电反应的影响 [J]. 中国临床心理学杂志, 2005, 13 (3): 321-323.

[108] 何渝, 李秀清, 等. 青少年皮肤电及心率特点研究 [J]. 中国心理卫生杂志, 1989, 3 (5): 198-240.

[109] 胡君辰, 杨林锋. 情绪劳动要求与情绪耗竭: 情绪劳动策略的中介作用研究 [J]. 心理科学, 2009, 32 (2): 423-426.

[110] 江文慈. "和颜悦色"与"忍气吞声"的背后: 小学教师情绪劳动的心理历程分析 [J]. 教育心理学报, 2009, 40 (4): 553-576.

[111] 李改. 情绪反应动力性及其影响因素的研究 [D]. 首都师范大学博士学位论文, 2008.

[112] 李改, 方平, 姜媛. 情绪反应时间动力性的研究现状与展望 [J]. 心理科学进展, 2008, 16 (2): 290-294.

[113] 李玉峰. 关于小学教师对学生注意问题认识的研究 [D]. 北京: 北京师范大学硕士学位论文, 2001.

[114] 刘衍玲, 中小学教师情绪工作的探索性研究 [D]. 西南大学博士学位论文, 2007.

[115] 卢家楣. 情绪发生的心理机制及其对教育的启发 [J]. 教育研究, 1995 (2): 37-41.

[116] 马淑蕾, 黄敏儿. 情绪工作: 表层动作与深层动作, 哪一种效果更好? [J]. 心理学报, 2006, 38 (2): 262-270.

[117] 缪丽华. 中小学教师情绪劳动的实证研究 [D]. 重庆大学硕士学位论文, 2009.

[118] 申继亮, 王凯荣. 论教师的心理健康教育能力的构成 [J]. 北京师范大学学报,

2001 (1): 12-19.

[119] 孙绍邦, 孟昭兰. 面部反馈假设的检验研究 [J]. 心理学报, 1993, 25 (3): 278-283.

[120] 孟昭兰. 情绪心理学 [M]. 北京: 北京大学出版社, 2005.

[121] 彭聃龄. 普通心理学 [M]. 北京: 北京师范大学出版社, 2001.

[122] 彭晓哲, 周晓林. 情绪信息与注意偏向 [J]. 心理科学进展, 2005, (13): 488-496.

[123] 孙俊才, 卢家楣. 国外教师情绪研究的视角转换与启示 [J]. 外国教育研究, 2007, 34 (7): 19-23.

[124] 王翠萍, 齐晓栋. 教师情绪问题调试理论与方法探析 [J]. 社会心理科学, 2004, 19 (4): 448-451.

[125] 程红玲, 陈维政. 情绪调节对工作倦怠的影响作用分析 [J]. 心理科学进展, 2010, 18 (6): 971-979.

[126] 吴宇驹. 教师情绪劳动及其作用机制的研究 [D]. 广州大学硕士学位论文, 2008.

[127] 徐景波, 孟昭兰, 王丽华. 正负性情绪的自主生理反应实验研究 [J]. 心理科学, 1995, 18 (3): 134-139.

[128] 杨玲, 李明军. 中小学教师情绪工作策略及特性与工作满意度的关系研究 [J]. 心理发展与教育, 2009, 3: 89-94.

[129] 叶澜. 让课堂焕发出生命活力——论中小学教学改革的深化 [J]. 教育研究, 1997 (9): 3-8.

[130] 尹弘鹰. 教师情绪——课程改革中亟待正视的一个议题 [J]. 教育发展研究, 2007 (3): 44-48.

[131] 张彩云. 小学教师对学生课堂问题行为的认知与应对 [D]. 北京师范大学博士学位论文, 2007.

[132] 曾文婕. "正视" 教师情绪——教学公平研究的应有取向 [J]. 中国教育学刊, 2009 (7): 45-46.

[133] 钟建安, 林剑, 张媛媛. 情绪表达规则、调节策略与工作倦怠关系的研究 [J]. 应用心理学, 2007, 13 (2): 144-148.

[134] 胡春梅, 姜燕华. 近三十年来国内外关于教师职业倦怠的研究综述 [J]. 天津市教科院学报, 2006 (3): 51-54.

[135] 刘长江, 王国香, 伍新春. 中学教师职业倦怠的状况分析 [J]. 沈阳师范大学学报 (社会科学版), 2004, 28 (6): 118-121.

[136] 花冬生. 教师倦怠行为的归因分析及其对策 [J]. 教学与管理, 1995 (5): 28-29.

[137] 侯档, 唐永, 李永鑫. 法官工作倦怠与人格特征、心理控制源的关系 [J]. 中国临床心理学杂志, 2008, 16 (4): 397-398.

[138] 伍新春，曾玲娟，秦宪刚，等. 中小学教师职业倦怠的现状及相关因素研究 [J]. 心理与行为研究，2003，1（4）：262-267.

[139] 杨玲，李明军. 中小学教师情绪工作策略及特性与工作满意度的关系研究 [J]. 心理发展与教育，2009，25（3）：89-94.

[140] 石国兴，郭世魁，魏瑞丽，等. 团体心理咨询改善教师情绪的实验研究 [J]. 心理科学，2008，31（3）：703-706.

[141] 王力，陆一萍，李中权. 情绪调节量表在青少年人群中的试用 [J]. 中国临床心理学杂志，2007，15（3）：236-238.

[142] 刘晓明，王丽荣，金宏章，等. 职业压力影响中小学教师职业倦怠的作用机制研究 [J]. 中国临床心理学杂志，2008，16（5）：537-539.

[143] 王妍，罗跃嘉. 大学生面孔表情材料的标准化及其评定 [J]. 中国临床心理学杂志，2005，13（4）：396-398.

[144] 尹弘飚. 教师情绪研究：发展脉络与概念框架 [J]. 全球教育展望，2008，37（4）：77-82.

[145] 尹弘飚. 教师情绪劳动：一个象征互动论的解读 [J]. 全球教育展望，2011，40（8）：27-33.

[146] 刘迎春. 教师情绪表达规则刍议 [J]. 浙江师范大学学报（社会科学版），2012，37（2）：6-11.

[147] 徐长江，费纯，丁聪聪，等. 教师情绪表达规则的质性研究 [J]. 教师教育研究，2013，25（4）：68-73.

[148] 钟晨音. 职前阶段教师情绪劳动素养训练的设计与实施 [J]. 教育研究与实验，2010（3）：62-66.

[149] 刘兆吉，黄培松. 对120名优秀教师和模范班主任心理特点的初步分析 [J]. 心理学报，1980，12（3）：40-50.

[150] 程红玲，陈维政. 工作中情绪调节行为的决策机制与关键影响因素：理论分析与实证研究 [C] // 第六届（2011）中国管理学年会——组织行为与人力资源管理分会场. 2011.

[151] 万云英. 教师的优良心理品质 [J]. 心理科学，1990（3）：41-45.

[152] 潘菽. 教育心理学 [M]. 北京：人民教育出版社，1983：444-452.

[153] 韩进之. 教育心理学 [M]. 北京：人民教育出版社，1989：558-563.

[154] 王道俊，王汉澜. 教育学 [M]. 北京：人民教育出版社，1989：571.

[155] 谢千秋. 学生喜欢怎样的老师 [J]. 天津教育，1982（12）：36-42.

[156] 辛涛. 教师反思研究评述 [J]. 清华大学教育研究，1998（3）：99-102.

[157] 申继亮，刘加霞. 论教师的教学反思 [J]. 华东师范大学学报（教育科学版），2004，22（3）：44-49.

[158] 申继亮, 孙炳海. 教师评价内容体系之重建 [J]. 华东师范大学学报 (教育科学版), 2008, 26 (2): 38-43.

[159] 王文乔, 王雪琼. 20世纪80年代以来对我国教学反思的研究综述 [J]. 教学与管理, 2008 (30): 14-15.

[160] 林崇德, 胡卫平. 创造性人才的成长规律和培养模式 [J]. 北京师范大学学报 (社会科学版), 2012 (1): 36-42.

[161] 胡卫平, 俞国良. 青少年的科学创造力研究 [J]. 教育研究, 2002 (1): 44-48.

[162] 胡卫平, 胡耀岗. 中国教师教育与师范院校课程改革 [J]. 山西师范大学学报 (社会科学版), 2004, 31 (3): 127-131.

[163] 胡卫平, 马玉玺, 焦丽英, 等. 山西省中小学教师心理健康状况调查 [J]. 教育理论与实践, 2010 (10): 57-60.

[164] 张武升, 宛士奇, 裴娣娜, 等. 关于教育实验发展若干问题的思考 [J]. 教育研究, 1995 (7): 43-52.

[165] 申继亮, 姚计海. 心理学视野中的教师专业化发展 [J]. 北京师范大学学报 (社会科学版), 2004 (1): 33-39.

[166] 辛涛, 申继亮, 林崇德. 从教师的知识结构看师范教育的改革 [J]. 教师教育研究, 1999 (6): 12-17.

[167] 汤丰林, 申继亮. 基于问题的学习与我国的教育现实 [J]. 比较教育研究, 2005, 26 (1): 73-77.

[168] 申继亮, 李琼. 从中小学教师的知识状况看师范教育的课程改革 [J]. 课程. 教材. 教法, 2001 (11): 49-52.

[169] 黄高庆, 申继亮, 辛涛. 关于教学策略的思考 [J]. 教育研究, 1998 (11): 50-54.

[170] 申继亮, 费广洪, 李黎. 关于中学教师成长阶段的研究 [J]. 天津师范大学学报 (基础教育版), 2002, 3 (3): 1-4.

[171] 申继亮, 李茵. 教师课堂提问行为的心理功能和评价 [J]. 上海教育科研, 1998 (6): 40-43.

[172] 王碧梅, 胡卫平. 职前教师和在职教师教学反思关注点比较 [J]. 教育科学, 2016, 32 (1): 39-44.

[173] 申继亮, 王凯荣. 教师职业及其发展 [J]. 中小学教师培训, 2000 (3): 4-7.

[174] 张学民, 申继亮. 国外教师教学专长及发展理论述评 [J]. 云南教育 (小学教师), 2001, 22 (22): 1-5.

[175] 姚计海. 中小学教师教学自主的特点及其与教学创新观念关系研究 [D]. 北京师范大学博士学位论文, 2005.

[176] 王丽珍, 林海, 马存根. 近三十年我国教师能力的研究状况与趋势分析 [J].

教育理论与实践，2012（10）：38-42.

[177] 郁静. 论教师的心理健康教育能力的培养 [J]. 思想政治教育研究，2005（1）：75-76.

[178] 申继亮，王凯荣. 论教师的心理健康教育能力的构成 [J]. 北京师范大学学报（人文社会科学版），2001（1）：12-19.

[179] 杨小洋，申继亮. 论教师教学创新的内涵 [J]. 中国教育学刊，2006（7）：55-58.

[180] 王宗江，梁陆元，等. 创新型教师的基本特点及其形成规律探究 [J]. 当代教育论坛，2006（5）：78-80.

[181] 申燕. 创造型教师心理特征的结构及特点 [D]. 山东师范大学硕士学位论文，2007.

[182] 王爱玲，靳莹. 新世纪教师能力体系探析 [J]. 教育理论与实践，2000（4）：41-44.

[183] 钟晨音. 职前阶段教师情绪劳动素养训练的设计与实施 [J]. 教育研究与实验，2010（3）：62-66.

[184] 胡艳华，曹雪梅. 小学教师情绪劳动与心理健康的关系：领悟社会支持的调节作用 [J]. 内蒙古师范大学学报（教育科学版），2013，26（12）：56-59.

[185] 齐自玲. 律师心理资本、应对方式及职业倦怠的特点与关系研究 [D]. 重庆师范大学硕士学位论文，2013.

[186] 瞿伟，谷珊珊. 军队医院医务人员职业倦怠与情绪劳动、工作角色特征相关研究 [J]. 第三军医大学学报，2013，35（3），264-266.

[187] 邓红玉. 银行从业人员人格特质、应对方式和工作倦怠的关系研究 [D]. 湖南师范大学硕士学位论文，2012.

[188] 解亚宁. 简易应对方式量表信度和效度的初步研究 [J]. 中国临床心理学杂志，1998，6（2），114-115.

[189] 柏乔阳. 情绪型劳动的影响因素及其与员工心理健康的关系 [D]. 浙江大学硕士学位论文，2006.

[190] 曾慧婷. 护士的人格特质、情绪劳动策略和职业倦怠的相关性研究 [J]. 暨南大学硕士学位论文，2011.

[191] 朱昭红，王振宏，罗然，等. 负性事件引发情绪反应的性别特点及神经机制 [J]. 心理与行为研究，2011，9（4）：256-260.

[192] 胡卫平，刘丽娅. 中国古代教育家思维型课堂教学思想及其启示 [J]. 教育理论与实践，2011（28）：45-48.

[193] 衣新发，赵倩，胡卫平，等. 中国教师心理健康状况的横断历史研究：1994~2011 [J]. 北京师范大学学报（社会科学版），2014（3）：12-22.

[194] 李媛. MBI量表的本土化修订及上海市职业倦怠调查与分析 [D]. 上海财经大

学硕士学位论文，2005.

[195] 池丽萍. 信任：父母的代内相似和亲子的代际传递 [J]. 心理学报，2013，45 (3)：336-344.

[196] 王红艳，胡卫平. 师范生 TPACK 及教师职业认同现状调查与分析 [J]. 电化教育研究，2013 (12)：37-43.

[197] 胡青，李笃武，孙宏伟，等. 高校教师工作压力与工作绩效的关系：组织承诺的调节作用 [J]. 中国健康心理学杂志，2009，17 (1)，1488-1491.

[198] 许绍康. 高校教师组织承诺现状研究 [J]. 心理科学，2009，32 (3)，745-747.

[199] 唐芳贵，蒋莉，肖志成. 国外教师职业倦怠研究述评 [J]. 教育与职业，2005 (5)：65-67.

[200] 赵玉芳，毕重增. 中学教师职业倦怠状况及影响因素的研究 [J]. 心理发展与教育，2003，V19 (1)：80-84.

[201] 刘晓明. 职业压力、教学效能感与中小学教师职业倦怠的关系 [J]. 心理发展与教育，2004，V20 (2)：56-61.

[202] 范雯. 组织承诺对情绪劳动影响的实证研究 [D]. 兰州大学硕士学位论文，2009.

[203] 柏乔阳. 情绪型劳动的影响因素及其与员工心理健康的关系 [D]. 浙江大学硕士学位论文，2006.

[204] 李晓艳，周二华. 心理资本与情绪劳动策略、工作倦怠的关系研究 [J]. 管理科学，2013，26 (1)：38-47.

[205] 胡君辰，杨林锋. "情绪劳动" 要求与情绪耗竭：情绪劳动策略的中介作用研究 [J]. 心理科学，2009 (2)：423-426.

[206] 黄敏儿，郭德俊. 情绪调节方式及其发展趋势 [J]. 应用心理学，2001，7 (2)：17-22.

[207] 郭德俊，田宝，陈艳玲，等. 情绪调节教学模式的理论建构 [J]. 北京师范大学学报：社会科学版，2000 (5)：115-122.

[208] 乔建中，饶虹. 国外儿童情绪调节研究的现状 [J]. 心理发展与教育，2000，V16 (2)：49-52.

[209] 贾海艳，方平. 青少年情绪调节策略和父母教养方式的关系 [J]. 心理科学，2004，27 (5)：1095-1099.

[210] 侯瑞鹤，俞国良. 情绪调节理论：心理健康角度的考察 [J]. 心理科学进展，2006，14 (3)：375-381.

[211] 程利，袁加锦，何媛媛，等. 情绪调节策略：认知重评优于表达抑制 [J]. 心理科学进展，2009，17 (4)：730-735.

[212] 卢家楣，孙俊才，刘伟. 诱发负性情绪时人际情绪调节与个体情绪调节对前瞻

记忆的影响 [J]. 心理学报, 2008, 40 (12)：1258-1265.

[213] Zhang Min, 卢家楣, Tan Xianzheng, 等. 情绪调节策略对推理的影响 [J]. 心理科学, 2008, 31 (4)：805-808.

[214] 蔺超. 房地产销售人员情绪劳动、工作倦怠和离职倾向关系研究 [D]. 西南财经大学硕士学位论文, 2013.

[215] 刘俊升, 桑标. 情绪调节内隐态度对个体情绪调节的影响 [J]. 心理科学, 2009 (3)：571-574.

[216] 齐自玲. 律师心理资本、应对方式及职业倦怠的特点与关系研究 [D]. 重庆师范大学硕士论文, 2013.

[217] 瞿伟, 谷珊珊. 军队医院医务人员职业倦怠与情绪劳动、工作角色特征相关研究 [J]. 第三军医大学学报, 2013, 35 (3), 264-266.

[218] 黄徐姝, 罗跃嘉. 情绪调节方法的分类和效果 [J]. 中国临床心理学杂志, 2010, 18 (4)：526-529.

[219] 张锦锦. 银行业员工情绪劳动与职业倦怠之间的关系研究 [J]. 企业改革与管理, 2016 (2)：66-67.

[220] 李聪睿, 陈彩玲. 数学教师课堂情绪工作及正向情绪工作素养研究 [J]. 教师, 2014 (11)：37-39.

[221] 徐长江. 教师情绪胜任素质探析 [J]. 教育研究与实验, 2010 (3)：57-61.

[222] 傅玉蓉, 付新民. 重视教师"情绪管理"促进教师可持续发展 [J]. 教师教育学报, 2010 (6)：227-228.

[223] 尹秀艳. 教师不良情绪的危害及自我调控 [J]. 辽宁教育, 2004 (12)：12-13.

[224] 王佳敏. 教师情绪与教学的内在关系 [J]. 教育评论, 1999 (2)：83-84.

[225] 张昕, 罗增让. 影响教育改革中教师情绪反应的因素分析——脆弱性承诺、自我认知和微观政治素养的作用 [J]. 全球教育展望, 2016, 45 (6)：99-109.

[226] 龚少英, 李冬季, 赵飞. 情绪工作策略对教师职业心理健康的影响：职业认同的调节作用 [J]. 教育研究与实验, 2016 (4)：92-96.

[227] 秦旭芳, 刘慧娟. 教师情绪劳动失调窘境与理性化调控 [J]. 教育发展研究, 2016 (10)：41-45.

[228] 杨红. 中小学教师工作感受及情绪体验的实证研究——以北京市朝阳区教师为例 [J]. 北京教育学院学报, 2017, 31 (2)：34-39.

[229] 陈波. 教师如何调控好情绪, 更幸福地工作 [J]. 中小学心理健康教育, 2017 (14)：68-69.

[230] 陈彩玲. 教师课堂教学正向情绪工作素养的修炼策略研究 [J]. 新课程学习 (下), 2013 (6)：164-164.

[231] 汤冬玲, 董妍, 俞国良, 等. 情绪调节自我效能感：一个新的研究主题 [J].

心理科学进展，2010，18（4），598-604.

[232] 胡君辰，徐凯. ERG 理论视角下的员工情绪管理 [J]. 人力资源管理，2008 (6)：34-37.

[233] 涂阳军，郭永玉. 生活事件对负性情绪的影响：社会支持的调节效应与应对方式的中介效应 [J]. 中国临床心理学杂志，2011，19（5）：652-655.

[234] 丁越兰，骆娜. 组织支持、组织文化认同和情绪工作作用机制研究 [J]. 统计与信息论坛，2013，28（2）：98-103.

[235] 叶俊杰. 大学生领悟到的社会支持的影响因素研究 [J]. 心理科学，2005，28 (6)：1468-1471.

[236] 张萍，张敏，卢家楣. 情绪调节自我效能感量表在中国大学生中的试用结果分析 [J]. 中国临床心理学杂志，2010，18（5）：568-570.

[237] 王振宏，刘亚，等. 不同趋近动机强度积极情绪对认知控制的影响 [J]. 心理学报，2013，45（5）：546-555.

[238] 蔡阿燕，杨洁敏，许爽，等. 表达抑制调节负性情绪的男性优势——来自事件相关电位的证据 [J]. 心理学报，2016，48（5），482-494.

[239] 郭小青，汪玲. 大四学生情绪调节策略和调节模式与焦虑的关系 [J]. 中国心理卫生杂志，2016，30（9），706-711.

[240] 黄韫慧，吕爱芹，王垒，等. 大学生情绪智力量表的效度检验 [J]. 北京大学学报（自然科学版），2008，44（6）：970-975.

[241] 刘启刚. 青少年情绪调节策略与情绪调节能力的关系研究 [J]. 心理研究，2014 (6)：37-43.

[242] 马伟娜，姚雨佳，桑标. 认知重评和表达抑制两种情绪调节策略及其神经基础 [J]. 华东师范大学学报（教育科学版），2010，28（4）：50-55.

[243] 王力，柳恒超，李中权，等. 情绪调节问卷中文版的信效度研究 [J]. 中国健康心理学杂志，2007，15（6）：503-505.

[244] 赵鑫，金戈，周仁来. 什么样人更善于情绪调节——情绪调节的个体差异研究 [J]. 中国临床心理学杂志，2013，21（3）：518-522.

[245] 白露，马慧，黄宇霞，等. 中国情绪图片系统的编制——在 46 名中国大学生中的试用 [J]. 中国心理卫生杂志，2006，19（11）：719-722.

[246] 丁志刚. 情绪状态对前瞻记忆影响的实验研究 [D]. 上海师范大学硕士学位论文，2007.

[247] 侯杰. 愉快情绪对前瞻记忆影响的实验研究 [D]. 山西师范大学硕士学位论文，2009.

[248] 孟昭兰. 人类情绪 [M]. 上海：上海人民出版社，1989.

[249] 王丽娟，吴韬，邱文威，等. 青少年基于事件的前瞻记忆：认知方式和情绪

[J]. 心理科学, 2010, 33 (5)：1244-1247.

[250] 王俊珺, 施燕红, 袁肖征, 等. 抑郁症患者基于事件和时间的前瞻记忆损害研究 [J]. 中华全科医学, 2009, 7 (8)：832-833.

[251] 袁加锦, 李红. 人类对情绪事件效价强度的易感性及神经机制 [J]. 心理科学进展, 2012, 20 (1)：10-19.

[252] 来桂英, 郭安娜, 陈炼, 等. 生活事件和情绪反应与心身健康的关系 [J]. 中华护理杂志, 1994 (1)：3-5.

[253] 罗峥, 付俊杰, 熊庆秋, 等. 情绪调节策略对日常生活事件与情绪体验关系影响的多层分析 [J]. 心理科学, 2012 (2)：227-232.

[254] 王一牛, 罗跃嘉. 突发事件下的情绪与行为Ⅱ：恐惧与从容 [J]. 中国康复医学杂志, 2004, 19 (3)：216-217.

[255] 吴建军. 情绪变化对生理的影响 [J]. 现代养生, 2001 (6)：21-22.

[256] 戴晓阳, 陈小莉, 余洁琼. 积极独处及其心理学意义 [J]. 中国临床心理学杂志, 2011, 19 (6)：830-833.

[257] 郭素然, 伍新春, 郭幽圻, 等. 大学生反刍思维对消极情感和积极情感的影响——以孤独感和情绪智力为例 [J]. 心理发展与教育, 2011, 27 (3)：329-336.

[258] 雷雳, 张雷. 青少年心理发展 [M]. 北京：北京大学出版社, 2003.

[259] 李琼, 郭永玉. 作为人格变量的独处及其相关研究 [J]. 中国临床心理学杂志, 2007, 15 (1)：96-98.

[260] 吴蔚, 孔克勤. 认知科学对人格与情绪关系的研究 [J]. 心理科学, 2002, 25 (4)：450-452.

[261] 田学岭, 王允华. 人格对人生的情绪体验的影响 [J]. 齐齐哈尔师范高等专科学校学报, 1997 (3)：72-74.

[262] 王晓钧. 情绪智力理论结构的实证研究 [J]. 心理科学, 2000, 23 (1)：24-27.

[263] 杨静, 陶嵘, 陈锐娟. 不同情绪状态下自动表达抑制对情绪及表情知觉敏感性的影响 [J]. 心理科学, 2013 (5)：1085-1092.

[264] 田学英, 卢家楣. 外倾个体何以有更多正性情绪体验：情绪调节自我效能感的中介作用 [J]. 心理科学, 2012 (3)：631-635.

[265] 袁加锦, 龙泉杉, 丁南翔, 等. 负性情绪调节的效率：中国文化背景下认知重评与表达抑制的对比 [J]. 中国科学：生命科学, 2014, 44 (6)：602-613.

[266] 沈德立. 情绪的动力源泉及其表现形式 [J]. 天津师范大学学报 (社科版), 1988 (2)：27-32.

[267] 王俊秀. 社会情绪的结构和动力机制：社会心态的视角 [J]. 云南师范大学学报 (哲学社会科学版), 2013, 45 (5)：55-63.

[268] 张玲. 个体不同情绪状态下对外界情绪刺激的注意 [J]. 心理学进展, 2018, 8 (1)：40-48.

[269] 石国兴, 郭世魁, 魏瑞丽, 等. 团体心理咨询改善教师情绪的实验研究 [J]. 心理科学, 2008, 31 (3)：703-706.

[270] 陈宁, 卢家楣, 汪海彬. 典型教育情境中教师的情绪预测准确性 [J]. 心理科学, 2014 (3).

[271] 向苏龙. 高情商——新时期对教师的新要求 [J]. 广西教育, 2008 (16)：12.

[272] 钟二杨. 中小学教师的品质, 行为特征及其相互关系的研究 [J]. 心理科学, 1997 (3)：252-254.

[273] 陈丽兰, 吴若江, 史振诚. 海南省特殊教育教师工作满意度调查研究 [J]. 新教育, 2012 (12)：16-18.

[274] 李凤梅. 中小学教师焦虑症状透析 [J]. 中小学教师培训, 2003 (4)：53-55.

[275] 肖伟平, 马勇军. 国外"教师焦虑"研究述评 [J]. 外国教育研究, 2009 (3)：48-52.

[276] 孟宪宾, 鲍传友. 变革中的教师焦虑与教师专业发展 [J]. 外国教育研究, 2004 (11)：47-50.

[277] 张艳芬, 牛秀平. 初中教师焦虑和抑郁情绪现状的调查研究 [J]. 教育理论与实践, 2008 (17)：44-46.

[278] 伍美群, 冯江平, 陈虹. 中小学教师焦虑对工作倦怠的影响：教学效能感的中介效应 [J]. 基础教育, 2015 (2)：72-78.

[279] 刘贤臣, 吴宏新, 陈琨, 等. 中学教师焦虑的多因素作用模式分析 [J]. 中国卫生统计, 1995 (4)：35-37.

[280] 李作佳, 周秋华, 于振华. 中小学教师生活事件、应对方式与焦虑、抑郁的相关性研究 [J]. 中国临床心理学杂志, 2003, 11 (4)：285-286.

[281] 张蔚, 徐子亮. 基于扎根理论的对外汉语新手教师教学焦虑研究 [J]. 华文教学与研究, 2016 (2)：60-67.

[282] 刘伟, 王丽娟. 焦虑情绪和年龄因素对前瞻记忆成绩影响的研究 [J]. 心理科学, 2004, 27 (6)：1304-1306.

[283] 卢家楣, 孙俊才, 刘伟. 诱发负性情绪时人际情绪调节与个体情绪调节对前瞻记忆的影响 [J]. 心理学报, 2008, 40 (12)：1258-1265.

[284] 王海宝, 余永强, 张达人. 外显性情绪记忆的认知神经机制 [J]. 中华行为医学与脑科学杂志, 2009, 18 (6)：571-573.

[285] 吴静. 抑郁状态对前瞻记忆影响的实验研究 [D]. 郑州大学硕士论文, 2010.

[286] 肖明明. 焦虑情绪和时间人格对前瞻记忆的影响 [D]. 曲阜师范大学硕士论文, 2014.

[287] 张建霞. 中学教师人格倾向与焦虑的相关调查研究 [J]. 襄阳职业技术学院学报, 2006, 5 (5): 58-59.

[288] 有亚琴, 朱蓓蓓, 宋其争. 情绪对前瞻记忆影响的研究述评 [J]. 健康研究, 2012, 32 (4): 310-313.

[289] 张晶晶, 张茗. 紧张情绪与认知负荷对前瞻记忆影响的实验研究 [J]. 南京工程学院学报 (社会科学版), 2011, 11 (4): 54-58.

[290] 王芹, 白学军, 郭龙健. 负性情绪抑制对社会决策行为的影响 [J]. 心理学报, 2012, 44 (5): 690-697.

[291] 袁贵礼. 自我情绪控制的方法 [J]. 中国青年研究, 2003 (8): 53-56.

[292] 李燕萍, 吴丹. 情绪抑制对工作绩效、离职意向的影响——上下级沟通的中介作用 [J]. 经济管理, 2015 (7): 84-94.

[293] 白学军, 刘湍丽, 沈德立. 部分线索效应的认知抑制过程: 情绪 STROOP 任务的证据 [J]. 心理学报, 2014, 46 (2): 143-155.

[294] 陈俊, 刘海燕, 张积家. STROOP 效应研究的新进展——理论、范式及影响因素 [J]. 心理科学, 2007, 30 (2): 415-418.

[295] 程真波, 黄宇霞. 面孔一词 STROOP 范式中的情绪冲突效应研究 [J]. 心理科学, 2013, 36 (4): 822-826.

[296] 丁峻, 陈巍. 具身认知之根: 从镜像神经元到具身模仿论 [J]. 华中师范大学学报 (人文社会科学版), 2009, 48 (1): 132-136.

[297] 丁峻, 张静, 陈巍. 情绪的具身观: 基于第二代认知科学的视角 [J]. 山东师范大学学报 (人文社会科学版), 2009, 54 (3): 94-97.

[298] 封春亮, 罗跃嘉. 阈上和阈下情绪 STROOP 效应的对比研究 [J]. 中华行为医学与脑科学, 2011, 20 (11): 973-975.

[299] 蒋重清, 杨丽珠, 刘颖. 阈下情绪 STROOP 效应发展特点 [J]. 心理学报, 2007, 39 (2): 242-248.

[300] 廖声立, 陶德清. 无意识情绪启动研究新进展 [J]. 心理科学, 2004, 27 (3): 701-704.

[301] 刘亚, 王振宏, 孔风. 情绪具身观: 情绪研究的新视角 [J]. 心理科学进展, 2011, 19 (1): 50-59.

[302] 隋光远, 施丽君. 生气情绪研究进展 [J]. 浙江师范大学学报 (社会科学版), 2004, 29 (4): 90-94.

[303] 蔡珍珍, 金铭, 杨盼盼, 等. 认知行为取向团体辅导对大学生生气情绪管理的干预效果研究 [J]. 中国医学创新, 2014 (9): 103-106.

[304] 许倩倩. 师幼互动中教师生气情绪表达原因探析 [J]. 学前教育研究, 2018 (1): 26-35.

[305] 欧阳河. 职业教育基本问题初探 [J]. 中国职业技术教育（培训与就业版），2015 (4)：12.

[306] 任为新. 对杭州高校辅导员职业情绪的调查分析 [J]. 杭州师范大学学报（自然科学版），2006, 5 (3)：244-246.

[307] 梅敏君，王大伟. 情绪对职业决策的影响 [J]. 心理科学，2009 (4)：986-988.

[308] 龙立荣，方俐洛，凌文辁. 职业成熟度研究进展 [J]. 心理科学，2000, 23 (5)：595-598.

[309] 杨潞. 职业、态度与情绪管理 [J]. 北京石油管理干部学院学报，2012 (4)：54-56.

[310] 张桂春. 联邦德国教师职业要求的理念与经验 [J]. 教育科学，1999 (3)：62-64.

[311] 石长林. 我国教师职业要求政策的反思及其建构 [J]. 教育研究与实验，2006 (5)：46-48.

[312] 高福成. 新课程改革对教师职业素质的要求 [J]. 天津师范大学学报（基础教育版），2010, 11 (2)：33-36.

[313] 王颖. 国外教师职业道德规范建设概况及启示 [J]. 教学与管理，2009 (13)：78-80.

[314] 敖洁. 香港教师职业的准入要求及教师教育概述 [J]. 当代教育论坛，2009 (3)：116-117.

[315] 詹向红，乔明琦，张惠云，等. 愤怒表达方式及特质对情绪恢复期自主神经的影响 [J]. 中国中西医结合杂志，2013, 33 (6)：774-777.

[316] 董丽娜，陈红，汪宇. 不同性度女性的愤怒表达方式与抑郁 [J]. 中国心理卫生杂志，2014, 28 (3)：234-238.

[317] 董丽娜，陈红. 不同性度女性愤怒情绪诱发生理唤起和主观体验的差异 [J]. 中国心理卫生杂志，2017, 31 (6)：500-504.

[318] 富路，池洪杰. 心率变异性的应用及评价 [J]. 中国实用内科杂志，2001, 21 (5)：269-271.

[319] 王双喜，包呼格吉乐图. 积极和消极情绪对大学生心率变异性时域的影响 [J]. 内蒙古师范大学学报（哲社汉文版），2012, 41 (3)：16-19.

[320] 胡华，吴爱勤. 焦虑症与心率变异性的相关研究 [J]. 国际精神病学杂志，2007 (4)：239-241.

[321] 朱旭东，宋萑. 论教师培训的核心要素 [J]. 教师教育研究，2013, 25 (3)：1-8.

[322] 鱼霞，毛亚庆. 论有效的教师培训 [J]. 教师教育研究，2004, 16 (1)：14-19.

[323] 胡艳. 影响我国当前中小学教师培训质量的因素分析 [J]. 教师教育研究，

2004, 16 (6)：18-22.

[324] 杨立国. 浅谈影响教师课堂教学情绪的几个因素 [J]. 中小学教师培训, 1991 (9)：6+33.

[325] 姜英杰, 李广. 中小学教师情绪自我调节的几种方法 [J]. 中小学教师培训, 2003 (4)：56-57.

[326] 许倩倩. 师幼互动中教师生气情绪表达原因探析 [J]. 学前教育研究, 2018 (1)：26-35.

[327] 李琼, 郭永玉. 作为人格变量的独处及其相关研究 [J]. 中国临床心理学杂志, 2007, 15 (1)：96-98.

[328] 方中秀. 情绪管理在现代人力资源管理中的应用 [J]. 科教文汇, 2006 (7)：140-141.

[329] 王丽霞. "情绪管理" 内涵的探讨 [J]. 社会心理科学, 2010 (6)：27-29.

[330] 王晓钧. 情绪智力理论结构的实证研究 [J]. 心理科学, 2000, 23 (1)：24-27.

[331] 许远理, 熊承清. 大学生情绪智力对主观幸福感的预测效应分析 [J]. 心理研究, 2009, 2 (4)：77-81.

[332] 叶浩生. 镜像神经元：认知具身性的神经生物学证据 [J]. 心理学探新, 2012, 32 (1)：3-7.

[333] 张宇, 刘蓉晖. 人力资源管理中的情绪管理 [J]. 中国人力资源开发, 2008 (6)：96-98.

[334] 刘志军, 白学军, 刘旭. 初中生情绪调节策略与行为适应不良的关系 [J]. 心理研究, 2009, 02 (5)：65-69.

[335] 王振宏, 郭德俊. Gross 情绪调节过程与策略研究述评 [J]. 心理科学进展, 2003, 11 (6)：629-634.

[336] 张敏, 卢家楣, 谭贤政, 等. 情绪调节策略对推理的影响 [J]. 心理科学, 2008, 31 (4)：805-808.

[337] 钟健安, 雷虹. 情绪调节对工作记忆的影响 [J]. 2010, 16 (2)：160-166.

[338] 蔡阿燕, 杨洁敏, 许爽. 表达抑制调节负性情绪的男性优势——来自事件相关电位的证据 [J]. 心理学报, 2016, 48 (5)：482-494.

[339] 郭小青, 汪玲. 大四学生情绪调节策略和调节模式与焦虑的关系 [J]. 中国心理卫生杂志, 2016, 30 (9)：706-711.

[340] 黄韫慧, 吕爱芹, 王垒, 等. 大学生情绪智力量表的效度检验 [J]. 北京大学学报 (自然科学版), 2008, 44 (6)：970-975.

[341] 马伟娜, 姚雨佳, 桑标. 认知重评和表达抑制两种情绪调节策略及其神经基础 [J]. 华东师范大学学报 (教育科学版), 2010, 28 (4)：50-55.

[342] 王力, 柳恒超, 李中权, 等. 情绪调节问卷中文版的信效度研究 [J]. 中国健

康心理学杂志，2007，15（6）：503-505.

[343] 赵鑫，金戈，周仁来. 什么样人更善于情绪调节——情绪调节的个体差异研究 [J]. 中国临床心理学杂志，2013，21（3）：518-522.

[344] 窦凯，聂衍刚，王玉洁，等. 青少年情绪调节自我效能感与主观幸福感：情绪调节方式的中介作用 [J]. 心理科学，2013，36（1）：139-144.

[345] 黄海，李翠景，桂娅菲，等. 大学生冲动性与手机依赖的关系：疏离感的中介作用 [J]. 中国临床心理学杂志，2015，23（4），674-677.

[346] 黄慧. 大学生物质主义价值观、感恩与主观幸福感的关系研究 [D]. 湖南师范大学硕士学位论文，2014.

[347] 李静，卢家楣. 不同情绪调节方式对记忆的影响 [J]. 心理学报，2007，39（6），1084-1092.

[348] 李中权，王力，张厚粲，等. 人格特质与主观幸福感：情绪调节的中介作用 [J]. 心理科学，2010，33（1），165-167.

[349] 石长秀，赵小军. 大学生应对方式对情绪调节自我效能感的影响 [J]. 西华大学学报（哲学社会科学版），2013，32（6），105-108.

[350] 汤冬玲，董妍，俞国良，等. 情绪调节自我效能感：一个新的研究主题 [J]. 心理科学进展，2010，18（4），598-604.

[351] 汤毅晖，黄海，雷良忻. 青少年疏离感与家庭功能、人格的关系研究 [J]. 中国临床心理学杂志，2004（2）：158-160.

[352] 田学英. 情绪调节自我效能感：结构、作用机制及影响因素 [D]. 上海师范大学博士学位论文，2012.

[353] 魏源. 大学生学习自我效能感的测量与干预研究 [J]. 心理学报，2004，27（4），905-908.

[354] 解小青. 大学生情绪管理的现状与对策分析 [J]. 教育与职业，2011（6）：82-84.

[355] 徐夫真，张文新，张玲玲. 家庭功能对青少年疏离感的影响：有调节的中介效应 [J]. 心理学报，2009，41（12），1165-1174.

[356] 张萍，汪海彬. 大学生情绪调节自我效能感在神经质、外倾性和主观幸福感间的中介作用 [J]. 中国心理健康杂志，2015，29（2），139-144.

[357] 张立春，时兰英. 教师情绪与课堂教学效果 [J]. 当代继续教育，2004，22（4）：42-44.

[358] 孙彩霞，李子建. 教师情绪的形成：生态学的视角 [J]. 全球教育展望，2014，43（7）：67-75.

[359] 吴莹莹，连榕. 情绪能力：探讨教师情绪的新视角 [J]. 心理科学，2014（5）：1197-1203.

[360] 张静. 教师情绪与有效的课堂教学 [J]. 现代中小学教育，2009（2）：13-15.

[361] 杨泉良. 教师情绪状态与教学效果的关系 [J]. 教学与管理，2013 (5)：3-4.

[362] 金琦钦，张文军，等. 课程变革中教师情绪的叙事研究——基于杭州市 C 高中的案例 [J]. 教师教育研究，2016，28 (4)：77-82.

[363] 丁国盛，李涛. SPSS 统计教程——从研究设计到数据分析 [M]. 北京：机械工业出版社，2006.

[364] 范雯. 组织承诺对情绪劳动影响的实证研究 [D]. 兰州大学硕士学位论文，2009.

[365] 胡青，李笃武，孙宏伟，等. 高校教师工作压力与工作绩效的关系：组织承诺的调节作用 [J]. 中国健康心理学杂志，2009，17 (12)，1488-1491.

[366] 周萍，陈琦鹏. 情绪刺激材料的研究进展 [J]. 心理科学，2008，31 (2)：424-426.

[367] 罗跃嘉，吴婷婷，古若雷. 情绪与认知的脑机制研究进展 [J]. 中国科学院院刊，2012 (S1)：31-41.

[368] 马英，姜媛. 情绪预测研究进展 [J]. 首都师范大学学报 (社会科学版)，2010 (1)：132-136.

[369] 刘箴，何少华，柴艳杰. 一种虚拟角色的情绪认知评价模型 [J]. 模式识别与人工智能，2011，24 (2)：160-167.

[370] 赵鑫，史娜，付丽，等. 情绪识别与认知重评对社会适应不良的预测研究 [J]. 中国临床心理学杂志，2013，21 (6)：1029-1032.

[371] 闵洋璐，陶琳瑾，蒋京川. 情绪调节策略：注意分散和认知重评的比较 [J]. 中国健康心理学杂志，2015 (3)：472-477.

[372] 边玉芳，等. 通过评价促进迁移——加泰勒的认知策略迁移实验 [J]. 中小学心理健康教育，2014 (13)：31-32.

[373] 蒙志珍. 论元认知策略培训对认知策略培训的促进作用———项词汇学习策略培训的实验研究 [J]. 百色学院学报，2010，23 (1)：126-130.

[374] 陆奕霏. 认知策略理论在教学中的应用 [J]. 新课程学习 (中)，2012 (8)：2-3.

[375] 郑友训. 第三条路径：教师专业成长的新视点 [J]. 教师教育研究，2003，15 (4)：34-39.

[376] 吴捷. 教师专业成长过程及其影响因素研究 [J]. 教育探索，2004 (10)：117-119.

[377] 陈兴中. 职业情感育成教师动力 [J]. 教育科学论坛，2017 (5)：1-1.

附　录

附录1　教师基本状况调查

性别：□男　　□女

年龄：□ 20-30 岁　□30-40 岁　□40-50 岁　□50 岁以上

教龄：（　　）年　　（请填写）

最高学历：□高中、中专及以下　□专科　□本科　□硕士及以上

所教学科：□文科性质（语文、英语、政治）　　□理科性质（数学、物理、化学、生物等）

所教年级：（　　）年级（请填写）

所教班级数：□1 个班　□2 个班　□3 个班　□4 个班　□ 5 个班或以上

班级人数（　　）人（平均）

当班主任与否：□是　□否

是否担任行政职务：□是　□否

平均每天课时量：□3 节或以下　□4 节　□5 节　□6 节　□7 节　□8 节或以上

附录2　情绪工作访谈提纲

具体的情绪访谈提纲：

（1）您觉得教师应该保持什么样的情绪状态？教师可以表现消极情绪吗？一旦您的情绪和工作情境不符，您会否做出调整？如何调整？您是怎样调整的？结果如何？

（2）教师职业跟其他职业相比，您在情绪表达上是什么状况？

（3）面对课堂上学生出现的很多问题行为，为了正常课堂教学，您会假装某种情绪吗？（比如像表演一样，其实内心并非如此），什么情况下，频率有多高，您是假装积极情绪还是消极情绪呢？有什么效果？（可以从对自己或者对课堂的影响来谈）

（4）为了正常课堂教学，您会隐藏真正内心的感受而压抑某种情绪吗？（有情绪触动，但不表现出来），什么情况下，频率有多高？您是压抑积极情绪还是消极情绪呢？有什么效果？（可以从对自己或者对课堂的影响来谈）

（5）在课堂上，您会由衷地以亲切热情的态度对待学生，努力感受自己应该表达

的情绪吗？什么情况下会这样？频率有多高？有什么效果？（可以从对自己或者对课堂的影响来谈）

（6）您觉得对于情绪的调整，您会受到哪些因素的影响？（事件本身，发生对象或者个人策略经验等）您觉得跟您以前刚开始教学的时候相比，您认为自己在情绪表现和调节方面有什么差别？

（7）作为教师，在课堂教学的过程中，经常会遇到很多学生的问题行为，如果遇到以下这些行为，您会有情绪反应吗？会是哪种情绪反应呢？情绪反应强度有多大？（共14题）请您作相应标示：情绪反应有"没感觉"、恼火、伤心（难过），焦虑、担忧等，并标示不同情绪反应强度，从1"不太强烈"到5"非常强烈"。如下所示：

学生上课走神：□ 没感觉　　□ 生气　　□ 失望　　□ 焦虑　　□ 担心

附录 3　情绪报告表

请您对感觉到的情绪强度进行选择，每种情绪只能选择一个等级。

情绪种类	无	弱	中	强	较强
愉快	1	2	3	4	5
平静	1	2	3	4	5
兴奋	1	2	3	4	5
焦虑	1	2	3	4	5
担心	1	2	3	4	5
生气	1	2	3	4	5
失望	1	2	3	4	5

附录 4　指导语言执行程度

指导语难度测量，做这一任务的困难程度、费力程度及集中精力的程度进行评价。

1 没有困难	2 有点难	3 中等难	4 比较难
5 非常难			

您对刚才的指导语执行情况作出评定，请您根据自己的实际情况选择。

1 完全没有执行　　 2 执行程度很低　　 3 中等程度执行　 4 执行程度很高 5 完全执行

您对自己在实验过程中的自我感觉真实程度做出评定。

1 一点也不真实　　 2 真实感较低　　 3 中等程度真实感　 4 比较真实 5 非常真实

附录5　艾森克人格调查问卷

请您根据题意，在相应的句子描述后面选择答案"是"或者"否"，答案没有对错之分，请您不要漏答，谢谢您的合作。注意：每个题目只能选择一个答案。

	是	否		是	否
1 你的情绪是否时起时落？	1	2	25 你是个忧心忡忡的人吗？	1	2
2 你是个健谈的人吗？	1	2	26 你爱和别人合作吗？	1	2
3 你看到小孩或者动物受折磨是否感到难受？	1	2	27 在社交场合你是否倾向于待在不显眼的地方？	1	2
4 如果你说了要做什么事情，是否无论此事可能如何不顺利你都总能遵守诺言？	1	2	28 如果在你的工作中出现了错误，你知道后会感到焦虑吗？	1	2
5 你是否会无缘无故感到很惨？	1	2	29 你讲过别人的坏话或脏话吗？	1	2
6 欠债会让你感到忧虑吗？	1	2	30 你是个生气勃勃的人吗？	1	2
7 当你还是个小孩子的时候，你是否曾有过对父母要赖或者不听话的行为？	1	2	31 你是否觉得人们为了未来有保障，而在储蓄和保险方面花费的时间太多了？	1	2
8 你是否曾贪图过超过你应得的分外之物？	1	2	32 你是否喜欢和人们相处在一起？	1	2
9 你是个容易被激怒的人吗？	1	2	33 你认为自己是个神经紧张或者弦绷得很紧的人吗？	1	2

	是	否		是	否
10 你会服用能产生奇异或者危险效果的药物吗？	1	2	34 在经历了一次令人难堪的事之后，你是否会为此烦恼很长时间？	1	2
11 你愿意认识陌生人吗？	1	2	35 你是否努力使自己对人不粗鲁？	1	2
12 你是否曾经有过明知自己做错了事却责备别人的情况？	1	2	36 你是否喜欢在自己周围有许多令人兴奋的事情？	1	2
13 你的感情容易受伤害吗？	1	2	37 你曾在玩游戏时做过弊吗？	1	2
14 你是否愿意按照自己的方式行事，而不愿意按照规则办事？	1	2	38 你是否因自己的神经过敏 而感到痛苦？	1	2
15 在热闹的聚会中你能使自己放得开，使自己玩得开心吗？	1	2	39 你愿意别人怕你吗？	1	2
16 你所有的习惯是否都是好的？	1	2	40 你曾利用过别人吗？	1	2
17 你是否时常感到极其厌倦？	1	2	41 你是否喜欢说笑话和谈论有趣的事情？	1	2
18 良好的举止和整洁对你来说很重要吗？	1	2	42 你是否时常感到孤独？	1	2
19 在结交新朋友时，你经常是积极主动的吗？	1	2	43 你是否认为遵循社会规范比按照个人方式行事更好一些？	1	2
20 你是否有过随口骂人的时候？	1	2	44 在别人眼里你总是充满活力的吗？	1	2
21 你认为自己是一个胆怯不安的人吗？	1	2	45 你总能做到言行一致吗？	1	2
22 你是否认为婚姻是不合时宜的，应该废除？	1	2	46 你是否时常被负疚感所困扰？	1	2
23 你能否很容易地给一个沉闷的聚会注入活力？	1	2	47 你有时将今天该做的事情拖到明天去做吗？	1	2
24 你曾毁坏或丢失过别人的东西吗？	1	2	48 你能使一个聚会顺利进行下去吗？	1	2

附录 6　高低冲突事件

情境一（高冲突问题情境）：

在某次课上，小王老师精心准备的新课，期望学生能认真听讲。但转过身去总能听到有讲话的声音，发现同桌小 W 和小 Y 在玩牌，于是进行当场制止，适时小 W 停了下来，而小 Y 则完全无视老师，并用手指戳了戳小 W 继续，并辩称"我没干扰你讲课，你讲你的呗！"王老师拿着教鞭指着 W 让他站起来，W 非但没有听从，反而推了老师一把。

在您精心教学的过程中，W 生歪过头去不停地和旁边的同学说话，一边说话一边笑，还不时偷偷瞄你一下，看你是否发现了他，周围的同学也被他的说笑吸引了过去，教室里顿时乱哄哄的一片。

上课了，您精心准备了一次课，对这节课的内容您强调过多次这是考试的一个重点内容，但上课时总能听到很大的讲小话的声音，当您停下来的时候声音就停下来了，而一开始讲，教室又出现了声音，几名同学在说话，根本就不在听你讲课，嘀嘀咕咕没完，您几次提醒都没有效果。

情境二（低冲突事件）：

在您的课堂上，您正在认真地讲解习题，这时发现小 C 在偷偷做别的课程的作业，而您讲的内容恰恰是他（她）上次出错的地方，但他（她）对您讲的内容根本不理睬。

在您课堂教学过程中，W 生在课堂上托着脑袋，安安静静地坐着，眼睛无精打采地看着前面，一句话也不说，对课堂要求无动于衷，您知道他（她）走神了，什么也没有听进去。

课堂上，您正在认真地讲解课程，发现小 D 在一个人玩手机，您提醒过几次，他一直没有举手发言，当您叫他（她）发言时，他（她）一声不吭，在小组讨论时，您发现他（她）独自坐在那里，很少发表意见。

附录7　第二任务记忆任务

请观察下列数字的特征：

第一组：

9325	5261	7384
1516	3654	6387
1735	9264	2823
5426	7348	4972

第二组：

6147	8724	5826
1829	3185	6783
7512	7284	3915
4315	6237	2738

第三组：

1826	8319	3741
4265	5237	8531
5762	1572	6197
4785	8354	2178

附录8　教师课堂情绪调查

老师，您好！下面是课堂上较常见的一些学生行为，对这些行为，您会有情绪反应吗？如果有，是什么情绪反应，情绪反应强度有多大？请您作相应标示：

(1) 上课时，学生注意力不能集中在学习内容上，不知道老师在讲什么。

情绪类型 □焦虑　□担心　□生气　□失望　□无情绪　□其他（　　　）

您感觉到的情绪强度是：

非常轻微	有一点感觉	中等程度	感觉较强	非常强烈
1	2	3	4	5

（2）学生在课堂上只是安静地坐着，想着其他的事，比如做"白日梦"。

情绪类型 □焦虑　□担心　□生气　□失望　□无情绪　□其他（　　）

您感觉到的情绪强度是：

非常轻微	有一点感觉	中等程度	感觉较强	非常强烈
1	2	3	4	5

（3）当学生不能回答老师问题时，有学生用鄙夷的眼光或不屑的语气讥笑，比如："真笨，这都回答不好"。

情绪类型 □焦虑　□担心　□生气　□失望　□无情绪　□其他（　　）

您感觉到的情绪强度是：

非常轻微	有一点感觉	中等程度	感觉较强	非常强烈
1	2	3	4	5

（4）学生在座位上动来动去，弄出声响，影响他人听讲。

情绪类型 □焦虑　□担心　□生气　□失望　□无情绪　□其他（　　）

您感觉到的情绪强度是：

非常轻微	有一点感觉	中等程度	感觉较强	非常强烈
1	2	3	4	5

（5）学生在课桌上或抽屉里玩东西，不注意听讲。

情绪类型 □焦虑　□担心　□生气　□失望　□无情绪　□其他（　　）

您感觉到的情绪强度是：

非常轻微	有一点感觉	中等程度	感觉较强	非常强烈
1	2	3	4	5

（6）学生不能倾听他人的发言，用无关的话打断他人发言和教师讲课，影响教学进行。

情绪类型 □焦虑　□担心　□生气　□失望　□无情绪　□其他（　　）

您感觉到的情绪强度是：

非常轻微	有一点感觉	中等程度	感觉较强	非常强烈
1	2	3	4	5

（7）在小组学习时，不参与，自己玩。

情绪类型 □焦虑　□担心　□生气　□失望　□无情绪　□其他（　　）

您感觉到的情绪强度是：

非常轻微	有一点感觉	中等程度	感觉较强	非常强烈
1	2	3	4	5

(8) 小组学习时，说些与讨论内容无关的话。

情绪类型 □焦虑 □担心 □生气 □失望 □无情绪 □其他（　　）

您感觉到的情绪强度是：

非常轻微	有一点感觉	中等程度	感觉较强	非常强烈
1	2	3	4	5

(9) 动作慢，不能紧跟老师的要求完成课堂上的学习任务。

情绪类型 □焦虑 □担心 □生气 □失望 □无情绪 □其他（　　）

您感觉到的情绪强度是：

非常轻微	有一点感觉	中等程度	感觉较强	非常强烈
1	2	3	4	5

(10) 老师讲课时，用各种方式有意地影响他人听讲或学习，如拿别人桌上的东西、在别人的书上乱画，拉扯别人等。

情绪类型 □焦虑 □担心 □生气 □失望 □无情绪 □其他（　　）

您感觉到的情绪强度是：

非常轻微	有一点感觉	中等程度	感觉较强	非常强烈
1	2	3	4	5

(11) 不愿遵守课堂规则，不能听从老师的管理，爱无理狡辩。

情绪类型 □焦虑 □担心 □生气 □失望 □无情绪 □其他（　　）

您感觉到的情绪强度是：

非常轻微	有一点感觉	中等程度	感觉较强	非常强烈
1	2	3	4	5

(12) 和他人在上课时发生冲突，攻击别人，如打架。

情绪类型 □焦虑 □担心 □生气 □失望 □无情绪 □其他（　　）

您感觉到的情绪强度是：

非常轻微	有一点感觉	中等程度	感觉较强	非常强烈
1	2	3	4	5

(13) 上课紧张，害怕发言，很少主动举手发言。

情绪类型 □焦虑 □担心 □生气 □失望 □无情绪 □其他（　　）

您感觉到的情绪强度是：

非常轻微	有一点感觉	中等程度	感觉较强	非常强烈
1	2	3	4	5

（14）常常自己安静地坐着，不参与课堂，很少和同学讨论。

情绪类型 □焦虑　□担心　□伤心　□生气　□失望　□无情绪　□其他（　　）

您感觉到的情绪强度是：

非常轻微	有一点感觉	中等程度	感觉较强	非常强烈
1	2	3	4	5